Herwig Kerscher
Leuchtfeuer Freiheit

Herwig Kerscher

Leuchtfeuer Freiheit

Rediroma-Verlag

Bibliografische Information der Deutschen Nationalbibliothek:
Die Deutsche Nationalbibliothek verzeichnet diese Publikation in der Deutschen Nationalbibliografie; detaillierte bibliografische Daten sind im Internet über http://dnb.ddb.de abrufbar.

ISBN 978-3-96103-319-5

www.rediroma-verlag.de
14,95 Euro (D)

Inhaltsübersicht

I. Vorrede

»Freiheit ist die leise Parole heimlich Verschworener,
das laute Feldgeschrei der öffentlich Umwälzenden,
ja, das Losungswort der Despotie selbst.«

Johann Wolfgang von Goethe

Am Anfang schuf der Mensch das Fließband. Diese Formulierung gibt leicht zu Missverständnissen Anlaß, obwohl der Mensch bisweilen eine unglaubliche Macht ausübt, die zu zerstören und neu zu erschaffen vermag. Und das führt uns zu einer offensichtlichen Frage: Was vollbringen wir mit dieser Macht? Die Antwort lautet: Nichts. Vielmehr schaffen wir uns ein Kleid mit prächtigen Blumen, so bunt gestaltet, gar von prächtigem Anblick, das selbst die Götter erneiden lässt. Wahrhaftig, wir gestalten es zu Ehren der Göttin Libertas und ehrfürchtig reichen wir es ihr zum Geschenk. Dankbar ist sie und offenbart uns das Leuchtfeuer der letzten Wahrheit: ein goldenes Zeitalter zwangloser Muße und Freiheit. Orientierungslos hecheln wir ihm hinterher und verlieren die Schönheiten vergangener Zeiten aus den Augen; denn das Leuchtfeuer der Freiheit ist die neue Offenbarung.

Ich unterliege nicht einem Irrtum, wenn ich meine Aufgabe darin sehe, das Leuchtfeuer der Freiheit zu beschreiben, mit dem unsere Gesellschaft überschüttet wird. Warum? Es ist nun mal so, dass der Liberalismus, also das politische Programm der Aufklärung, sagt: Die Freiheit werde uns wahrhaftig machen.

Damit kehrt sie die Worte des Herrn (Joh 8,32) um und schafft sich eine neue Wirklichkeit. Einfache und deutliche Worte. Aber die Sucht nach Freiheit ist eine seltsame Liebe, die uns von allen Bindungen brutal entreißt. Diese Erscheinung ist nicht neu und reicht bis in die Antike zurück. In jener Zeit, im 5. Jahrhundert v. Chr., veränderte sich das Verhältnis zwischen religiösen Anliegen und wissenschaftlichen Streben. Aus diesem Verhältnis, bzw. die daraus resultierende rationale Infragestellung des bisherigen Bindungsgefüges erwuchs die »Aufklärung«. In ihrer Gesamtheit aber, also durch den aufkommenden demokratischen Zuschnitt, gelang die »Aufklärung« erst durch die Freiheitsergreifungen des 17. Jahrhunderts zur Geltung. Im Zeichen der Freiheitsergreifungen ging die traditionelle Herrschaftsordnung langfristig unter und mit ihr die innere Ordnung der Völker. Dieses wesentliche Stück persönlichen Erlebens war die innere Ordnung, die Keimzelle des Staates: die traditionelle Familie. Die traditionelle Familie ist als Querschnitt der historischen Entwicklung des Staates zu betrachten, in deren innerer Ordnung Rechte und Pflichten entstanden sind. Mithin ist die Erlöschung dieser Flamme der konkrete Anlass, um sich mit der vorliegenden Schrift zu beschäftigen.

Inwieweit ist unsere Staatenwelt vom Aufbruch in die Freiheit betroffen und welche Rolle spielt dabei die liberale Geisteshaltung? Welche Konsequenzen hat die Auflösung der traditionellen Familie und der Nationalstaaten? Spielen die historischen und kulturell-religiösen Entwicklungen der Aufklärung eine Rolle, um das eigentliche Ziel der Etablierung eines Weltstaates voranzutreiben? Zudem sind auch Fragen nach einer konstruktiven Wende noch offen und ungeklärt. Kritik ist heilsam und heilsam ist die Veränderung, die aus ihr entwächst. Sie ist die Basis der stetigen Entwicklung.

1. Einführung

Veränderung ist die Basis der stetigen Entwicklung: Freundliche und zuvorkommende Worte eines aufgeklärten Menschen. Freilich, wir sind Kinder der Aufklärung und gemeinsam sind wir in einem Kulturkreis geistiger Unabhängigkeit und Freiheit aufgewachsen. Welchen Schindluder wir auch immer mit diesen Gaben treiben, die Vernunft trifft auf die Unvernunft und damit wurde der Zwiespalt der Menschheit eröffnet. Umso öfter ich mir dessen bewusst werde, desto ungehemmter wird mein Blick auf die Gesellschaft: Das Wunderland der europäischen Kultur versinkt zunehmend in seiner selbstverleugnenden Abhängigkeit der gespenstischen Boten der Freiheit. Wir müssen erkennen, dass sich Europa in einem Kulturkampf befindet, in dem es sich mit zwei Menschen- und Weltbildern konfrontiert sieht. Marcello Pera und Joseph Ratzinger beschrieben diese Situation in ihrem Buch: »Ohne Wurzeln. Der Relativismus und die Krise der europäischen Kultur« wie folgt:

»So hat in Europa einerseits das Christentum seine wirksame Gestaltwerdung erlebt, aber zugleich ist in Europa eine Kultur gewachsen, die den radikalsten Widerspruch nicht nur gegen das Christentum, sondern gegen die religiösen und moralischen Traditionen der Menschheit überhaupt darstellt«.

Diese dem Christentum gegensätzliche Kultur bildete sich aus den Forderungen der Aufklärung, jener Epoche die wir als das Zeitalter der Aufklärung kennen und gerne mit den Worten Immanuel Kants gleichsetzen, der in der Aufklärung den Ausgang des Menschen aus seiner selbstverschuldeten Unmündigkeit sah. Kardinal Joseph Ratzinger beschrieb sehr anschaulich die Entwicklung sowie die Forderung der Aufklärer. So sei »der Aufbruch nach neuen Freiheiten (...) überhaupt der einzige Grund, der zu einer solchen Periodisierung berechtigt. Luthers Kampfschrift ‚Von der Freiheit eines Christenmenschen' schlägt sofort das Thema in kräftigen Tönen an. […] Es ging um die Freiheit des Gewissens gegenüber der kirchlichen Autorität, also um die innerste Freiheit des Menschen überhaupt. […] Dass plötzlich das ganze Ordnungssystem der mittelalterlichen Kirche letztlich nicht mehr zählte, wurde als ein ungeheurer Befreiungsschub empfunden«. Und weiter: »Der ganzen Aufklärung gemeinsam ist der Wille zur Emanzipation. (…) Es geht um den Ausbruch der Einzelvernunft aus den Bindungen der Autorität, die alle kritisch überprüft werden müssen. Nur das vernünftig Einsichtige soll gelten.« [1]

Damit beginnen wir bei den politischen Forderungen der englischen Liberalen im 17. Jahrhundert, die im revolutionären Willen zur Emanzipation und der Autoritätsloslösung den Anspruch nach Reformen und Gewaltenteilung einforderten.

Im Willen der Emanzipation, der Selbstständigkeit und Gedankenfreiheit, kurz: im Liberalismus, wurden die philosophischen Forderungen der Aufklärung in eine politische Bewegung gemünzt. Aus der englischen Revolution des 17. Jahrhunderts erwuchs das Liberale Prinzip, in dem sie für sich die Freiheit des Individuums gegenüber staatlicher Gewalt proklamierte. So bildete der aufkeimende Konstitutionalismus (durch eine Verfassung gebundenes Staatsoberhaupt) in England die Reaktion auf den absolut regierenden Monarchen. Man kann davon ausgehen, dass dies der augenblickliche Beginn des politischen Liberalismus war. Ironie der Geschichte: Die Forderungen nach politischer Freiheit begannen mit dem Ausbruch des englischen Bürgerkrieges und endeten mit der Beseitigung des Parlaments sowie der Enthauptung des englischen Königs Karls I. (1649). Die anschließende Diktatur unter dem englischen Staatsmann Oliver Cromwell (*1599, †1658) entzauberte die Ideenwelt einer liberalen Geisteswelt auf

englischen Boden, die jedoch von dort aus ihren weltweiten Siegeszug antrat, um die See- und Handelsmacht England zu unverhoffter Macht zu führen.
Wir werden erkennen, dass die Forderungen nach neuen Freiheiten eine Bedrohung bestehender Herrschaftsformen darstellt und damit ein wesentliches Instrument politischer Machtausübung geworden ist. Gezielt spreche ich in dieser Schrift vom Liberalen Prinzip, von dem ich der Meinung bin, dass dieses der Ausgangspunkt für diverse Irrtümer bildet, welche für die aktuellen und zukünftigen gesellschaftspolitischen Verfehlungen verantwortlich sind.
Zentraler Gedanke bildet die zunehmende Verflechtung zwischen: individueller (physischer) Freiheit und dem konformistischen [2] (psychischen) Diktat demokratischer Herrschaftsordnung. Hierbei vereinigt sich das optimistische Gesellschaftsbild der Aufklärung mit dem Diktat einer liberalen Geisteshaltung. Die liberale Geisteshaltung bildete den Grundstein für die ideologische Bevormundung des im 19. und 20. Jahrhundert zur Masse gewordenen Menschen. Heutzutage ist die liberale Geisteshaltung, entgegen der suggerierten Meinung, geprägt von politischer Lüge, Willkür, Frivolität und Rohigkeit. In diesem Zusammenhang könnte ich auch von einer befürworteten Ästhetik der Hässlichkeit sprechen. Diesen Prozess definiere ich als *kulturrevolutionäre Aushöhlung* unserer Gesellschaft, also die fortschreitende Emanzipation des Menschen von moralischen, insbesondere kirchlichen Tugenden.
Gezielt wird der Versuch unternommen, durch die Herstellung allgemeiner und verbindlicher Regeln bzw. dem Erlangen von Macht, das Gemeinwesen negativ zu beeinflussen. Internationale Verflechtung und Verdichtung bilden hierbei die Schlagwörter, wobei supranationale [3] Institutionen und globale Gremien wie z.B. die Europäische Union oder das System der Vereinten Nationen im Mittelpunkt laufender Diskussionen stehen.

Deutlich erkennen wir in diesen Institutionen die konkurrierenden Größen des Nationalstaates. Der Nationalstaat beginnt in seiner Größe zu schwinden und verliert an Gestaltungskraft.
Kurz: Der einst souveräne Nationalstaat zerbricht. Diese Erosion führt zwangsläufig zur Entfremdung und Verwirrung unserer Bürger, denn Entfremdung und Verwirrung sind Programm geworden. Ich sage bewusst: »sie sind Programm geworden«, weil hinter der Art und dem Umfang eine Methode erkennbar ist. Politiker jeglicher Couleur entziehen sich bewusst ihrer Verantwortung und verweisen auf den Zeitgeist. Also jenem ominösen Geist der Veränderung, der die Kraft einer neuen Gestaltwerdung der Gesellschaft bildet. Nicht weniger institutionalisieren sie den Begriff Politik. Politik sei nunmehr Institution und vollziehe sich unabhängig des Individuums in anonymen Gremien und Organisationen. Dieser Ansicht folge ich nicht und vertrete vielmehr die Ansicht, dass nicht die Politik komplizierter geworden ist, sondern der Mensch für den Zerfall unserer Gesellschaft verantwortlich ist. Politik wird nicht von Institutionen oder Gremien bestimmt, sondern vom Menschen.
Der Mensch bestimmt durch sein Handeln und konkreten Definitionen die Ausrichtung der Institutionen und Gremien. So hat ein jeder Mensch immer die Wahl zwischen dem Guten und dem Bösen. Dies gilt ebenso im nationalen als auch im internationalen Kontext. Daher bin ich der Ansicht, dass das Liberale Prinzip der Wegbereiter für die Entfremdung und Verwirrung der Menschen darstellt, in dem es die bestehenden Traditionen durch liberale Anschauungen ersetzt. Das Liberale Prinzip fungiert als zwanghaftes Erziehungsmuster und der in Kraft getretene Erziehungsprozess führt dabei zur Beseitigung der angestrebten Freiheit.

Der Mensch wird unfrei, weil der universelle Gleichheitsgedanke die Menschen normt und das traditionelle Familienband zertrennt. Entrückt vom gemeinschaftlichen Wertekanon entgleitet der Mensch in soziale Unfreiheit. Nachfolgend (Kapitel II.) werden die drei Funktionen des liberalen Prinzips (Vorbedingung) veranschaulicht, die die wichtigsten Elemente der internationalen Einflussnahme bilden, um in einem souveränen Staat Einfluss zu gewinnen. Unstreitig sind dies die Vorbedingungen für die Irrungen des liberalen Prinzips: Erstens ist dies die Friedens- und Freiheitsstabilisierung.

Zweites handelt es sich hierbei um die Auflösung religiöser Einheiten. Drittens sei hier der Wandel des traditionellen Familienbildes genannt, wobei diese Ausprägung mit dem Verständnis der religiösen Überzeugung einhergeht. Ich halte es daher für notwendig unser Demokratieverständnis und die daraus resultierende Geisteshaltung zu beschreiben.

Weiterführend (Kapitel III.) werde ich die globale Gestaltwerdung des Liberalen Prinzips anhand zweier Beispiele beschreiben: Beginnend am Beispiel der staatspolitischen Veränderungen der Bundesrepublik Deutschland nach 1949 bis zur Verabschiedung des Vertrages von Lissabon im Jahr 2009. Fortführend am Umgang der Volksrepublik China mit der Idee des Liberalismus und dem weltpolitischen Umbruch seit dem Ende des Kalten Krieges in den 1989/90er Jahren.

Die innerstaatlichen Veränderungen der Bundesrepublik Deutschland werde ich im Kapitel IV. beschreiben und sie als Irrungen des liberalen Prinzips kennzeichnen. Diese Irrtümer (Folgen) sind nicht weniger von Bedeutung, als dass sie unser Leben unmittelbar beeinflussen. Aus ihnen lassen sich im Kapitel V. die Schlussfolgerungen greifbar machen, damit die Überlegungen nicht der Willkür zum Opfer fallen.

II. Liberale Geisteshaltung

2. Westliches Demokratieverständnis

Die Verkündigung der demokratischen Heilsbotschaft, die politische Freiheit, fand im Nahen Osten 2009 ihre Erfüllung. Namentlich im Iran, in Syrien, Ägypten, Tunesien und Libyen. Gegen jeden natürlichen Charakter hat die westliche Wertegemeinschaft die Demokratie in das Bewusstsein dieser orientalischen Gesellschaften gerückt, um sie kurzerhand in der grünen Revolution 2009 sowie im arabischen Frühling 2011 zu radikalisieren. Unzweifelhaft wurden durch dieses Vorgehen das Schönheitsgefühl und das formvollendete Bewußtsein eines freien und vorurteilslosen Orients gänzlich zerstört.
In ihrer Verblendung erklärten die westlichen Medien die gestürzten Regime für totalitär und erhoben den Umgang mit demokratischen Institutionen und Verfahrensweisen als richtungweisend. Daher sei es notwendig gewesen, auf demokratische Reformen hinzuarbeiten. Grundlage dieser Betrachtungsweise bildete das Demokratieverständnis europäischer Prägung. In ihrem Hochmut erklärten die westlichen Demokratien wer die Suprematie innerhalb der Staatenwelt ist. Woher kommt allerdings dieser Kult? Worauf berufen sich die Regierenden der bürgerlichen Demokratien? Die Antwort finden wir in der liberalen Sprengkraft, die die Demokratie erst in der Französischen Revolution (1789) unter Beweis stellen konnte. Ausgehend von den absolutistischen (monarchischen) Herrschaftsformen des 18. Jahrhunderts, musste sich auch die Demokratie ihrer Daseinsberechtigung erwehren. Dieser Kampf begann bereits in der Epoche der frühen Neuzeit, datiert auf das Jahr des Augsburger Religionsfriedens von 1555.

Die reformatorischen Anklagen gegenüber der Kirche waren dabei die häufigsten Forderungen, die bereits im 15. und 16. Jahrhundert gestellt wurden. In den Annerkennungen der liberalen und säkularen Forderungen wurden die Beschlüsse des Augsburger Religionsfriedens 1555 richtungweisend für den späteren Siegeslauf des Liberalen Prinzips. Diese entluden sich 60 Jahre später in den folgenschweren Ereignissen des Dreißigjährigen Krieges (1618-1648) und zerstörte damit die Einheit des deutschen Volks auf dem Boden des Heiligen Römischen Reiches. Nicht weniger schicksalweisend waren die Ereignisse des Englischen Bürgerkriegs (1642-1649), der auf dem europäischen Kontinent nur als eine Art Betriebsunfall betrachtet wurde, denn der Kreis der Monarchien erkannte nicht die zunehmende Dominierung des Rationalismus und der Aufklärung.
Heute mögen wir um die Folgen dieser Entwicklung wissen, weil der Gehalt des politischen Liberalismus, um die Prinzipien von Freiheit und Gleichheit, fehlgedeutet wurden. Nicht aber damals. In der Auslegung von Freiheit und Gleichheit wurden die bestehenden Ordnungen von Staat und Gesellschaft schrittweise reformiert und führten unweigerlich zum Massenstaat des 20. Jahrhunderts. Der Massenstaat ist in diesem Sinne kein Parteienstaat oder Einheitsstaat, sondern vielmehr der Ausdruck einer Gesellschaft, dessen Entwicklungstendenzen sich von einer bürgerlichen Gesellschaft zu einer kapitalistischen Konsumgesellschaft entwickelte. Die politische Freiheit ist demnach nichts anderes als die Voraussetzung für die freie Entfaltung eines freien und modernen Wirtschaftslebens (Freihandel). Das ist die Hypothek, die die Demokratie mit sich führt. Daraus folgt zwingend die Abgrenzung von der Idee jener umfassenden gesellschaftspolitischen Freiheitsidee, die die Anknüpfungspunkte traditioneller Identitäten zerstört. Bei der Einschätzung vorliegender Kritik, ist die Betrachtung der liberalen Deutung der Demokratie notwendig.

Der Ansatzpunkt ergibt sich meiner Meinung nach in den geschaffenen Prinzipien, die dem Demokratiebegriff zugrunde liegen. Entscheidende Elemente der Demokratie, wie die der Grundrechte, des Rechtsstaates und der Gewaltenteilung, werden als Kohäsionsmittel verstanden. Was haben wir darunter zu verstehen bzw. welchen Umfang kann der Demokratie beigemessen werden? In Hans-Joachim Lieber (Hrsg.) Buch über die politischen Theorien von der Antike bis zur Gegenwart finden wir vier Ebenen bzw. verschiedene Unterscheidungs- und Strukturierungsprinzipien des Begriffs der Demokratie. [4]

Fassen wir diese Inhalte zusammen, so kristallisiert sich der *Gleichheitsbegriff* markant aus den vier Strukturierungsprinzipien heraus, weil sich dessen Forderungen bereits weit über die Rechtsgleichheit und Chancengleichheit aller Bürger innerhalb der Gesellschaft ausgeweitet hat. Wichtig ist, dass die Rechtsgleichheit bereits die Prämisse der geltenden Gesetze für alle Bürger beinhaltet, die in der Logik der Demokratie als das Ergebnis eines demokratischen Beteiligungsprozesses (Teilhabe oder Partizipationsprozess aller Bürger) zustande kommen. Neben diesen Postulaten der Gleichheit, der geltenden Gesetze und des Mehrheitsprinzips seien die gewählten Regierungen nur temporärer Natur und jederzeit von Seiten der Opposition ablösbar, so dass die konkurrierenden (politischen) Meinungen keinen Anspruch auf Allgemeingültigkeit besitzen.
Als Grundlage der Demokratie können wir festhalten, dass die verfassungsgebende Gewalt beim Volk zu liegen habe und in pluralistischen Staaten durch die Form der Repräsentation gewährleistet wird. Wir bezeichnen die meisten Staaten als Demokratien, wenn sie sich diese (verfassungsgebenden) Gewalten angeeignet haben. Wichtig ist noch folgende Beobachtung: Wenn wir nämlich vom westlichen Demokratieverständnis (liberaler Verfassungsstaat) reden, dann beziehen wir nicht nur verfassungsgebenden Institutionen und

Verfahren mit ein, sondern auch die politischen und gesellschaftlichen Forderungen der Aufklärung. Aufklärung und Demokratie gehen Hand in Hand und verstehen sich als historischen Prozess der Lebensformen. Es ist daher von wesentlicher Bedeutung, dass wir die Forderungen der Aufklärung begreifen, wenn wir das Wesensmerkmal der Demokratie verstehen wollen (vgl. Abbildung 1).

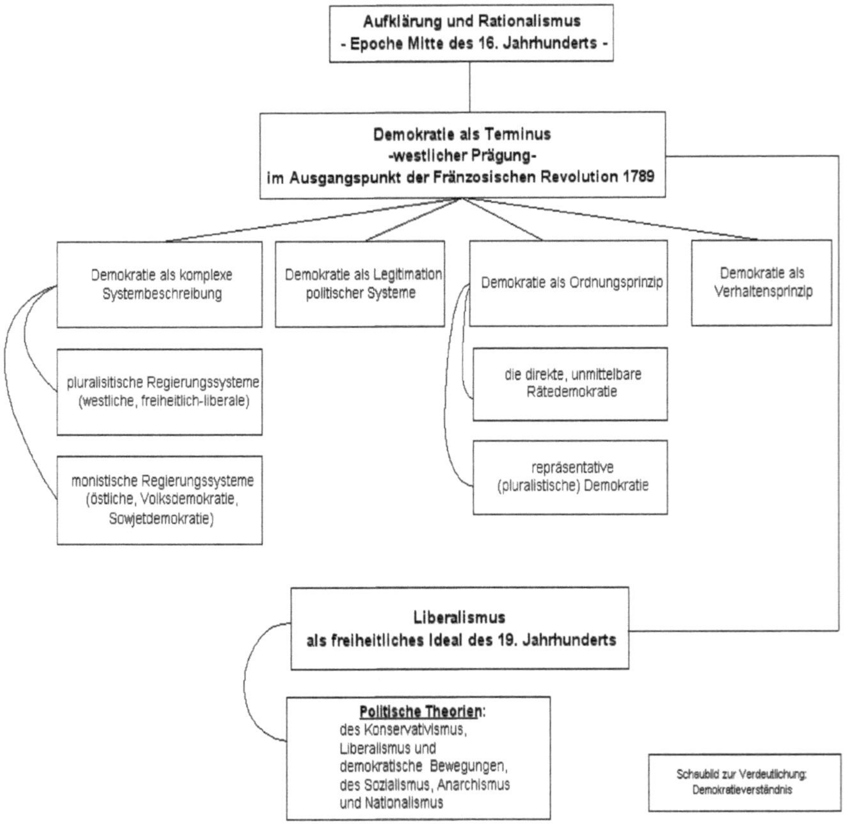

Abbildung 1:
eigene Zusammenstellung, nach Hans-Joachim Lieber (1993).

Klassischer Liberalismus

Die Aufklärung kritisierte traditionelle Herrschaften, die sich auf eine gottgegebene Legitimität berief. Weiter betonte sie die Fähigkeit aller Menschen, durch den Gebrauch der Vernunft ihr Schicksal selbst zu bestimmen. Ziel der Aufklärung bestand darin, die unbeschränkte Herrschaft des Monarchen zu überwinden und die Souveränität vom Willen der Bürger abzuleiten. Damit schuf die Aufklärung ein neues Ordnungsmodell, indem das Volk, als Vereinigung von Personen, zum Träger des Staates wurde. Anstelle des alten Verhältnisses von Staat und Untertan trat ein neues Verhältnis zwischen Regierung und Staatsbürgern ein. Die Regierung wurde vom Volk beauftragt und gegenüber dem Volk verantwortlich gemacht. Ausgangspunkt bildete demnach das freie und mit natürlichen Rechten behaftete Individuum, dessen Schutz das Ziel der Staatsgewalt sein sollte. Diese freiheitlichen Rechte erkämpften sich die Bürger im 19. Jahrhundert, welches als das Zeitalter des klassischen Liberalismus zu verstehen ist. Anfangs war der Liberalismus eine breite Bewegung und keine geschlossene Ideologie, die ein breites Feld von Meinungen vertrat. Gemeinsam waren diesen Ausprägungen die Bemühungen, die Menschen von unnötigen Bindungen zu emanzipieren. Das Ziel war die möglichste Freiheit im staatlichen und gesellschaftlichen Leben zu erreichen, um die Fähigkeiten eines jeden Menschen ungehindert zu entwickeln. Die Idee einer liberalen Verfassung ist demnach eine souveräne Herrschaft des Volkes zu etablieren, in welchem das alte »Vater-Kind« Verhältnis durch das Modell von »Bruder- und Geschwistergesellschaften« abgelöst wird; denn »[…]die Forderung, der Staat solle für den Gefühlshaushalt der Bürger sorgen, ihnen gar moralische Grundsätze liefern, widerspricht dem Sinn der Demokratie […]«. [5]

Aus den Forderungen der Aufklärung und des politischen Liberalismus entwickelte sich das demokratische Verständnis des 20. Jahrhunderts. Es verkörpert die Forderung nach einer obrigkeitsfreien Herrschaftsform, also einer Herrschaftsform, die vom Volke auszugehen hat. Augenscheinliches Merkmal dieser Herrschaftsform bildet das Wahlrecht, die Gewährung von (liberalen) verfassungsrechtlichen Grundrechten sowie die Akzeptanz des Mehrheits- und Konsensprinzips. Insbesondere in der Akzeptanz liberaler Grundrechte liegt die Priorität der demokratischen Herrschaftsform, denn aus ihm leitet sich das moderne Demokratieverständnis als eine pluralistische und weltoffene Gesellschaftsform ab.
In der Art und Weise, wie die weltoffene (liberale) Gesellschaftsform vertreten wird, setze ich die Gedanken des spanischen Diplomaten und Denkers Juan Donoso Cortés (1809-1853) entgegen, der klar erkannte, dass »in der philosophischen Zivilisation die Vollkommenheit darin zu finden sei, keinerlei Fesseln irgendwelcher Art zu haben«. Unter der philosophischen Zivilisation verstand Juan Donoso Cortés den Liberalismus, dieser sei schlechthin als Übel aller Dinge anzusehen. Cortés konstruierte in einem Brief, den er als spanischer Gesandter in Berlin verfasste, eine Dichotomie zwischen der philosophischen und katholischen Zivilisation. Zwischen diesen zwei völlig diametral gegenüberstehenden Zivilisationen erhebt sich nur eine Wahrheit und diese Wahrheit sei die katholische Zivilisation. Ihr gegenüber stünde der Irrtum, das Böse, das nur in der Negation des Katholizismus zu finden sei. Zwischen diesen beiden Zivilisationen bestünde ein unauslotbarer Abgrund bzw. ein absoluter Antagonismus: »(…)die Bemühungen um einen Ausgleich zwischen ihnen sind vergeblich und werden vergeblich bleiben. Die eine Zivilisation ist der Irrtum, die andere ist die Wahrheit; die eine ist das Böse, die andere ist das Gute; es ist notwendig, zwischen ihnen eine klare und endgültige Wahl zu treffen, und, nachdem man gewählt hat, die eine von ihnen zu

proklamieren und in all ihren Teilen anzunehmen und die andere in all ihren Teilen zu verwerfen; jene die von der einen die Prinzipien und von der anderen die Konsequenzen annehmen, stehen außerhalb der Kategorie der großen Intelligenzen und sind unweigerlich dem Absurden ausgeliefert(…).« [6]

Im Bemühen eine endgültige Wahl zu treffen, liegt nun die Kritik und der Ausgangspunkt dieses Kapitels. Diesen Umstand möchte ich, wenn es auch apodiktisch anmutet, hier benennen: Am Kriterium der Demokratie als Verhaltensprinzip (Lieber: S. 938).

Ich betone aufgezwungen, denn die staatliche Umsetzung liberaldemokratischer Kultur und ihrer Wertevorstellungen unterlagen immer einem vorausgegangenem Krieg oder einer blutigen Revolution (historischer Prozeß). So beruht auch die Demokratie in der Bundesrepublik Deutschland vornehmlich auf den Ergebnissen mehrerer Kriege. Die Weimarer Republik, als erstes demokratisches Ordnungsprinzip auf reichsdeutschem Boden, erachte ich als Nachwehe und Folgeerscheinung der Novemberevolution von 1918 und war nur von kurzer Dauer. Die Legitimation der Demokratie berief sich zu diesem Zeitpunkt auf das Diktat der europäischen Siegermächte, ähnlich der Situation des Westfälischen Friedens von 1648, und nicht auf den Willen des Volkes. Es wurde bekanntlich durch das Nationalsozialistische System am 30.01.1933 abgelöst. Entsprechend konnte sich das demokratische Herrschaftssystem erst durch die Niederlage des III. Reiches wiederherstellen und mit der Etablierung einer demokratischen Verhaltensnorm festigen. Schlusspunktartig fiel demzufolge die bedingungslose Gesamtkapitulation vom 08. Mai 1945 aus, indem das bis dato geltende Vater-Kind Staatsverständnis ein Ende gesetzt wurde. Die Ideenwelt des preußischen Obrigkeitsstaates trat endgültig ab und wich dem Parlamentarismus.

Der ständige Wechsel (Wiederwahl) demokratischer Parteien, die im übrigen nicht mehr dem Willen der Bürger entsprechen, steuert zwar die Verfolgung des Egoismus einzelner

Abgeordneter, aber sie verhindert nicht die politische Lüge. Vielmehr bilden die politischen Parteien und Verbände turnusmäßig eine parlamentarische außerparlamentarische Opposition gegen die Regierung und damit gegen den Mehrheitswillen des Volkes.

Kurz: Der Wille des Volkes ist einerlei, denn ihm wird eine parlamentarische Opposition entgegengestellt. Nicht weniger wird damit der tatsächliche Wille des Volkes fragmentiert.

Darüber hinaus lehrt uns das Toleranzedikt der Demokratie, dass die Toleranz im selben Augenblick zu enden habe, wenn sich ein Gegensystem mit Allgemeinheitsanspruch herausbildet. In der Tat ist die Treue zur Verfassung keine Leerformel, denn der Staat wird dazu ermächtigt, jene Übereinkunft zu schützen. Jeder der sich weigert, dem aufgeklärten Gesellschaftsbild der Demokratie zu folgen wird geächtet und zu seiner Freiheit gezwungen (sog. präventive Funktion der wehrhaften Demokratie). Objektiv gesprochen duldet die Demokratie Meinungsfreiheit und Meinungsvielfalt. Meinungsfreiheit endet allerdings im Augenblick der Kritik an der pluralistischen Gesellschaft und dem Entwurf eines Gegensystems. Im konsequenten Denken einer wehrhaften Demokratie wurden z.B. in Deutschland rechtliche Rahmenbedingungen geschaffen, die reaktionäres Wollen am demokratischen System sanktionieren. Zu nennen sind: Artikel 18 GG (Verwirkung von Grundrechte), Artikel 91 und 87a Abs.4 GG (Einsatz von Polizei und Grenzschutz, sowie der Streitkräfte), Artikel 21 Abs. 2 GG (Verbot verfassungswidriger Parteien), Artikel 9 GG (Verbot verfassungswidriger Vereinigungen), Artikel 33 GG (Staatsbürgerliche Rechte und Pflichten bzw. Ausschluss aus dem öffentlichen Dienst, wenn die Funktion der Verfassungstreue nicht mehr gegeben ist). So lautet ein Urteil des Bundesverfassungsgericht, dass eine Bestrafung wegen Verunglimpfung des Staates möglich sei, wenn die Äußerungen »zumindest mittelbar geeignet erscheint, den Bestand der

Bundesrepublik Deutschland, die Funktionsfähigkeit seiner staatlichen Einrichtungen oder die Friedlichkeit in der Bundesrepublik Deutschland zu gefährden.« [7]
Unzweifelhaft spiegeln die Gedanken des griechischen Philosophen Platon die Wirklichkeit wieder, wenn er mit Recht davon sprach, dass ein Übermaß von Freiheit, beim einzelnen wie beim Staat, in ein Übermaß von Knechtschaft führt. So formulierte er, dass »die Tyrannis aus keiner anderen Verfassung als aus der Demokratie, aus der höchsten Freiheit die tiefste und härteste Knechtschaft« (Platon: 375) entstünde. Schlussfolgernd führt Platon aus:
»Jede Herrschaft gibt die Gesetze nach ihrem Vorteil, die Demokratie demokratische, die Tyrannis tyrannische usw. Nach diesen Gesetzen kündigen sie diesen ihren eigenen Vorteil als das Gerechte für die Untertanen an, und jeden, der es übertritt, bestrafen sie, weil er das Gesetz verletze und Unrecht tue. Und dies ist, mein Bester, was – so behaupte ich – in allen Staaten in gleicher Weise gerecht ist, nämlich der Vorteil der bestehenden Herrschaft. Diese ist an der Macht, so dass für jeden, der nur richtig überlegt, daraus folgt: überall ist das Recht dasselbe, nämlich der Vorteil des Mächtigeren!« (Platon: 95f)
In diesem Sinne unterscheidet sich die westliche (pluralistische) Demokratie nicht gegenüber anderen totalitären Herrschaftssystemen. Warum? Weil die Treue und Freiheit zur Verfassung rechtlich vorgeschrieben wurde und somit von der Möglichkeit zur Wirklichkeit abweicht. Im unausgesprochenen Gebot den Anspruch eines politischen Gegensystems zu verbieten, schafft sich die Demokratie selbst ein ideologisches System der Zwangsherrschaft. So wird die Freiheit zur Unfreiheit, indem es seinen Mitgliedern einen Glauben aufzwingt und diejenigen ächtet, die ihn nicht akzeptieren. Es ist daher nicht verwunderlich als die größte chinesische Zeitung Renmin Ribao am 18.07.2012 schrieb, dass »[…] das Voranbringen der Demokratie und die Humanität für die Großmächte nur ein

Anlass sind, ihre eigenen Interessen zu verteidigen«. [8] Verstehen Sie mich nicht falsch. Mir geht es nicht um die Relativierung einer politischen Idee oder Systems. Vielmehr hinterfrage ich scheinbar politische Werte, die nicht zwangsläufig mit jeder Kulturnation in Symbiose zu bringen sind. Es liegt in der Natur der Sache, dass sich die weltweiten Kulturen unterscheiden. Sie unterscheiden sich nicht aus Boshaftigkeit. Vielmehr gebar die Natur unterschiedliche Gesichter mit verschiedenen Idealen und der Mensch ist nur ein Teil dieser Schöpfung. Damit widerspreche ich dem zentralen Gedanken liberaler Geisteshaltung, der den Versuch unternimmt Gott zu suchen, um ihn anschließend zu widerlegen. Indem der liberale Geist sich der Natur der Sache widersetzt versündigt er sich gegen die Schöpfung. Er versündigt sich nur aus einem Grund: weil er die Existenz Gottes widerlegen und sich selbst zum Schöpfer der Welt krönen möchte.
Kurzum, die Naturwissenschaften (Naturphilosophen) begehen den Fehler unter den Prämissen der Aufklärung einen Blick in die Verbindung zum ganzen Universum zu erhaschen. Unzweifelhaft erstrecken sich die Bemühungen ernsthafter Naturwissenschaftler auf die Beantwortung: warum wir so sind wie wir sind. Vermeidlich erkennen sie in ihren mathematischen Gleichungen der Quantenphysik und Relativitätstheorie Gott. Vereinzelt vermuten sie eine höhere und ordnende Macht, die hinter den komplexen Bausteinen des Universums verborgen ist; dennoch können sie Gott nicht begreiflich machen, weil sich Göttlichkeit nicht mit dem menschlichen Verständnis begreiflich machen lässt. Die Existenz Gottes lässt sich eben nicht durch Unregelmäßigkeiten und Schwingungen der Atome beweißen. Vielmehr ist die Reise in die Welt der Atome (Mikrokosmos) eine Modellvorstellung, die zwar ein spannendes Gebiet ist, allerdings in der begreifbaren Welt (Makrokosmos) über das Verständnis menschlicher Vernunft hinausführt.

3. Vielfalt in der liberalen Denkschule

Wohlwissend, dass ich in dieser Schrift die Begrifflichkeiten Demokratie und Liberalismus teilweise synonym verwende, muss ich auf die Besonderheiten der liberalen Denkschule eingehen. Unzweifelhaft verschmolz unser Demokratieverständnis mit den liberalen Ideen der Aufklärung und etablierte sich auch in der internationalen Ordnung. Aus dieser Verschmelzung entwickelten sich unterschiedliche Stränge und Bestimmungsgrößen. So gibt es zahlreiche Bezeichnungen, die für liberale Ansätze stehen bzw. in der Literatur für die Internationalen Beziehungen (IB) Geltung fanden. Im Beitrag Neuer Liberalismus von Siegried Schieder findet sich eine Vielfalt von liberaltheoretischen Ansätzen der Internationalen Beziehungen. Siegfried Schieder nennt hierbei: [9]

»**den republikanischen Liberalismus** (demokratisch verfasste Staaten verhalten sich nach außen friedlicher und kooperativer als nicht-demokratische Staaten),
den pluralistischen Liberalismus (eine ausgewogene Machtverteilung und geringe Verteilungskämpfe zwischen den sozialen Gruppen fördern kooperatives Außenverhalten),
den soziologischen Liberalismus (transnationale Beziehungen fördern kooperatives Verhalten der Staaten) oder **den Handelsliberalismus** (offene Handelsbeziehungen und Interdependenz fördern die Kooperation).«

Der Begriff des Liberalen findet in diesen Ansätzen Verwendung, weil von den Möglichkeiten des gesellschaftlichen Fortschritts ausgegangen wird. Entsprechend setzt sich der Liberalismus dem Vorwurf aus, dass er durch »Konturlosigkeit geprägt« [10] sei. Die von Martin Wight [11] eingeführte Unterscheidung zwischen

Realismus, Institutionalismus und Liberalismus als den drei unterschiedlichen Denkrichtungen trete mehr zurück.
Der Liberalismus tritt zurück und der Konstruktivismus [12], also die Theorie zur Erklärung von politischen Handlungsmustern, übernimmt die Rolle einer dritten Denkschule. [13] Allerdings gibt es bestehende Kriterien, die in den unterschiedlichen liberalen Denkrichtungen weiterhin von Bedeutung sind und an den traditionellen Elementen der liberalen Denkschule der internationalen Politik anknüpfen.
Liberales Denken geht in der Regel davon aus, dass eine traditionelle Machtbalancepolitik eher zur Gefährdung als zur Festigung des Friedens beiträgt. Internationale Institutionen werden nicht als das entscheidende Kriterium gesehen, um Staaten zur Kooperation zu veranlassen. Viel wichtiger sind die innere Verfasstheit von Staaten sowie das Maß der Öffnung nach außen. Dabei ist das Selbstverständnis des Staates entscheidend, also die Art und Weise wie sich ein demokratisch verfasster Staat definiert. Definiert sich ein Staat primär als territorial, gilt er als problematischer, als wenn er primär den Wohlstand seiner Bürger und die Steuerung der Wirtschaft zum Ziel hat.
Vor allem wird der Staat entwickelter Gesellschaften, unter Bedingungen der Globalisierung und der Beanspruchung durch Massengesellschaften, als tendenziell friedfertiger und schwächer eingeschätzt. Für liberales Denken sind sowohl der Freihandel als auch die Betonung von individuellen und gesellschaftlichen Freiheiten und Rechten von Bedeutung. Entscheidend ist aber die Tatsache, dass letztlich das Wohl des Menschen im Mittelpunkt steht. [14]

Die liberale Denkschule

Ausgehend von den Ansätzen der liberalen Denkschule, verweise ich auf die Geisteshaltung der US-amerikanischen Außenpolitik. Neben dem militärischen Auftreten der USA für Demokratie und Freiheit, spielen die zukünftigen Entwicklungen der Maghrebstaaten und des Nahen Ostens für die Vereinigten Staaten von Amerika (USA) eine wichtige Rolle (Stand 2015). In diesem Sinne erheben die Vereinigten Staaten nach wie vor einen innerstaatlichen Gestaltungsanspruch auf die zukünftige Entwicklung der Staatenwelt für Demokratie und Freiheit. Der Friedens- und Freiheitsstabilisierung, die neben dem primären Waffeneinsatz das eigentliche Ziel ist, ging eine lange (innerstaatliche) Entwicklungsphase voraus und mündete in einem imperialen Liberalismus. Diesem Ansatz liegt eine Denkschule zugrunde, die die Vorstellung anleitete, dass die Ziele des Liberalismus im Bestreben der amerikanischen Hegemonie verwirklicht werden könnten. Am deutlichsten trat hierbei der Autor John Lewis Gaddis hervor, der in der Anpassung der liberalen Tradition an die Außenpolitikformulierung der USA eine »grand strategy« erkannte (Krause 2008: 83). Dieser Prozess lässt sich anhand dreier Phasen einer Entwicklung kennzeichnen.

Jede dieser Phasen schloss eine Veränderung der US-Außenpolitikformulierung durch die Kombination aus Hegemonie und präventiver Politik ab. Diese Entwicklung begann nach John Lewis Gaddis (Gaddis 2004: 13) bereits im Jahre 1812, als britische Truppen die Hauptstadt Washington eroberten und zerstörten. Aus dem Zweiten Weltkrieg (teilweise Zerstörung der US-Pazifikflotte in Pearl Harbor im Dezember 1941) ging eine zweite Entwicklungsphase hervor, die das Ziel verfolgte, eine neue internationale Ordnung zu schaffen. Die

dritte Entwicklungsphase, sah John Lewis Gaddis in den Ereignissen vom 11. September 2001 und der damit im Zusammenhang stehenden notwendigen Demokratisierung von Seiten der USA, um die Sicherheit der USA – entsprechend der Logik des Zweiten Weltkrieges - zu gewährleisten (Krause 2008: 83). Das Konzept des hegemonialen Liberalismus verweist auf die Herstellung und den Erhalt liberaler Ziele (Frieden sowie persönliche und wirtschaftliche Freiheit). Die Instrumentarien hierfür bilden die Mittel der Diplomatie, der Wirtschafts- und Entwicklungshilfe oder der Finanz- und Rüstungskontrolle. Hiermit wird der Versuch unternommen auf die Nationalstaaten Einfluss zu nehmen und sie zu veranlassen bestimmte Handlungen oder Korrekturen in ihrem Verhalten bzw. Aktivitäten zu unternehmen. Die strukturellen Eingriffe eines Landes sind tiefgreifend und können zu innergesellschaftlichen Transformationsprozessen führen die nicht selten mit dem Interesse der Hegemonialmacht übereinstimmen. [15] Beispielhaft ist das Europäische Finanzaufsichtssystem (European System of Financial Supervision, ESFS), das am 22. September 2010 vom Europäischen Parlament beschlossen wurde.
Neben dieser strukturellen Einflussnahme, bedient sich der hegemoniale Liberalismus auch nicht liberaler Instrumentarien. Hierbei sind vor allem die klassischen Mittel der militärischen Machtpolitik bzw. der Intervention zu nennen. [16] Entsprechend wird der hegemoniale Liberalismus auch als »imperialer Liberalismus« bezeichnet. J. Cooper griff diesen Terminus 2005 in der Zeitschrift »The National Interest« [17] auf und verwies auf die Tatsache, dass der Begriff zwar ein Oxymoron [18] sei, aber er heutzutage dennoch seine Gültigkeit findet. Es ist daher nicht verwunderlich, dass seit den 1990er Jahren der Liberalismus in den Theorien der Internationalen Beziehungen (IB) eine Renaissance fand. Diese Renaissance nahm ihren Ausgangspunkt in der Entspannungspolitik der Ost-West-

Beziehungen sowie dem Sturz der kommunistischen Herrschaftsordnungen in den mittel- und osteuropäischen Staaten (Perestroika [19]). Die Ideen des Liberalismus wurden, insbesondere im Osten, durch die Übernahme und den Ausbau der internationalen Organisationen (Ausbau des globalen Freihandels und der weltweiten Demokratisierung) von Seiten der Vereinigten Staaten von Amerika (USA) unterstützt. Bedingt durch den weltpolitischen Umbruch bzw. dem Ende des Kalten Krieges in den 1989/90er Jahren, vollzog sich auch in der Volksrepublik China (VRC) ein gesellschaftspolitischer Wandel. In Erwartung eines wirtschaftlichen Wachstums und der dadurch ausgelösten Modernisierungsschübe, einschließlich einer Förderung der Demokratisierung, würde sich die Stabilität des internationalen Systems verdichten. Speziell die ökonomische Entwicklung der Volksrepublik China (VRC) in den Jahren zwischen 1985 und 2004, sind als Ergebnisse eines wachsenden Einflusses liberalistischer Ideen, insbesondere des Handelsliberalismus der damaligen Zeit, zu bewerten. Die chinesische Nachfrage, nach wichtigen Basismetallen, stieg zwischen den 1990er Jahren und 2005: von 5-7% auf 20-25%.

Die Volksrepublik China (VRC) verfügte Ende 2005 über die weltweit zweitgrößten Währungsreserven (819 Mrd. US-$) und erhöhte ihr Exportvolumen von 50 Mrd. US-$, aus dem Jahr 1990, auf 772 Mrd. US-$ im Jahr 2005. Folgerichtig schloss die Volksrepublik China (VRC) zur Gruppe der größten CO^2-Emittenten - der USA und der EU – auf. [20] Darauf aufbauend veränderte sich nicht nur die innenpolitische Konstellation, sondern auch deren Außenpolitikformulierung, denn die chinesische Denkweise steht nach wie vor im direkten Gegensatz zur westlichen Denkweise, demokratisch verfasster Staaten. Innerhalb Chinas sind verschiedene chinesische Denker, wie z.B. Cui Zhiyuan [21], der Ansicht, dass »[…] ihr Land, seit es sich aus dem Chaos der Kulturrevolution befreit hat, das Gespenst des

Maoismus einfach nur durch eine neue fundamentalistische Philosophie ersetzt hat: den Kult der Vereinigten Staaten von Amerika [...]« [22]. Dieser Kult orientierte sich am (wirtschafts-) liberalen Denken und setzte eine Dynamik in Kraft, die auf der Gewährung von wirtschaftlicher Freiheit und dem Drang nach Wachstum, Wohlstand, Demokratie und Frieden aufbaute.

Diese Dynamik führte, neben einem rasant aufsteigenden Wirtschaftswachstum, zu steigenden Disparitäten (Ungleichheiten) in der chinesischen Gesellschaft und könnte mittel- bis langfristig zu einem Unsicherheitsfaktor werden. Über die innenpolitischen Entwicklungen der Volksrepublik China (VC) werde ich mich im Kapitel III. äußern.

Vor diesem Hintergrund und der damit verbundenen Eigengesetzlichkeit liberalen Denkens führt die Politik des Westens, insbesondere die der USA und ihrer Alliierten, zu immer weiterführenden Krisenherde, die sie unzweifelhaft selbst verschulden und lancieren. Seit dem Gründungskonsens der Weltordnung nach 1945 [23] sehen sich unsere Hüter des Friedens und der Gerechtigkeit im gerechten Krieg gegen das Böse. Unbestritten gilt dies seit dem Krieg in Afghanistan, als die NATO im August 2003 das Kommando über die International Security Assistance Force (ISAF) übernahm, beziehungsweise die Koalition der Willigen (coalition of the willing) unter der Führung der Vereinigten Staaten im Frühjahr 2003 dem Irak den Krieg erklärten. Sowohl der Irak als auch Nordkorea und Iran zählten bereits im Jahr 2002 zur Achse des Bösen, welche den Weltfrieden [24] durch ihre Kooperation mit Terroristen gefährdeten. Nationale Kritiken an diesen Einsätzen waren und sind verpönt. Wohlweislich wird in diesen Zusammenhang gerne die Lehre vom gerechten Krieg herangezogen. Also jene Lehre, die bereits Cicero predigte und von Augustinus und Thomas von Aquin weiterentwickelt wurde. In jüngerer Zeit hat sich die Lehre vom gerechten Krieg (lat. bellum iustum) im Artikel 42 der Charta der Vereinten Nationen fest verankert.

Nach ihrer Auslegung darf der Sicherheitsrat »mit Luft-, See- oder Landstreitkräften die zur Wahrung oder Wiederherstellung des Weltfriedens und der internationalen Sicherheit erforderlichen Maßnahmen durchführen«.

Vergleichbare militärische Einsätze zur Sicherstellung des Weltfriedens finden sich nach 1945 wieder. In jüngster Zeit sind dies die bekannten Kriege in Afghanistan (2001 bis heute) und Libyen (NATO Einsatz 2011). Über die unzähligen vergessenen Kriege wie z.B. im Sudan (2003 bis 2011), Jemen (2004 bis 2009), Somalia (Bürgerkrieg seit 1991 bis heute) und Intervention Kenias in Südsomalia (2011) oder den Operationen der CIA im Iran 1953 oder in Guatemala 1954 usw. schweigen die Internationalen Medien.

Abbildung 2 bietet einen kurzen Überblick über die bekanntesten CIA Operationen der Jahre 1948 bis 2004. Gäbe es nicht hin und wieder Unverbesserliche, die vom gerechten Frieden predigen, würden diese Themen gar nicht mehr publik. Rechtlich gesprochen kann ein Krieg nicht gerecht sein. Lediglich eine gerechte Absicht (recta intentio) und das Bestehen eines gerechten Grundes (causa iusta) können das Recht zum Krieg notwendig erscheinen lassen. Ein Krieg per se kann nicht gerecht sein. Ein Krieg ist letztes Mittel, wenn das Ziel durch nichtmilitärische Mittel nicht erreichbar ist (ultima ratio). Entsprechend darf dabei das in Kauf genommene Übel das schützende Gut nicht überwiegen (debitus modus). [25] Möglicherweise sah die Bischöfin und Vorsitzende der Evangelischen Kirche (EKD), Margot Käßmann, daher den Einsatz in Afghanistan kritisch. Nicht ganz zu Unrecht sprach sie die große Sorge an, dass das »[…] Zivile dabei in den Hintergrund tritt« [26]. Selbstverständlich tritt und trat das Zivile in den Hintergrund und kurze Zeit später trat Margot Käßmann, aufgrund persönlicher Verfehlungen, von ihren Ämtern zurück (Rücktritt am 20. Februar 2010). Mit ihrer Kritik und Infragestellung eines gerechten Krieges verstieß sie gegen den unausgesprochenen Konsens des Zeitgeistes und des politisch Opportunen. Selbstverständlich sind abweichende (politische) Meinungsäußerungen (Gedanken) Einzelner unerwünscht und wir machen auf diesem Wege die Erfahrung, dass die Grundlage jeder wahren Freiheit die Freiheit des Geistes ist. Die Freiheit des Geistes ist jedoch relativ und relativ sind dabei auch die in Kauf genommenen Übel, um das schützende Gut zu bewahren.

Abbildung 2: Bedeutende Operationen der CIA von 1948 bis 2004

1948	**Operation Demagnetize:** Beeinflussung der Innenpolitik Frankreichs und Italiens mit dem Ziel, die Position der kommunistischen Parteien zu schwächen.
ab 1950	**Operation Gladio:** Zusammenarbeit mit dem britischen MI6 und der NATO in Westeuropa mit dem Ziel, paramilitärische Einheiten auszubilden und zu versorgen, die im Falle einer Machtübernahme durch den Warschauer Pakt in Westeuropa Sabotage- und Terrorakte verüben sollte.
1953	**Operation Ajax:** Sturz des amtierenden Ministerpräsidenten des Iran und Installation einer von der islamischen Geistlichkeit unterstützten Militärregierung.
1961	**Operation Zapata:** Wahrscheinlich die bekannteste CIA-Aktion aller Zeiten, bei der mit Unterstützung des Geheimdienstes Exilkubaner für eine Invasion in Kuba ausgebildet wurden. Die Invasion in der Bay of Pigs (Schweinebucht) endete mit einem massiven Fiasko, als die kubanische Regierung die Invasion innerhalb weniger Tage militärisch zurückschlagen konnte. Letztlich führte der Misserfolg zu einer Annäherung Kubas an die Sowjetunion und damit zu weiteren Spannungen im Kalten Krieg.
ab1962	**Air America:** Kontrolle über die in Südostasien tätige US-Fluggesellschaft, die zu geheimen Operationen auch während des Vietnamkriegs genutzt wurde. Weiterhin wurden mit der Airline mit Wissen der CIA Drogen geschmuggelt und in den Verkauf gebracht.
1963-1969	**Phoenix-Programm:** Von der CIA überwachte und gesteuerte Operation, mit der während des Vietnam-Kriegs den kommunistischen Vietcong die strukturellen Grundlagen entzogen und die Unterstützung in der Bevölkerung genommen werden sollte. Das Programm geriet in heftige Kritik im In- und Ausland, weil es bei seiner Durchführung zu etlichen Menschenrechtsverletzungen und Todesfällen gekommen sein soll.
ab 1975	**Operation Condor:** Eigentlich eine Kooperation der Geheimdienste von Brasilien, Argentinien, Chile, Paraguay, Uruguay und Bolivien, die von der CIA unterstützt wurde. Die Operation Condor diente dazu, als Staatsfeinde eingestufte Gegner zu verfolgen und in vielen Fällen auch auszuschalten.

1981-1990	**Contra-Krieg:** Finanzielle, logistische und militärische Unterstützung der Contra-Revolutionäre in Nicaragua, um den Sturz der dortigen Regierung herbeizuführen.
1986	**Iran-Contra-Affäre:** Im Zuge der Untersuchungen zu diesem Skandal der Reagan-Regierung (geheime Waffenverkäufe an den Iran und Weiterleitung der Erlöse an die Contras in Nicaragua) kam ans Licht, dass die CIA jahrelang vom Drogenschmuggel der Contras in die USA wusste und diesen tolerierte.
1980-1989	**Afghanistankrieg:** Unterstützung des pakistanischen Geheimdienstes durch die Belieferung mit Waffen und Informationen. Pakistan unterstützte wiederum die islamischen Mudjahedin im Kampf gegen die Invasion der Sowjetunion in Afghanistan.
1990-1992	**Operation Rosewood:** Nach der deutschen Wiedervereinigung gelangte die CIA unter bislang nicht vollständig aufgeklärten Umständen an 381 Datenträger des DDR-Auslandsgeheimdienstes, auf denen die Klarnamen von in Westdeutschland tätigen Agenten erfasst waren. Die Dateien wurden 2003 an die deutsche Regierung zurückgegeben.
1992-2004	**Irak:** Nachdem die CIA mehreren Quellen zufolge bereits in den Sechziger Jahren im Irak aktiv war und den Sturz der demokratisch gewählten Regierung 1968 unterstützt hatte (in dessen Folge dann Saddam Hussein die Macht ergriff), gibt es Berichte, nach denen die Behörde zwischen 1992 und 1995 in verschiedene Sabotage- und Terrorakte verwickelt war, die dazu dienen sollten, die Hussein-Regierung zu destabilisieren. Die CIA spielte auch eine Rolle im gescheiterten Putsch gegen Saddam Hussein 1996. In einem Untersuchungsausschuss des Senats wurde 2004 festgestellt, dass der Geheimdienst die vom Irak ausgehende Gefahr durch Massenvernichtungswaffen übertrieben dargestellt hatte, was letztlich zum Krieg der USA gegen den Irak geführt hatte.

4. Das Liberale Prinzip

Wir merken, dass der Krieg die beste Schule für das Leben ist. Bereits der preußische General Carl von Clausewitz lehrte, dass die Niederwerfung des Gegners das natürliche Ziel des kriegerischen Aktes sei. Erst wenn einer der beiden Seiten wirklich niedergeworfen wurde, könne es zum Stillstand kommen. [27] In einer anderen Weise formuliert: »Politik ist Krieg ohne Blutvergießen und Krieg ist Politik mit Blutvergießen« [28]; zu etwas anderem scheint Politik gar nicht in der Lage. Diese unrühmliche Tatsache ist Gesetz. Gesetze, das werden wir später feststellen, sind allerdings wandelbar. Nicht weniger erachte ich dennoch dieses Zitat aus zweierlei Gründen für notwendig. Erstens, als Mahnung für die leichtgläubige Natur. Es ist nun mal so, dass der Mensch leichtfertig der Schlechtigkeit und Falschheit zum Opfer fällt. Von Natur aus gerät der Mensch in die Lage seine natürlichen Verbündeten zu verraten, um sich seiner eigenen Existenz zu sichern. Verrat ist eine wirksame Waffe, die jederzeit ausgezeichnete Verwendung findet. Der berühmte altchinesische Philosoph und Staatsmann Meister Han Fei beschrieb bereits im 3. Jahrhundert vor Chr. die Vielfalt und Formen des Verrats. Als Schüler des Konfuzianers Xunzi schrieb er u.a. über die »Acht Formen von Verrat« in seinen Schriften. Im Resultat müssen sich die Staatsmänner immer der Tatsache vergegenwärtigen, dass die Staaten untergehen, die ihre Amtsgeschäfte vernachlässigen oder sich den falschen Gelüsten persönlichen Reichtums hingeben. Politik unterliegt daher immer dem verräterischen Treiben seiner Untertanen und der Schwachheit seiner Fürsten. Verlieren wir also nicht den Faden und widmen uns dem zweiten Aspekt meiner Gründe, die mich veranlassten dieses Zitat voranzustellen. Wenn Mao Tse-tung also davon sprach, dass Politik »Krieg ohne Blutvergießen« sei, dann folge ich ihm und erkenne in dieser Handlung eine Ordnung. Diese ist in seinen Handlungen allerdings leicht durchschaubar und nichts anderes als die formulierte, rechtsstaatliche Bestimmung zur Hinführung eines Krieges. Kurz, Politik formuliert auf der Basis des Rechts die Notwendigkeit zur Kriegsführung. Dies ist die neue Ordnung die wir geschaffen haben. Im Namen einer liberalen Politik schufen wir uns ein Recht, um die Ausbeutung des Mitmenschen moralisch zu legitimieren. Was zu beweisen ist, denn insbesondere nach dem Ausbruch der Unruhen in Teheran 2009 [29] begann die schrittweise Umstrukturierung der innerstaatlichen Verhältnisse in den Magrebstaaten.

Der Ausgangspunkt dieser Entwicklungen bildete die grüne Revolution in Teheran 2009, als die westliche Journaille unter Einbindung der neuen Kommunikationsmedien, wie z.B. twitter, über die gesellschaftspolitische Lage im Iran zu berichten begann. Zahlreich waren die nationalen Pressekommentare die unzweifelhaft jede westliche Demokratiebewegung begrüßten. Die Friedens- und Freiheitsstabilisierung ist in diesen Fällen grundsätzlich der Ausgangspunkt und es lässt sich nicht verleugnen, dass ihr die Primärfunktion einer Destabilisierung der nationalen Öffentlichkeiten zukommt. Warum? Durch die Vermittlung und Förderung befreundeter Staatsmänner schufen sich die westlichen Demokratien Einflußsphären und Bündnispartner. Dies allein ist kein Kritikpunkt: vielmehr gängige Praxis. Es ist allerdings nicht zu vertreten, dass dadurch ein Instrument geschaffen wurde, welches die Destabilisierung (den Zerfall) ganzer Nationen zur Folge hat und zwar im Namen der Demokratie und Freiheit. Die internationale Einflussnahme führte bereits 1979 zum Sturz des Schah von Persien. Es kam wie es kommen musste: Khomeini rief nach seiner Rückkehr aus dem Exil eine islamische Republik aus und ging als Führer der Nation in die Geschichte ein. Entsprechend war sich die internationale

Gemeinschaft 2009 einig, als die USA die »gewaltsame und ungerechte Unterdrückung von Zivilisten im Iran, die ihre Grundrechte ausüben« verurteilte. Mike Hammer [30], der Sprecher des Nationalen Sicherheitsrates sagte u.a. weiter, dass es vielsagend ist, »wenn Regierungen die Hoffnungen ihrer Bürger mehr fürchten als die Macht einer anderen Nation«. [31] Die Furcht bzw. das Misstrauen der Menschen gegenüber ihren Regierungen ist jedoch nicht natürlicher Natur. Vielmehr wurde sie künstlich geschaffen und durch die massenmedialen Möglichkeiten des 20. Jahrhunderts verstärkt. Aus der Instrumentalisierung des Freiheitsbegriffs erwuchs in den nationalen Öffentlichkeiten das Misstrauen gegenüber den Regierungen. Nicht weniger werden diverse politische Akteure kontrolliert und mit einer Kontrollfunktion ausgestattet, die sich gegebenenfalls gegen das eigene Volk wendet(e). Im Kern sind es immer wieder die gleichen (politischen) Muster, wenn es sich um das Ziel einer Okkupation handelt, d.h. die Besetzung fremden Gebietes. Konsequenterweise brach in der arabischen Welt der Tag an, indem die politische Einflussnahme zu weitreichenden Revolutionen führte. In ihrem demokratischen Tun lieferte der Westen Ägypten [32], Tunesien, Libyen und Syrien einem unkontrollierbaren Chaos aus, das bis heute in Syrien (Bürgerkrieg seit 2011/2012) und in Teilen der arabischen Welt anhält. Die Folgen sind unverkennbar: Die Menschen stellen die gültigen Autoritäten in Frage und rebellieren gegen die traditionellen Herrschaftsordnungen. Nicht weniger Gewaltfrei entlud sich der instrumentalisierte Freiheitsbegriff in der westlichen Welt 2011. Im August 2011 erhob sich in der britischen Hauptstadt London sowie weiteren britischen Städten (Liverpool, Birmingham, Manchester und Bristol) das Volk. Während in Deutschland die politischen Hintergründe dieser Unruhen verharmlost wurden, sprach der Sprecher der British National Party gegenüber der Zeitung Jungen Freiheit, Simon Darby, deutlichere Worte und betonte, dass es sich bei den

Ausschreitungen eindeutig um Rassenunruhen und nicht um soziale Proteste handelte [33]. Unverhohlen und offen werden in den westlichen Industriestaaten bürgerkriegsähnliche Zustände verharmlost und als Krawalle bezeichnet, während man die Aufstände im Iran 2009 und in den Maghrebstaaten [34] 2011 als Brücke zwischen Autoritarismus und der Demokratie stilisiert. Im selben Augenblick wird hierzulande vergessen, dass diese Regime Jahrzehnte lang vom Westen geduldet und hofiert wurden. So konnten diese Marionettenregime ihre Herrschaftsstrukturen ungestört ausbauen. Nennenswerte Beispiele bildeten Moamar al-Gaddhafi und Muhammad Husni Mubarak. Al-Gaddhafi versuchte sein Land auf der Grundlage des Islams umzugestalten und übte seit 1969 als Führer der Revolution die politische Macht in Libyen aus. Am 10. Dezember 2007 besuchte Al-Gaddhafi nach 34 Jahren Paris und quartierte sich mit seiner Entourage, die rund 400 Personen umfasste, in seinem schwarzen Zelt vor dem noblen Hotel Marigny ein. Al-Gaddafi und Sarkozy demonstrierten beim EU-Afrika-Gipfel in Lissabon Einigkeit. Schon 2004 pflegte Frankreich unter seinem Präsidenten Jaques Chirac und Al-Gaddafi gute Beziehungen. 2009 besuchte Al-Gaddhafi in Rom Berlusconi, um die wirtschaftlichen Verflechtungen beider Länder zu stärken. Desweiteren nahm er ebenso auf dem G8-Gipfel in L´Aqulia 2009 teil und präsentierte sich als guter Geschäftspartner. Husni Mubarak [35] hingegen wurde vornehmlich von Seiten der USA und Israels gestützt. So erhielt Ägypten unter Mubarak jährliche Militärhilfe in Höhe von 1,3 Milliarden Dollar sowie Wirtschaftshilfe in Höhe von 700 Millionen Dollar. [36] Israel verband mit Mubarak der ausgehandelte Friedensvertrag von 1979 sowie die Tatsache, dass Ägypten ein Bollwerk gegen den fundamentalistischen Islamismus darstellte. [37] Der Versuch durch die NATO, vorrangig durch britische, französische und amerikanische Truppen nunmehr die Macht Gaddhafis 2011 zu brechen, trugen freilich Früchte. Allerdings konnte die NATO seiner nicht habhaft werden. Vielmehr ermordeten Rebellen Moamar al-Gaddhafi schändlich und die westlichen Medien beeilten sich bei der Ablichtung des erschlagenen Leichnams. Wohlweislich wurde auch dieser Krieg zum Schutz der Zivilbevölkerung und der Wahrung von Freiheit und Demokratie geführt [38]. Demokratie und Freiheit: ergreifende und unschlagbare Worte. Die Bandbreite des Demokratiebegriffs ist, wie wir gesehen haben, groß. Für die Entwicklung eines Nationalstaates bleibt der Demokratisierungsprozess allerdings nicht bedeutungslos. Vorerst sind Demokratie und Freiheit Wörter, aber beide bilden in ihrer Einheit den Grundstein einer kulturrevolutionären Aushöhlung. Warum? Im Grunde ist hierbei das Selbstverständnis des Staates von wesentlicher Bedeutung. Ein Staat, der sich primär territorial definiert, gilt in der politischen Analyse problematischer, als wenn er lediglich den Wohlstand seiner Bürger und die Steigerung der Wirtschaft zum Ziel hat. Ich hatte diese Prämisse bereits angesprochen und kann es nicht genug wiederholen. Allzu bereitwillig unterwerfen sich die Menschen diesem Selbstverständnis, d.h. sie entscheiden sich mehrheitlich gegen einen innerlich (territorial) gefestigten Nationalstaat. Die Menschen begreifen sich als freie und sich selbstverantwortliche Individuen, die nur dann den Staat in Anspruch nehmen, wenn es ihnen passend erscheint. Es macht daher wenig Sinn, wenn wir den Menschen einen Vorwurf machen. Der Mensch ist ein manipulierbares Wesen. Weil er eben manipulierbar ist, müssen wir die Kräfte betrachten, die die Verantwortung für das Wirken der Menschen in den letzten 200 Jahren übernahmen. In diesem Zusammenhang wollen wir den französischen Jesuitenpater Augustin Barruel [39] zu Worte kommen lassen, der in der »antichristlichen Verschwörung« des Jakobinismus und deren Forderung, dass alle Menschen frei und gleich seien, die Kulmination dessen sah was wir hier beschreiben.

Die dreifache Verschwörung

Er nannte dies die: »dreifache Verschwörung«. Augustin Barruel vertrat die Ansicht, dass »die Koalition einer dreifachen Sekte, dreifachen Verschwörung …, in welcher, …, der Ruin der Kirche, der Ruin des Throns, und endlich der Ruin der ganzen bürgerlichen Gesellschaft geschmiedet wurde, und noch geschmiedet wird.

1 Viele Jahre vor dieser französischen Revolution, komplottierten Menschen, die sich Philosophen nennen ließen, gegen den Gott des Evangeliums, gegen das ganze Christentum ohne Ausnahme, ohne Unterschied der protestantischen oder katholischen, der englischen oder bischöflichen Kirche. Diese Verschwörung hatte zum wesentlichen Zweck, alle Altäre Jesu Christi zu zerstören. Sie war die Verschwörung der Sophisten des Unglaubens und der Gottlosigkeit.

2 In der Schule dieser Sophisten des Unglaubens bildeten sich bald die Sophisten des Aufruhrs, und diese, in dem sie mit der Verschwörung der Gottlosigkeit gegen die Altäre Christi noch die Verschwörung gegen alle Throne der Könige verbanden, vereinigten sich mit der alten Sekte, deren Komplotte das wahre Geheimnis der höhern Grade einiger Zweige der Freimaurerei ausmachten, wo aber nur den Auserwählten der Auserwählten dieses Geheimnis ihres eingewurzelten Hasses gegen die christliche Religion und die Fürsten mitgeteilt wurde.

3 Aus den Sophisten des Unglaubens und der Empörung, entstanden die Sophisten der Anarchie, und diese komplottierten nicht mehr gegen das Christentum allein, sondern gegen jede Religion, selbst gegen die natürliche; nicht bloß gegen die Könige, sondern gegen jede Regierungsform, gegen jede bürgerliche Gesellschaft, und selbst gegen jede Art des Eigentums. Diese dritte Sekte vereinigte sich unter dem Namen der Illuminaten, mit denen gegen Christus, und gegen Christus und die Könige zugleich verschwornen Sophisten und Maurern.

Aus dieser Koalition der Adepten des Unglaubens, der Adepten der Empörung, und der Adepten der Anarchie, entstanden die Klubs der Jakobiner. Unter dieser, der dreifachen Sekte von nun an gemeinschaftlicher Benennung, fahren die vereinigten Adepten fort, ihre dreifache Verschwörung gegen Kirche, Thron und Gesellschaft zu schmieden. […] Auf diese Beweise mich stützend, darf ich mich nicht fürchten, den Völkern zuzurufen: welcher Religion, welcher Regierungsform, welchem Stand der bürgerlichen Gesellschaft ihr auch angehören mögt, wißt, sobald der Jakobinismus siegt, sobald die Pläne und Schwüre der Sekte in Erfüllung gehen, so ists um eure Religion und euer Priestertum, um eure Regierungsform und eure Gesetze, um euer Eigentum und eure Obrigkeit geschehn. Eure Reichthümer, eure Felder, eure Häuser, eure Hütten und selbst eure Kinder, sind dann nicht mehr euer. Ihr glaubtet die Revolution in Frankreich geendigt, und die Revolution in Frankreich selbst, ist nur ein erster Versuch die Jakobiner, und die Wünsche, Schwüre und Verschwörungen des Jakobinismus erstrecken sich über England, Deutschland, Italien, Spanien, über alle Nationen, wie über die französische Nation.« [40]

Allzu offen bezichtigte Augustin Barruel die Sophisten für den Ruin der bürgerlichen Gesellschaft verantwortlich zu sein. Wer oder was waren die Sophisten? Nun, der Sophist war im antiken Griechenland ein Lehrer der Rhetorik (Technik des kunstgerechten Redens) und der Allgemeinbildung. Um die dahinter liegende Kritik von Augustin Barruel zu verstehen, müssen wir wissen, dass sich die Rhetorik mit der Philosophie verband. Aus dieser Verbindung erwuchsen die Generationen von Philosophen, die im 18. Jahrhundert über alles Mögliche schrieben und sich Rationalisten und Aufklärer (Philosophen) nannten. Gemeinsam stellten sie die bisherigen Werte und Konventionen rethorisch in Frage, insbesondere den Absolutheitsanspruch des Adels und der Kirche. Durch das schriftstellerische Wirken dieser Freigeister resultiert die natürliche Abneigung gegen das Liberale Prinzip, denn das gebildete Zeitalter führte nicht zur Erneuerung der Gemeinschaft, sondern ruinierte langfristig die bürgerliche Welt. In diesem Sinne wäre die Bejahung einer Diktatur, wie es bereits Donoso Cortés erkannte, also die formelle Übergabe einer (un)beschränkten Machtbefugnis(fülle) für eine kleine Gruppe, zum Zwecke einer Konterrevolution nicht unzweckmäßig. Juan Donoso Cortés verdeutlichte es in seiner Schrift »Rede über die Diktatur«, in dem er sagte:

»[…] dass der Kampf nur gerechtfertigt sei, wenn der Sieg sicher ist; denn zum einen kann der Kampf die Katastrophe hinausschieben, zum anderen ist der Kampf eine Pflicht und nicht eine Spekulation für uns […]. Sagen wir Gott Dank, dass er uns den Kampf gewährt hat, und verlangen wir nicht noch, über die Gnade des Kampfes hinaus, die Gnade des Triumphes von dem, der in seiner unendlichen Güte jenen, die gut für seine Sache kämpfen, einen höheren Lohn aufbewahrt als den Sieg.« [41]

Im gerechten Kampf gegen den Liberalismus trennt sich die Spreu vom Weizen.

Die Resultate sprechen für sich: transkontinentale Unternehmen und gewissenlose Akteure bereichern sich auf Kosten der Menschheit. Zweifellos gibt es vielfältige Ursachen für den Sittenverfall. Allerdings können wir in den politischen Entscheidungen liberaler Führungseliten die Handschrift der Rationalisten und Aufklärer erkennen. Daher kann eine grundsätzliche Veränderung nur durch den Bruch mit der liberalen Geisteshaltung erreicht werden. Warum? Einen Anhaltspunkt finden wir in der Lehre liberalen Denkens:

Liberales Denken vertritt die Ansicht, dass es keine kollektive Forderung nach Erhalt gewachsener (kultureller) Strukturen geben kann. Dogmatisches Festhalten, die Forderung nach Erhalt gewachsener kultureller und religiöser Strukturen widersprechen liberalem Denken. Liberales Denken verbietet grundsätzlich den Gedanken, dass es ein kollektives, gar gemeinschaftliches Miteinander geben könne. Traditionalistisches und nationales Denken verbieten sich ebenso. Apodiktisch wird von einer Tatsache ausgegangen, dass nur eine demokratisierte und säkularisierte Welt das Beste für die Menschheit sei. Die Geschichte mag uns wohl offenbaren, dass dieses radikale Denken obsiegte; denn unzweifelhaft wurde der Mensch frei, in dem er seinen Gott tötete. Diese Tat war schicksalweisend für den aufgeklärten Menschen. Im Bewusstsein, dass Gott tot ist, kann es keinen gemeinsamen Nenner gegenüber religiösen Zivilisationen geben. In diesem Sinne ist die liberale Forderung nach religiöser Toleranz und Vielfalt heuchlerisch.

In der aufgezwungenen Vielfalt wird somit die wirklich harmonische Einheit einer gesunden Vielfalt (Trinität) willentlich aufgelöst. Liberales Denken setzt voraus, dass es keine transzendente Ordnung (Einheit) geben kann. Folglich sei dies das Merkmal der sekundären Funktion des liberalen Prinzips.

Kurz: Der Zugang zu diesem Kapitel bildete die These, dass das Liberale Prinzip der Wegbereiter des Gleichheitsprinzips darstellt, in dem es die bestehenden Traditionen weltweit durch demokratische Tugenden ersetzt. In diesem Sinne war es notwendig die Ausprägungen des Demokratiebegriffs näher zu betrachten. In diesem Kapitel wurde deutlich, dass sich das Liberale Prinzip zwei Funktionen aneignete, die dazu beitrugen, nicht nur die bestehenden Traditionen zu ersetzen, sondern in Ausübung ihrer jeweiligen Ausprägung den gesamten Nationalstaat destabilisieren. Dies geschieht im Grunde durch zwei Funktionen: Erstens in der Funktion der Friedens- und Freiheitsstabilisierung bzw. im Verständnis zur Sicherung der Selbigen und Zweitens anhand der Funktion einer Auflösung (Infragestellung) der religiösen Einheit.

Erstere Funktion ist unerlässlich, um den globalen Gleichheitsgedanken aufrechtzuerhalten. Die Unerlässlichkeit der Friedens- und Freiheitsstabilisierung fördert weltweit die Einrichtung von demokratischen Strukturen. Erforderliche (rechtliche) Strukturen sind im System der Vereinten Nationen und des modernen Völkerrechts integriert.

Auch die zweite Funktion, also die Infragestellung der religiösen Einheit dient der Destabilisierung der Staatenwelt. Warum? Weil die Auflösung der religiösen Einheit eine Vielfalt an moralischen Freiheiten schafft, die die religiösen und kulturellen Normen hochgradig fragmentiert und langfristig aus der Öffentlichkeit verbannt. Bereits der griechische Philosoph Platon (*427 v.Chr.,+348/347 v.Chr) erkannte in seinem berühmten Werk »Der Staat«, dass in der Demokratie alles voll der Freiheit sei. Diese Freiheit führe soweit, dass der Lehrer sich vor den Schülern fürchte und ihnen schmeichelt, während die Schüler sich nichts aus den Lehrern und Erziehern machen. Überhaupt stelle sich die Jugend den Alten gleich und wetteifere mit ihnen in Wort und Tat, wobei sich die Alten zu den Jungen herab begeben, ihnen mit überzogener Freundlichkeit begegnen, um sie in ihrem Wesen nachzuahmen. Letztlich, weil Unliebenswürdigkeit, Unterordnung und herrisches Auftreten verpönt seien. In der Hauptsache, so Platon, wird die Seele der Bürger angegriffen, in dem der Bürger sich gegen jede Unterordnung aufzulehnen und diese abzustoßen beginne. Platon betont, dass sich die Freiheit gänzlich erstrecke und gar das Leben der Tiere erreiche, die frei und stolz einherschreiten, um jeden auf der Straße zu stoßen, der ihnen nicht ausweicht. Zuletzt kümmere er sich nicht einmal um geschriebenen und ungeschriebenen Gesetze, nur um nirgends einen Herrn über sich zu haben. [42]

Erkennbar wird die hochgradige Fragmentierung von religiösen und kulturellen Ansichten, die wenn sie innerhalb einer Gesellschaft fallen, den Zerfall ganzer Völker zur Folge haben. Mit Recht entwickelt sich daraus eine Tyrannis, d.h. Regierungswillkür, die zwangsläufig nur die radikale Reaktion auf die radikale Forderung nach Freiheit und Gleichheit darstellt. Verstehen Sie mich? Demokratie ist vielschichtig. Natürlich ist persönliche Freiheit wünschenswert. Wohl verstehe ich auch die Neigungen und Wünsche des Menschen. Selbstverständlich ist es richtig, dass der Mensch nicht der Willkür eines Herrn unterliegen darf. Auch darf ein Mensch nicht der Leibeigenschaft eines anderen unterliegen. Freiheit ist daher ein Recht auf die Unversehrtheit der Person in geistiger und körperlicher Sicht – ohne Widerspruch. Freiheit dürfen wir daher nicht als philosophische Idee verstehen. Vielmehr tendiert das Liberale Prinzip in seiner modernen Ausprägung zur Paradoxie der Freiheit. Sie beraubt uns unserer geistigen Schaffenskraft und unterwirft uns einer Ästhetik der Hässlichkeit. In seiner aufdringlichen Art und Weise werden wir unbewusst auf einen Weg des Unnatürlichen geführt. Beschreiten wir diesen, dann verlieren wir auf dessen Fußsteig das Gefühl der Ehrfurcht vor dem Leben. Die Brücke zu diesem unleidlichen Gefühl bildete die globale Macht der Marken, die am Ende des 20. Jahrhunderts auftauchte. Ich spreche hier von der Konsumfreiheit, die unzweifelhaft ein weiteres Instrument des Liberalen Prinzips darstellt. Unsere natürlichen Empfindungen werden getäuscht und umfunktioniert. Unbewusst wird unser Gehirn manipuliert und auf die Produkte der Supermärkte gelenkt. Neuromarking nennen dies die falschen Philosophen und bezeichnen damit den Umstand, dass unser Gehirn daraufhin untersucht wird auf welches bestimmte Produkt oder Marke wir reagieren. Dies ist eine weitere (unnatürliche) Freiheit, die uns die Göttin Libertas offerierte: nämlich die Freiheit des Konsums. Die Geisteskraft des Konsums (Gesetz der Profitmaximierung) ist es nun auch, weshalb Demokratien Kriege führen. Im Bestreben neue Märkte zu erschließen werden regionale Kriege angezettelt. Die Völker dieser Welt unterliegen einem Zeitgeist, der das Empfinden des Menschen für die wirkliche Freiheit vernebelt. Ich befürchte sie werden diese nicht verstehen, wenn ich sie als die ehrfurchtsvolle Verbeugung vor dem Leben kennzeichne.

III. Globaler Gleichheitsgedanke

5. Deutscher Staat im Wandel

Was ist Deutschland? Auf diese Frage werden Sie viele Antworten erhalten. Für die einen ist er ein Rechtsstaat, für die anderen ein Sozialstaat und für ganz andere ein Bundesstaat mit demokratischen Prinzipien. Wirft man einen Blick in das Grundgesetz, so wird deutlich, dass alle drei Begrifflichkeiten ihre Daseinsberechtigung im demokratischen Prinzip (Art. 79 Abs. 3 GG) vereinen. Im unantastbaren Konstrukt des demokratischen Prinzips finden sie sich in einer verfassungsrechtlichen Ordnung wieder, die durch die Endsilbe »Staat« gekennzeichnet wird. Der Staat [43] ist demnach eine politische Ordnung, die unterschiedlich definiert werden kann. So prägten bereits die alten Ägypter den Nationalstaat und schufen für die nächsten hundert Generationen das Ideal für die staatliche Ordnung. [44] Seit dem 17. Jahrhundert haben sich die europäischen Staaten zu einem Nationalstaat [45] entwickelt und vier Aufgabengebiete herausgebildet, die diesen bis heute kennzeichnen:

1. **Ressourcendimension** in Form eines Gewalt –und Steuermonopol auf zentralstaatlicher Ebene.
2. **Rechtsstaatlichkeitsdimension** das heißt die Durchsetzung des Rechtsstaates durch Ausbildung von Rechtsstaatlichkeit.
3. **Legitimationsdimension** der Herrschaft durch demokratische Entscheidungsprozesse.
4. **Wohlfahrtsdimension** bzw. die Etablierung eines Wohlfahrtstaates.

Betrachten wir nun im Einzelnen die vier Aufgabengebiete: Mit Hilfe der Ressourcendimension konnte der Territorialstaat die unterschiedlichen Interessen und privaten Fehden einzelner Akteure beenden. Das Gewaltmonopol sorgte für nur eine legitime Gewalt und sicherte damit den Erhalt des Staatsapparats. Mit Hilfe des Steuermonopols schaffte sich die zentrale Herrschaftsklasse einen eigenen Staatshaushalt und verpflichtete über Akzise (Verbrauchsteuer und Zoll) de facto alle Einwohner zur Finanzierung des Staatshaushaltes.
Die zweite Dimension ist die des Rechts, also die Bindung der Staatsgewalt an Recht und Gesetz in Form eines Rechtsstaates (rule of law). Der Rechtsstaat sichert die Gleichheit aller Akteure vor dem Gesetz und sichert damit dem Menschen im Mindestmaß unveränderliche Rechte (z.B. Menschenrechte).
Die Legitimationsdimension umfasst die dritte Dimension. Seit dem Anfang des zwanzigsten Jahrhunderts bildete sich diese in Form der parlamentarischen Demokratie heraus.
Letztlich formuliert die vierte Dimension die Form der Intervention bzw. der Wohlfahrt. Hierbei werden drei Bereiche dem Wohlfahrtsstaat zugemessen. Erstens der »Staat der Daseinsvorsorge«, wie ihn der Staatsrechtler Ernst Forsthoff 1938 definierte. Ferner der Sozialstaat und neuerdings die Bildungspolitik, als tertiärer Bestandteil der vierten Dimension.
Bis in die Mitte des 20. Jahrhunderts führte diese Staatsausrichtung zu einer Monopolisierung der Gewalt, der Steuerhebung und der Daseinsvorsorge.
In der Summe blieb bis heute das Staatsverständnis eines zentralen Herrschaftsapparats im Denken der Bürger verhaftet. Seit etwa drei Jahrhunderten wurde in die Politik eine Nationalstaatsideologie eingebaut, die als Folge um die Debatten einer Globalisierung, Liberalisierung und Privatisierung zunehmend in Zweifel gezogen wird.

Der Wandel des Nationalstaates und dessen rechtlichen Entscheidungsmöglichkeiten begann in der Wirtschaftskrise der 1970er und dem Konjunktureinbruch der 1980er Jahre.
Betrachten wir die institutionelle Ausformung des Staatsapparates auf deutschen Boden nach 1949, so stellen wir fest, dass sich der Demokratische Rechts- und Interventionsstaat (DRIS) der 70er Jahre deutlich gegenüber früheren historischen Staatsformen unterscheidet. [46]
Im Detail ändert sich die Staatlichkeit, indem sie den unterschiedlichsten Wandlungsprozessen unterliegt, die sich nach Michael Zürn auf zwei Achsen abbilden lassen. [47]

a) auf einer räumlichen, territorialen Achse und
b) auf einer modalen, funktionalen Achse (Organisatorische Achse)

Auf der räumlichen, territorialen Achse bewegt sich die Staatlichkeit zwischen einer Supranationalisierung und Internationalisierung. Die Einbindung Deutschlands in die Europäische Union ist beispielhaft für die Supranationalisierung. Ebenso war die Einführung des Euro eine geldpolitische Entscheidung zugunsten der Europäischen Zentralbank. Sie ging also auf eine supranationale Ebene über.
Im Falle der modalen, funktionalen Achse (Organisatorischen Achse) bewegt sich die Verschiebung der öffentlichen Güter im Sinne einer Verstaatlichung und Entstaatlichung.
Hier ist es wichtig festzuhalten, dass die Zerfaserung von Staatlichkeit nur stattfindet, wenn sich die unterschiedlichen Dimensionen von Staatlichkeit markant in verschiedene Richtungen bewegen, also sich der Wandel asymmetrisch verhält. Eine parallele Verschiebung der Dimensionen würde einer Zerfaserung widersprechen. Vielmehr würde sich daraus eine neue Form von Staatlichkeit entwickeln wie dies z.B. in Form

einer Weltregierung oder eines Regionalstaates der Fall wäre. Gemäß der Hypothese des Politikwissenschaftlers Michael Zürn und des Sozialwissenschaftlers Stephan Leibfried müssten die vier Dimensionen von Staatlichkeit divergieren, um von einem Wandel von Staatlichkeit ausgehen zu können. [48] Die Staaten der OECD-Welt in den 1960er und 1970er wurden durch die Bündelung der vier Dimensionen von Staatlichkeit (der DRIS) geprägt. Diese Prägung ließ Deutschland, als ein wichtiges Element der OECD-Welt, nicht aus. Entsprechend konzentrierten sich alle vier Dimensionen der Staatlichkeit auf die nationalstaatliche Ebene der damaligen Bundesrepublik Deutschland und wirkte sich ebenso auf das ehemalige Gebiet der DDR aus, indem dieses im Zuge der Wiedervereinigung mit der Bundesrepublik Deutschland das neue Deutschland zu bilden begann. So war im neuen deutschen Staat:

»(…) das Gewalt- und Steuermonopol angesiedelt und auch der Interventionsstaat verankert. Die Institutionalisierung von Demokratie wurde bis vor kurzem exklusiv auf nationalstaatlicher Ebene gedacht (…). Der Rechtsstatus eines souveränen Staates war sogar zweifach an die nationalstaatliche Ebene gebunden: Schon territorial eingehegte Herrschaftsverbände (nationalstaatliches Subjekt der Anerkennung) erkannten andere sich territorial einhegende Herrschaftsverbände (nationalstaatliches Objekt der Anerkennung) als souveräne Staaten an. Da also alle vier Dimensionen der Staatlichkeit in die nationale Ebene eingebunden waren, kann der DRIS als Ausdruck einer nationalen Konstellation gesehen werden« [49].

Die nationale Konstellation der DRIS bedingt sich wechselseitig und begünstigt eine Stabilisierung des (Staats-) Systems. Ohne ein entsprechendes Gewalt- und Steuermonopol wäre ein durchsetzungsfähiger Rechtstaat undenkbar und die politische Gesellschaft wäre kaum in der Lage gewesen, sich in Form eines demokratischen Verfahrens zu etablieren. Nur die Legitimität demokratischer Verfahren auf der staatlichen Ebene konnte auch die Etablierung eines Wohlfahrtstaates rechtfertigen. Entsprechend bildet die Legitimation der Herrschaft in Form demokratischer Verfahrensweisen auch die Stütze des demokratischen Rechts- und Interventionsstaats (DRIS). In Westdeutschland konnte man allerdings seit den 1980er eine neue Verantwortungsteilung zwischen Staat und Gesellschaft wahrnehmen. Diese neue Verantwortungsteilung hatte zur Folge, dass sich im Zuge der stattfindenden Wandlungsdiskussion in Deutschland der Gewährleistungsstaat heraus zu bilden begann.

Der Gewährleistungsstaat

Der Gewährleistungsstaat findet im Vertrag von Lissabon [50] seine Gesetzmäßigkeit. Entsprechend hat sich das Leitbild des Staates verändert und sich dem englischen Konzept des »enabling state« angenähert. So ist nicht mehr »allein der Staat für die Lösung gesellschaftlicher Probleme zuständig, sondern diese sollen, wo immer möglich, an die Zivil- oder Bürgergesellschaft zurückgegeben werden«. Durch die Veränderung des Leitbildes des Staates bildete sich eine neue Arbeitsteilung zwischen Staat, Wirtschaft und Zivilgesellschaft heraus. Als Bezugsrahmen für diese neue konzeptionelle Überlegung kristallisiert sich das Modell des Gewährleistungsstaats: »Das heißt, der Staat stellt die Erfüllung eines bestimmten Angebots an öffentlichen Aufgaben sicher […], ohne dass diese Aufgaben notwendigerweise von staatlichen Institutionen erbracht werden müssen« [51]
(Beispielhaft ist die Diskussion über die Privatisierung der europäischen Wasserversorgungssysteme im Jahre 2012/13 usw.). Private bzw. nichtstaatliche Organisationen erbringen die

Aufgaben für den Staat, weil der klassische Staat an seine wirtschaftlichen Grenzen gestoßen ist. Gerd Langguth stellt dazu fest: »Die gravierenden Menschheitsprobleme sind nicht mehr isoliert im Rahmen nationalstaatlicher Souveränität lösbar, sondern nur durch einen Verbund von Staaten oder Staatengruppen. Gleichwohl bleibt der Nationalstaat für den einzelnen Bürger noch für längere Zeit die Ebene seiner politischen Orientierung«. So teilt sich schon jetzt »der klassische Nationalstaat seine Souveränität faktisch mit transnationalen und supranationalen Organisationen (Vereinte Nationen, Welthandelsorganisationen WTO, Europäische Union).« Dieser Entwicklung hat sich Deutschland mit der Einbindung in den westlichen Wertekanon angeschlossen und gab Teile seiner nationalen Kompetenzen (externe Souveränität) auf die Entscheidungsebene der Europäischen Union ab. Somit wird die wachsende Bedeutung internationaler Organisationen »zur Koordination nationalstaatlich verfaßter Politiken [...] immer sichtbarer, weil die traditionelle Kompetenz und Effizienz souveräner Nationalstaaten abnimmt, die fundamentalen Staatsaufgaben wahrzunehmen«. [52]

Entsprechend führt die Transformation der Politik in Deutschland zu einer Krise und des Umbruchs. Die fortschreitende Globalisierung trägt zur Entgrenzung und Internationalisierung einer steigenden Zahl von Politikfeldern bei. Das Souveränitätskonzept der Epoche der Nationalstaaten wird abgelöst durch das System geteilter Souveränitäten. In diesem Zusammenhang ist und bleibt die Europäische Union der Prototyp einer Transformation von Staaten, denn dieses Konstrukt politischer Institutionalisierung macht erst die Degradierung eines souveränen Staats zu einem Statisten in Form von Herrschaftsmanagern offensichtlich und versinnbildlicht den tiefgreifenden Umbruch der Politik und der Kernkonzepte der »alten Ordnung« (Souveränität, territoriale Organisation der

Politik, klare Trennung in Innen- und Außenpolitik, das internationale System der Staatenwelt).
Michael Zürn sieht die Krise in der Unfähigkeit nationaler Regierungen, die internationale Ökonomie zu »regieren«. Es handelt sich somit vor allem um eine »Krise des Regierens«. [53]
Der Politologe und Philosoph Nicos Poulantzas vertrat das Argument, dass »der kapitalistische Staatstyp der gegenwärtigen Phase permanent und strukturell durch das bemerkenswerte Anwachsen der generischen Elemente der politischen Krise und der Krise des Staates gekennzeichnet« sei [54].

Kurz: Der moderne Staat, ob nun in seiner kapitalistischen Ausprägung oder dem eines von nationalen Regierungen gesteuerten Nationalstaates, steht in der Krise. Der in der Krise stehende Staat verschwindet nicht oder sieht sich in seiner Existenz bedroht, sondern er unterzieht sich einer Transformation seiner Staatlichkeit: das heißt seiner Aufgabenstellung. Zürn und Leibfried sprechen in diesem Zusammenhang von wichtigen »Veränderungen in den verschiedenen Dimensionen moderner Staatlichkeit« und »dass im Zuge dieser Veränderungen die moderne Staatlichkeit zerfasert, was besagt: Die vier ehemals national gebündelten Dimensionen driften auseinander und konfigurieren sich in einer Vielzahl andersartiger Muster neu […]« [55]. Demnach werden die verschiedenen Dimensionen einem Wandel unterzogen [56] und im Zuge dieser Veränderungen zerbricht das bestehende politische System.

6. Vereinigte Staaten von Europa

Wie dieser Wandel aussieht und wohin er uns führt beschreibt folgender Abschnitt: Hierbei betrachten wir den deutschen Staat nach 1990, denn dieser ist wie kein anderer einem ständigen Wandel unterworfen. Was bedeutet dieser Wandel, den wir heutzutage als einen Prozess der Internationalisierung verstehen? In diversen Printmedien werden zentrale Begriffe wie Internationalisierung und Globalisierung wahlweise miteinander vermischt und in direkten Bezug mit der gegenwärtigen Politik um den Vertrag von Lissabon gestellt.
Wenn wir in diesem Abschnitt von einer Internationalisierung des Staates (IdS) sprechen, dann beziehe ich mich auf die Arbeiten des Soziologen und Politikwissenschaftlers Bob Jessop (2002) und des Politikwissenschaftlers Joachim Hirsch (2002), da die Politikwissenschaftlerin Birgit Sauer (2003) ihn z.B. für eine feministisch-staatstheoretische Perspektive entwickelte. [57] So zielt der Einsatz und die Beschäftigung mit dem Staat für Birgit Sauer auf die Beantwortung der Frage, wie »Geschlecht und Geschlechterverhältnisse als konstitutive Elemente des modernen Staates begriffen werden können« [58]. Inhaltlich verwenden wir den Begriff IdS, wenn wir den komplexen Prozess der Veränderung von Staat und Staatensystem beschreiben. Umgangssprachlich und vordergründig sprechen wir von Globalisierung. Der Globalisierungsbegriff ist aber mit Vorsicht zu gebrauchen, denn im Grunde wird nur plakativ auf eine Veränderung hingewiesen, was sich aber ändert bleibt verschlossen. Damit uns diese Veränderung nicht verschlossen bleibt, dienen nachfolgende Überlegungen zur Internationalisierung des Staates.

Die Frage nach Veränderung und Innovation des Staates bestimmte spätestens seit den 1990er Jahren auch die zentralen Dimensionen eines Neuentwurfs des kapitalistischen Staates.
Die permanente (Selbst-) Transformation des Staates wurde notwendig, um die Fähigkeit zur Innovation und Veränderung in den kapitalistischen Produktionsverhältnissen durch die Schaffung neuer staatlicher Aufgaben und Politikfelder zu sichern. [59]. Staatstheoretiker sprechen in diesem Zusammenhang von »Transformationsprozessen« [60], die sich auf Staaten und Staatensystemen auswirken. Derartige Transformationsprozesse firmieren unter dem gemeinsamen Begriff der Internationalisierung des Staates (IdS) und kommen aus der kritischen Internationalen Politischen Ökonomie und der kritischen Staatstheorie. [61] Wichtig für uns ist, dass die europäischen Staaten am Ende des 20. Jahrhunderts eine neue Phase durchliefen, die das internationale System nachhaltig veränderte. Das bisherige und das bestimmende internationale System zwischen Ost- und West existierte nicht mehr. Der Zusammenbruch des real existierenden Sozialismus hat dazu geführt, dass der Kommunismus in der Theorie und der Praxis gegenüber dem Kapitalismus und Liberalismus – in Form von Großgesellschaften – keine politische Alternative mehr darstellte. Inwieweit hat sich also die heutige Struktur des Internationalen Systems fortentwickelt? Infolge der dramatischen Entwicklungen der 90er Jahre (Balkan-Krieg, Kuwait-Krieg usw.) konnten wir davon ausgehen, dass sich das internationale System in einer Weltübergangsgesellschaft befand, die durch widersprüchliche Tendenzen gekennzeichnet waren. So gab es seit dem Ende des 20. Jahrhunderts bis dato folgende Entwicklungen: [62]

a) Fortexistenz von National- oder Territorialstaaten.
b) Größer werdende Anzahl internationaler Organisationen
c) Tendenz der grenzüberschreitenden Vernetzungspolitik
d) Tendenz der Regionalisierung und Multipolarisierung

e) Tendenz des Nord-Südkonflikts
f) Wandel des souveränen Nationalstaates zum Akteur staatlicher Daseinsvorsorge

Die Konturen dieser sich widersprechenden Tendenzen müssen sich allerdings erst herausbilden. Für Joachim Hirsch schien es zweckmäßig zu sein, die aktuellen Prozesse der Transformation von Staaten und Staatensystemen unter dem Begriff der Internationalisierung des Staates zusammenzufassen. Nach Joachim Hirsch handelt es sich »sowohl um eine Internationalisierung der Staatsapparate selbst als auch um eine räumlich-soziale Diversifizierung staatlicher Ebenen und Funktionen«. Grundsätzlich gilt es für diesen Begriff mehrere Dimensionen zu unterscheiden: [63]

1) Es besteht eine verstärkte Abhängigkeit der einzelnen Staatsapparate von den internationalen Kapital- und Finanzmärkten.
2) Die grenzüberschreitende Flexibilisierung der Kapital und Finanzströme erhöhen den Druck auf die einzelnen Staaten zur Schaffung optimaler Verwertungsbedingungen.
3) Es kommt zu einem Prozess der Denationalisierung der Staaten.
4) Die Privatisierung von Politik auf einzelstaatlicher wie auch auf internationaler Ebene wird vorangetrieben. Private Akteure werden für die Politikformulierung und – durchsetzung wichtig.
5) Es werden politische Regelungskomplexe in Form von formalisierten internationalen Organisationen oder informellen Regimes internationalisiert.

6) Es bildet sich eine internationale Kapitalisten- und Managerklasse heraus, die einen besonderen Aspekt der Internationalisierung des Staates darstellt.

Die Umsetzung dessen, was wir hier beschreiben, lässt sich deutlich an den politischen Folgen der europäischen Finanz- und wirtschaftskrise 2008/09 ablesen. Die zunehmende Verflechtung und Abhängigkeit der europäischen Mitgliedsstaaten führt uns zwangsläufig zu einer gemeinsamen europäischen Fiskalunion (Beschluss des Europäischen Rats am 9. Dezember 2011), weil die politischen Mechanismen bereits durch die grenzüberschreitende Flexibilisierung der Kapital- und Finanzströme vorangetrieben wurden. Unzweifelhaft dient dazu auch der Europäische Stabilisierungsmechanismus (ESM), der verhindern soll, dass private Investoren finanzschwachen Euro-Ländern kein Geld mehr leihen.

Kurzum, dieses Finanzsystem betont den Aspekt eines gesamteuropäischen Staates und den Verzicht auf langfristige, nationale (eigenständige) Finanzhoheiten. Sie werden einwerfen, dass nach wie vor der nationale Staat das Terrain für die politischen Interessen darstellt?
Oberflächlich betrachtet, allerdings durch die Einrichtung der Europäischen Zentralbank, der Europäischen Investitionsbank, den europäischen Finanzvorschriften, dem Europäischen Stabilisierungsmechanismus (ESM) usw. und nicht zuletzt durch unsere europäische Währung dürfen wir getrost davon ausgehen, dass eine eigenständige Nationalstaatspolitik (Souveränität) in den Papierkorb gewandert ist.
Die Politikwissenschaftler Ulrich Brand, Christoph Görg und Markus Wissen skizzieren das Verständnis der Internationalsierung des Staates mit den Begriffen Hegemonie und Regulation. So modifiziert sich dieses Verhältnis »indessen

dadurch, dass das Kapital den einzelnen Staaten flexibler gegenübertritt und sich wichtige Politikformulierungs- und –durchsetzungsprozesse auf die Ebene internationaler Ebenen verlagern«. In diesem Zusammenhang sprechen Brand und Görg unter Bezugnahme des Politologen und Philosophen Nicos Poulantzas von einer institutionellen Verdichtung von Kräfteverhältnisse »zweiten Grades«.

Der Bedeutungskern des von Brand und Görg weiterentwickelten Begriffes lässt sich in drei Dimensionen fassen: [64]

1. Im Zuge der Globalisierung der kapitalistischen Produktionsweisen wird der »integrale Staat« [65] internationalisiert.
2. Durch die zunehmenden grenzüberschreitenden Entwicklungen werden die internationalen politisch-institutionellen Strukturen und Prozesse wichtiger.
3. Es kommt zu einer »globalisierungsvermittelten Transformation der nationalen Staaten« [66].

Bei diesem Prozess einer »globalisierungsvermittelten Transformation der nationalen Staaten« handelt es sich um eine »Interiorisierung« [67]. Zentral ist dabei die Ausgangsannahme, dass die »[…] gelingende Regulation und eventuell hegemoniale Verhältnisse […] eine Reorganisation des Staates auf unterschiedlichen Ebenen […]« mit einschließen. Ebenso sind entsprechend die Internationalen »politischen Institutionen […] nicht nur als ein Ergebnis der Routinisierung von Verhaltensweisen zu verstehen, sondern auch als Ergebnis von Strategien und Projekten sowie als Verdichtung sich verändernder sozialer Kräfteverhältnisse«. [68] IdS (und die damit verbundenen Prozesse) bedeutet somit, dass sich das Verhältnis von Staat und Gesellschaft in globalem Maßstab neu bestimmt.

Damit nimmt die institutionelle Ausformung der Staatsapparate eine komplexere Gestalt an und findet in vielen gesellschaftlichen Bereichen statt. Diese Wandlung vollzieht sich in einer nicht sichtbaren Weise und lassen den existierenden Staat nach wie vor als eine politische Form des Kapitalismus erscheinen. Da die Staatlichkeit allerdings in der inneren Souveränität gegenüber der eigenen Wirtschaft, wie an äußerer Souveränität durch Einbindung in internationale Organisationen verloren hat, müssen wir von der Hypothese ausgehen, dass sich Staatlichkeit wandelt. Wir müssen die Ursachen des Wandels erkennen und die Frage nach den Handlungsgrenzen parlamentarischer Politik in den westlichen Demokratien aufwerfen, denn mit einer zunehmenden, gegenseitigen Abhängigkeit nimmt die Druckempfindlichkeit bis zur Erpressbarkeit zu [69]. Warum? Weil der Staat sich auch durch die organisierte Kriminalität und des internationalen Terrorismus in seinem Gewaltmonopol bedrängt sieht. Private Sicherheitsdienste übernehmen in der gesamten OECD immer größere Aufgaben. Wir können von einer Erosion des Gewaltmonopols eines Staates ausgehen, wenn die zugrunde liegenden Befunde über die Zunahme der organisierten Kriminalität und des internationalen Terrorismus das staatliche Gewaltmonopol bedrohen. In welchem Ausmaße dies geschieht, muss durch empirische Forschung nachgewiesen werden. Allerdings können wir feststellen, dass die Globalisierung deutlich an der Ressourcendimension zerrt [70]. So lautet die These, dass »der Staat die zu bewältigenden Herausforderungen nicht selbst im Rahme seiner bestehenden institutionellen Struktur bewältigen« kann; »daher müssen die institutionellen Strukturen geändert werden […] nicht zwangsläufig […] aber im Sinne der agierenden Akteure«. Treibende Kräfte des Wandels der Staatlichkeit sind also Akteure. Die Folge ist der Niedergang nationalstaatlicher Politik [71]. Das Ausmaß dieser Entwicklung wird im Prozess der Europäisierung deutlich sichtbar und wurde mit dem Vertrag von Lissabon bestätigt.

Folge: der Nationalstaat verliert an den supranationalen (übergeordneten) Herrschaftsverband der Europäischen Union rechtliche Entscheidungsmöglichkeiten, die zuvor allein souveränen Nationalstaaten vorbehalten waren. [72]. Wir erkennen, dass die Zerfaserung des Staates durch unterschiedliche Prozesse der Internationalisierung und Privatisierung verursacht werden. Unzweifelhaft verlieren die bisherigen Herrschaftsstrukturen des Nationalstaates an Bedeutung und werden durch private Organisationen ersetzt:

»[…] Der Staat ist in diesem Geflecht nur noch einer von vielen Herrschaftsträgern. Der Staat übt Herrschaft oft nicht mehr allein und unmittelbar aus, sondern koordiniert, integriert, initiiert und ergänzt die Herrschaftsausübung anderer nichtstaatlicher Herrschaftsträger. Der Staat verliert Autonomie an diese neuen nichtstaatlichen Herrschaftsträger und wird insofern schwächer. Aber er gewinnt zugleich an Einfluss auf sie, kann sie als Herrschaftsressource nutzen und wird dadurch stärker. Der Staat bleibt zentral, mutiert aber vom Herrschaftsmonopolisten zum Herrschaftsmanager.« [73]

Kurz: Es kann davon ausgegangen werden, dass nationale Öffentlichkeiten bisweilen die wichtigsten Foren für öffentliche Diskussionen bleiben; sich aber der kontinentaleuropäische Nationalstaat zu einer regionalen Größe – einem Herrschaftsmanager - der Vereinten Europäischen Staaten transformiert. [74] In diesem Sinne werden die Worte des spanischen Moraltheologen Francis Suarez (1548 bis 1617) Wirklichkeit, als er folgende liberale Idee formulierte, die zur damaligen Zeit allerdings (scheinbar) unbeachtet blieben:
»Obgleich die Menschheit in verschiedene Völker und Königreiche gegliedert ist, besitzt sie doch eine gewisse, nicht nur physische, sondern auch eine moralische und politische Einheit, die sich aus dem natürlichen Gebot der Liebe und des

gegenseitigen Mitleids ergibt, das sich auf alle Menschen, auch auf die Ausländer, welchen Volkes auch immer, erstreckt. Daher ist jeder Staat, mag er eine Republik oder ein Königreich sein, zwar an sich eine vollständige und eine dauernde Gemeinschaft seiner Bürger, zugleich aber in gewissem Sinne auch ein Glied jenes Universums, welches das Menschengeschlecht umfasst. Denn jene Gemeinschaften können sich niemals derart genügen, dass sie keiner gegenseitigen Hilfe, keiner Gesellschaft und keiner Gemeinschaft bedürfen, entweder um besser zu leben und zu ihrem Nutzen oder wegen einer moralischen Notwendigkeit oder Bedürftigkeit, wie es uns die Erfahrung zeigt. Daher brauchen sie irgendeine Rechtsordnung, die sie in jener Art des Verkehrs leitet und lenkt(…)« [75].

Ich schreibe scheinbar, denn die Ergebnisse des Westfälischen Friedens und die damit verbundene Beendigung des Dreißigjährigen Krieges 1648 formulierten ein neues Europa, in dem das damalige Heilige Römische Reich Deutscher Nation vollständig an politischer Bedeutung verlor. Europa wurde in diesen Jahren neu geordnet und die Mechanismen des Liberalen Prinzips begannen zu wirken.

7. Europäische Parteienlandschaft

Im vorhergehenden Kapitel verwies ich auf den Wandel des Nationalstaates und des damit verbundenen Endziels eines Vereinigten Staates von Europa [76]. Unzweifelhaft führt der Vertrag von Lissabon [77] die kontinentaleuropäischen Nationalstaaten zu einer gemeinsamen Rechtsordnung. Diese Rechtsordnung fördert und fordert den Prozess einer immer engeren Union, die durch dessen Inkrafttreten am 1. Dezember 2009 auch das Gestaltungspotential europäischer Parteien stärkte.

Mit Blick auf den Begriff Partei wird in der wissenschaftlichen Literatur bisweilen die Frage diskutiert, ob und inwieweit es sich bei den Europarteien überhaupt um Parteien handelt; denn mit dem Urteil des Bundesverfassungsgerichts zur Aufhebung der 5%-Hürde für das Europa-Parlament wurde die Frage nachträglich verschärft [78]. Die Ausweitung der Begrifflichkeit einer europäischen Partei verdeutlicht in bemerkenswerter Weise, wie sich die Kooperation nationaler Parteien auf europäischer Ebene gewandelt hat. Deutlich lässt sich ein Entwicklungsprozess zur Herausbildung erster transnationaler Parteien aufzeigen. Dieser reicht von der Kooperation der Fraktionen im Europäischen Parlament, bis hin zur Bildung erster transnationaler Parteien. Seit Anfang der 1990er Jahre lässt sich ein innerer Wandlungsprozess beschreiben, den die europäischen politischen Parteien in den Jahren 1990 bis 2008 durchliefen. Dieser Vorgang ist nicht abgeschlossen und der aktuelle Forschungsstand beurteilt diesen Prozess sehr unterschiedlich.

In dieser Debatte stehen sich zwei Forschungsmeinungen gegenüber. Auf der einen Seite wird die Ansicht vertreten, dass sich die europäischen Parteien aus den kooperativen Ansätzen des europäischen Mehrebenensystems entwickelt haben. In diesem Kontext wird ausdrücklich ein Parteibegriff zugrunde gelegt, der aus nationalen Zusammenhängen entwickelt wurde. Daraus ergibt sich gemäß Artikel 21 (1) des Grundgesetzes folgende Aufgabe bzw. rechtliche Anforderung für eine Partei. So wirken in Deutschland die Parteien: bei der »[…] politischen Willensbildung des Volkes mit. Ihre Gründung ist frei. Ihre innere Ordnung muss demokratischen Grundsätzen entsprechen. Sie müssen über die Herkunft und Verwendung ihrer Mittel sowie über ihr Vermögen öffentlich Rechenschaft ablegen«. Entsprechend müssen die Parteien vielfältige Aufgaben wahrnehmen und diese werden in §1 (2) des Parteiengesetztes genannt. So heißt es in §1(2) (PartG) folgendermaßen: »Die Parteien wirken an der Bildung des politischen Willens des Volkes auf allen Gebieten des öffentlichen Lebens mit, indem sie insbesondere auf die Gestaltung der öffentlichen Meinung Einfluss nehmen, die politische Bildung anregen und vertiefen, die aktive Teilnahme der Bürger am politischen Leben fördern, zur Übernahme öffentlicher Verantwortung befähigte Bürger heranbilden, sich durch Aufstellung von Bewerbern an den Wahlen in Bund, Ländern und Gemeinden beteiligen, auf die politische Entwicklung in Parlament und Regierung Einfluss nehmen, die von ihnen erarbeiteten politischen Ziele in den Prozess der staatlichen Willensbildung einführen und für eine ständige lebendige Verbindung zwischen dem Volk und dem Staatsorgan sorgen«. Im Sinne einer derartigen Auslegung des Parteienbegriffs ist es einfach zu sagen, dass es keine Parteien auf europäischer Ebene gäbe. So fehlt es der Europäischen Union explizit an einem einheitlichen Staatsvolk. Ebenso können wir derzeit nicht von einer europäischen Öffentlichkeit sprechen, die einem wie auch immer gearteten gesamteuropäischen Einfluss unterliegt. Entsprechend können die Bürger nicht zur Übernahme öffentlicher Verantwortung herangezogen werden, wenn sie derzeit nicht einmal in der Lage sind, auf die politische Entwicklung des Europaparlaments Einfluss zu nehmen.

Hinzu kommt, dass es in der Europäischen Union an einer Regierung mangelt, die durch das Parlament kontrolliert wird. Damit kommen wir zu einem Punkt, indem wir feststellen müssten, dass es derzeit keinen Sinn machen würde, weiterhin über Parteien auf europäischer Ebene zu sprechen. Aus diesem Grund wenden wir uns der Forschungsmeinung zu, die davon ausgeht, dass sich die inzwischen herausgebildeten Parteien auf europäischer Ebene, aus den kooperativen Ansätzen des europäischen Mehrebenensystems entwickelt haben. Entsprechender Ansatz findet sich in der Etikettierung des Begriffs wieder, welcher sich Anfang der 1990er Jahre herausbildete. So bildeten sich Anfang der 1990er Jahre, in Hinblick auf die zukünftige Entwicklung der Europäischen Gemeinschaft, folgende europäische Parteien [79]:

- der Bund der Sozialdemokratischen Parteien in der Europäischen Gemeinschaft, 1974 entstanden, konstituierte sich im Herbst 1992 auf der Grundlage eines neuen Status als Sozialdemokratische Partei Europas;

- die Europäische Volkspartei, die ihren Anspruch, eine Europäische Partei werden zu wollen, schon 1976 bei ihrer Gründung angemeldet hatte, gab sich im November 1990 eine neue Satzung, die diesen Anspruch unterstreicht;

- die Föderation der Europäischen Liberalen und Demokraten, 1976 gegründet, wurde im Dezember 1993 zur Europäischen Liberalen und Demokratischen Reform-Partei;

- die Europäische Föderation Gründer Parteien formierte sich im Sommer 1993 als paneuropäischer Verband, der aber auch als Rahmen für einen Zusammenschluss auf Unionsebene dienen sollte,

- die Europäische Freie Allianz entstand zu Beginn der 1980er Jahre als Bündnis der Parteien mit ethnischer oder regionalistischer Motivation.

Die fortschreitende Entwicklung der europäischen Parteien in den vergangenen Jahrzehnten führte durch die Initiative der Parteivorsitzenden, am 7. Februar 1992 im Vertrag über die Europäische Union (Vertrag von Maastricht), zur Aufnahme des Parteienartikels – Art. 138a EGV [80]. Dieser Parteienartikel enthielt folgenden Wortlaut: »Politische Parteien auf europäischer Ebene sind wichtig als Faktor der Integration in der Union. Sie tragen dazu bei, ein europäisches Bewusstsein herauszubilden und den politischen Willen der Bürger der Union zum Ausdruck zu bringen.« Der Wortlaut des Art. 191 EGV (ex. 138a EGV) enthielt zwar keine Definition der politischen Partei, aber er bestimmte die Aufgaben zukünftiger politischer Parteien auf europäischer Ebene. Somit verwies er auf die Aufgaben der Integration, einer Herausbildung eines europäischen Bewusstseins und des Umstandes, dass die Parteien den politischen Willen der Bürger in der Union zum Ausdruck zu bringen haben. Vertraglich fehlte es allerdings an einer eindeutigen Rechtsbasis und dies führte, nach dem Verfassungskonvent (2001-2003), zur Verabschiedung einer »Verordnung des Europäischen Parlaments und des Rates über die Regelungen für die politischen Parteien auf europäischer Ebene und ihre Finanzierung«. Diese Verordnung trat am 15. Februar 2004 in Kraft und bot damit einen Rahmen für die Finanzierung zukünftiger Europarteien und definierte u.a. folgende Voraussetzungen, die eine zukünftige politische Partei auf europäischer Ebene zu erfüllen habe: [81]

- sie besitzt in dem Mitgliedstaat, in dem sie ihren Sitz hat, Rechtspersönlichkeit; sie ist in mindestens einem Viertel der Mitgliedstaaten durch Mitglieder des Europäischen Parlaments oder in den nationalen Parlamenten oder regionalen Parlamenten oder Regionalversammlungen vertreten, oder sie hat in mindestens einem Viertel der Mitgliedstaaten bei der letzten Wahl zum Europäischen Parlament mindestens 3 Prozent der abgegebenen Stimmen in jedem dieser Mitgliedstaaten erreicht; sie beachtet insbesondere in ihrem Programm und in ihrer Tätigkeit die Grundsätze, auf denen die Europäische Union beruht, das heißt die Grundsätze der Freiheit, der Demokratie, der Achtung der Menschenrechte und Grundfreiheiten sowie der Rechtsstaatlichkeit; sie hat an den Wahlen zum Europäischen Parlament teilgenommen oder die Absicht bekundet, dies zu tun.

Die Verordnung sieht folgende Pflichten vor, wenn die Partei oder Stiftung eine Finanzierung erhalten will: [82]

A) jährlich ihre Einnahmen und Ausgaben einschließlich einer Aufstellung ihrer Aktiva und Passiva veröffentlichen;

B) ihre Finanzierungsquellen angeben, indem sie ein Verzeichnis vorlegt, in dem die Spender und die jeweiligen Spenden aufgeführt sind, soweit sie 500 EUR übersteigen;

C) anonyme Spenden, Spenden in Höhe von über 12 000 EUR pro Jahr und Spender, Spenden aus dem Budget einer Fraktion des Europäischen Parlaments, Spenden von Unternehmen, auf die die öffentliche Hand aufgrund der Eigentumsverhältnisse oder der finanziellen Beteiligung einen beherrschenden Einfluss ausüben kann, sowie Spenden einer öffentlichen Einrichtung eines Drittlandes ablehnen.

In der Vergangenheit wurden die europäischen Parteien von ihren Fraktionen im Europäischen Parlament gefördert. Dieser Umstand wurde nun durch die hier genannte Verordnung geändert. Durchaus schuf die vertragliche Regelung kein verbindliches Parteienstatut im Sinne des nationalen

Parteiengesetztes. Aber durch Artikel 191 EGV (ex.138a EGV) ist die rechtliche Existenz einer europäischen Partei unumstritten. Die Nationalen, als auch die europäischen Parteien sind in einem europäischen Rahmen eingebunden. Ich verweise in diesem Zusammenhang auf den Artikel »Gibt es europäische Parteien?« [83] von Franziska Heratsch, in dem sie betont, dass »beide Formen zur Willensbildung des Volkes beitragen«.

Sicherlich sind ihre Strukturen und Funktionen nicht identisch, dennoch müssen wir den »Politischen Parteien auf europäischer Ebene« eine steigende Bedeutung zuschreiben. Die vertraglichen Regelungen erfordern in diesem Kontext auch eine programmatische Neupositionierung der Parteien auf nationaler Ebene. Während die nationalen Parteien die klassischen Parteifunktionen wie z.B. Interessenaggregation, Elitenrekrutierung oder die Partizipation der Mitglieder und der Transmission des Bürgerwillens wahrnehmen, müssen die europäischen Parteien erst eine einheitliche Positionierung erlangen. Derzeit sind die europäischen Parteien, aufgrund ihrer inneren Parteistrukturen, nicht in der Lage die Aufgaben von nationalen Parteien auf europäischer Ebene zur Geltung zu bringen. Nach herrschender Auffassung stehen hierbei zwei Hemmnisse im Vordergrund: [84] Erstens die institutionelle Beschränkung der EU, die durch den Mangel an einer differenzierten Struktur in Regierung, Opposition und Parlament die Entstehung wirklicher Parteien verhindert und Zweitens die instabile Fraktionsstruktur, die die Herausbildung einer einheitlichen Positionierung verhindert. In dieser Hinsicht weist das föderale System der Bundesrepublik Deutschland eine Parallele zum europäischen Mehrebenensystem auf. Die Bundestagsfraktionen nehmen, ähnlich wie auf der europäischen Ebene die Fraktionen des Europäischen Parlaments, eine integrierende Funktion ein. Nach wie vor ist die Aufstellung von Kandidaten für die Direktwahl des Europäischen Parlaments den nationalen Parteiorganisationen vorbehalten. Ebenso wird der Wahlkampf zum Europäischen Parlament mit nationalen Themen bestritten. Aufgrund der geschaffenen Rechtslage, befinden sich die europäischen Parteien in der Lage, den Integrationsprozess und die Herausbildung einer europäischen Zivilgesellschaft voranzutreiben. Infolge des Umstandes, dass die Europäische Union nicht als Parteienstaat zu verstehen ist, sondern sich vielmehr als eine »Parteiengemeinschaft« [85] darstellen lässt, wäre die Herausbildung einer europäischen Zivilgesellschaft durch europäische Parteien leicht zu bewerkstelligen. Ebenso würde dies einen öffentlichen Diskurs anregen, um die Bildung einer europäischen Öffentlichkeit voranzutreiben.

Die europäische Öffentlichkeit

Gegenwärtig sind die nationalen Parteien ein Vehikel zur Herstellung eines europäischen Diskurses: durch Politisierung und Polarisierung. Kennzeichnend sind die Gründungen der transnationalen Parteien »Libertas « und »Newropeans«. Die Partei Libertas war eine europäische politische Partei, die anlässlich des irischen Referendums über den Vertrag von Lissabon 2008 aus einer Bürgerinitiative hervorging. Die Partei hat sich offiziell nicht aufgelöst. Allerdings tritt sie nicht mehr in Erscheinung und ihre Webseiten existieren derzeit auch nicht mehr. Die transnationale Partei Newropeans beteiligt sich ausschließlich an den Wahlen zum Europaparlament. Im Jahr 1985 wurde in Paris die »Association des Etats Généraux des Etudiants de l´Europe« gegründet und 1988 das Erasmus-Programm initiiert. Ein Jahr später traten die gleichen Studenten, als »Initiative for Democracy in Europe« (IDE), beim ersten transnationalen Wahlkampf für das Europarlament an. Der Name Newropean wurde erst im Oktober 2000, beim

Gründungssymposium der Partei in Paris, verwendet. [86] Bereits 2004 gründete sich die Partei der Europäischen Grünen. Allerdings sind im Vergleich mit dem formalen Rahmen der »Europäischen Föderation Grüner Parteien« kaum nennenswerte Satzungsveränderungen auszumachen. Jedoch sind seit Gründung der Europäischen Grünen Partei, alle eingetragenen Mitglieder nationaler grüner Parteien Mitglied der Europäischen Grünen. [87] Auf diese Weise wird dem Einwand, dass sich die europäischen Parteien nicht aus natürlichen Personen, sondern aus ihren Mitgliedsparteien zusammensetzen, entgegengewirkt. Die hier zum Ausdruck gebrachten Änderungen bedingen eine Neupositionierung nationaler Parteien und finden sich auch in der News-Values-Theorie wieder. Die News-Values-Theorie ist ein Ansatz, den die Medien verwenden. Gemäß der Theorie des »new values« bzw. des »Nachrichtenwertes« spielen die Elemente der persönlichen Betroffenheit und der Bezug zu bereits bekannten Themen eine Rolle. Wenn wir dieses Kriteriumsraster auf die europapolitische Ebene beziehen, dann stellen wir fest, dass es kaum ein Interesse für die europäische Politik gibt. Aus diesem Grund könnten die Elemente der Politisierung und Polarisierung der politischen Themenfelder durch die politischen Parteien auf europäischer Ebene eine Mobilisierung der Medien bewirken und dadurch die Voraussetzung schaffen, dass sich eine europäische Öffentlichkeit herausbildet. Dazu bedarf es allerdings Institutionen bzw. notwendige Einschnitte, die »in der Lage sind, komplexe politische Themen so zu transformieren, dass die europäische Bürgerschaft unterscheidbare politische Entscheidungsalternativen« [88] wahrnehmen können.

Damit die Umsetzung der Theorie des »new-values« allerdings in der politischen Auseinandersetzung tatsächlich umsetzbar ist, bedarf es auch der Einigkeit in den folgenden drei Punkten: [89]

a) Simplifizierung und Polarisierung dürfen nicht als demokratietheoretisch problematisch angesehen werden.

b) Governance darf nicht weiterhin als ein sich selbststeuerndes System verstanden werden, das keiner Steuerung zugänglich ist und
c) es gilt die Funktionen der sich herausbildenden Europäischen Parteien zu stärken.

Ein funktionierender und gut durchdachter Staat kann durchaus solchen Forderungen nachkommen. Diese Entwicklung würde insbesondere die vorherrschende Politikverdrossenheit aufheben und den Menschen das notwendige Vertrauen in das politische System zurückgeben.

Infolgedessen muss die Möglichkeit der freien Meinungsäußerung zum Ausdruck gebracht werden können, denn die Kritik an demokratischen Strukturen und dem Liberalismus zwingt nicht die Infragestellung von Parlamenten. Andreas von Gehlen sieht die demokratische Legitimationsvermittlung durch europäische Parteien als ein Instrument zur Behebung vorhandener Legitimitätsdefizite der Europäischen Union. Die Reformen zur Stärkung der europäischen Parteien wäre somit ein Schema »der sukzessiven Integrationsentwicklung«. So müssten ihm zufolge die Reformen »[…] zur Einführung eines Wahlrechts folgende Grundzüge aufweisen, um die Herausbildung eines europäischen Parteiensystems zu fördern […]« [90]:

a) die Normierung der Kandidaten für das EP (Europäisches Parlament) erfolgt durch die europäischen Parteienorganisationen,
b) die gesamte EU (Europäische Union) fungiert als ein Wahlkreis, die Bürger votieren für europaweite Listen bzw. Einzelkandidaten,
c) die Stimmen werden nach dem Verhältniswahlrecht verteilt.

In Umsetzung dieser »binnendemokratischen Organisationsform im Zuge einer Wahlrechtsreform« würde die Europäische Union eine dem »[...] Nationalstaaten vergleichbare [...]« Legitimation erhalten. Allerdings bestünde hierbei die Gefahr eines sich bildenden Parteienstaates, obgleich die nationalen Parteien der EU-Mitgliedsstaaten nach wie vor den zentralen Bezugspunkt darstellen. Hierbei spielt die Medienarbeit, insbesondere die Einbeziehung des Internets, eine bedeutende Rolle. Insbesondere das Internet ermöglicht eine transnationale Kooperation, um ein europaweites Informations- und Kommunikationsnetzwerk aufzubauen. Ein derartiges Netzwerk wird es den politischen Parteien auf europäischer Ebene ermöglichen, konkrete politische Positionen unter den nationalen Mitgliedsparteien abzustimmen. [91] Diese Entwicklung würde den Integrationsprozess der Europäischen Union stärken und die Europaparteien festigen.

Jedes Geschöpf treibt sein Wesen um eines wenn auch ihm unbekannten Zieles wegen. Entsprechend ist es nicht schwierig ein großes Bauwerk abzureißen. Schwierig ist es herauszufinden was wir stattdessen bauen sollen. Dies gilt auch für die Seele der Menschen, die rein zu sich selbst und zum Gottbewusstsein handeln. Folgerichtig müssen wir die nationale Renaissance, wie sie in England am 22.06.2016 mit dem EU-Austritt in Erscheinung trat, annehmen. Heute scheint es wie ein Dämmern durch Europa, das anzeigt, als sei es reif geworden für die tragende Idee seiner abendländischen Kultur. Mit Recht entscheiden die Menschen über ihr politisches Schicksal und nicht die Aktien- und Währungskurse der internationalen Börsen. Folgerichtig war die englische Entscheidung richtig und kann nur den kontinentaleuropäischen Zusammenhalt stärken.

8. Chinas Umgang mit liberalen Ideen

Die gegenwärtige Geschichte der Volksrepublik China und dessen Umgang mit ausländischen Ideen bilden den Mittelpunkt dieses Kapitels. So hat sich die liberale Idee zu einer weltweiten Ideologie erhoben und entfaltet sich auch in Asien. China, als Brennpunkt des politischen und wirtschaftlichen Zentrums Asiens, ist zum Gegenstand der Auseinandersetzungen zwischen Tradition und Modernismus geworden. Diese Frontlinie griff der chinesische Theaterregisseur Zhang Guangtian 2006 in seinem umstrittenen Theaterstück mit der Frage auf, was China benötigt, um sein eigenes Schicksal zu bestimmen.

Sein Theaterstück thematisiert das unablässige Streben, »[…] China durch den Import ausländischer Ideen zu modernisieren, wodurch das Land von einer totalitären Philosophie in die nächste gestürzt wird […]«. Weiterführend stellt das Stück schonungslos die Probleme dar, »[…] die durch die chinesische Übernahme der Marktwirtschaft verursacht werden: der Umweltverschmutzung, der staatlichen Korruption, der wachsenden Kluft zwischen Arm und Reich, der entsetzlichen Bedingungen in den chinesischen Bergwerken [...]«. [92]. Diese Kritik bzw. die Botschaft ist vielschichtig und liegt in der Entwicklung nach der Kulturrevolution begründet. Der planmäßig eingeleitete Bruch, mit der bis dato gültigen gesellschaftspolitischen Ordnung, nahm ihren Ausgang in der Auflösung der Volkskommunen und der landwirtschaftlichen Kollektive im Jahr 1979.

Diese Reformmaßnahmen firmierten dabei unter dem Zusatz einer »sozialistischen Marktwirtschaft« [93], die in zunehmendem Maße verfassungsmäßig verankert wurde.

Die wesentlichen Merkmale dieser wirtschaftlichen Reformen waren: [94]

a) die Entkollektivierung der landwirtschaftlichen Produktion unter Beibehaltung des Kollektiveigentums,
b) die Liberalisierung der Produktionsentscheidung, Produktvermarktung und Prämienzahlung der staatlichen Industriebetriebe,
c) die Aufhebung der Preisbindung für Konsumgüter und Nahrungsmittel und einiger Investitionsgüter außerhalb der staatlichen Läden und
d) die Zulassung von privaten Betrieben und die Öffnung des Landes für ausländische Investoren, ausländische Kredite, die Einrichtung von »Sonderwirtschaftszonen« für rein ausländische Unternehmen sowie die Entsendung chinesischer Studenten in das Ausland.

Entsprechend verzeichnete das Land in den letzten Jahrzehnten überdurchschnittliche Wachstumsraten [95]. In der Tat ging in den letzten 30 Jahren die Zahl der von absoluter Armut [96] betroffenen Bevölkerung von 250 Millionen auf 26 Millionen im Jahr 2003 zurück. [97] Insofern könnte man die Reformbemühungen, als eine erfolgreiche Umsetzung der sozialistischen Marktwirtschaft, bezeichnen. Der Prozess des wirtschaftlichen Aufbruchs hinterließ allerdings Nachteile. Während an der Ostküste und ihren eingerichteten Sonderwirtschaftszonen die wirtschaftliche Entwicklung positiv gestaltet wurde, gerieten die Zentral- und Westchinesischen Provinzen immer mehr in Rückstand. Demzufolge konzentriert sich das Wirtschaftswachstem Chinas hauptsächlich auf wenige Provinzen im Osten (Stand 2002). Zu nennen sind hierbei die östlichen Provinzen: Peking, Tianjin und Shanghai, sowie die küstennahen Provinzen Guangdong, Zhejiang, Fujian und

Jiangsu. Die restlichen 24 Provinzen liegen unter dem Durchschnitt der Wirtschaftsentwicklung und versinnbildlichen die generelle Ungleichverteilung in der Wirtschaftsentwicklung Chinas. [98]

Entsprechendes Ergebnis trägt auch der kalkulierte HDI, des China Human Development Report 2005, bei. Dieser benennt für die ländlichen Gebiete einen HDI in Höhe von 0,685 und für die städtischen Gebiete einen HDI von 0,816 an. Hinsichtlich des Maßstabes für Einkommensungleichheit der Vereinten Nationen verzeichnet der »Gini-Koeffizient« (auch »Gini-Index« genannt [99]), in den Jahren von 1982 und 2002, einen Anstieg von 0,30 auf 0,45 [100] Ein Wert von 0,45 wird dabei als »krisenhafte« Grenze angesehen. [101]

Einerseits betreibt die VRC eine drastische Ressourcensicherungspolitik (vgl. Ressourcensicherung im Südchinesischen Meer) und andererseits lassen sich materielle (quantitativen) und immaterielle (qualitative) Armut innerhalb der Volksrepublik konstatieren bzw. das:

»sich verschärfende Problem besteht unter anderem in einer ständigen Gratwanderung zwischen hohem Wachstum und Überhitzung, in massiven gesellschaftlichen Ungleichgewichten, in den bis zu 150 Millionen Wanderarbeitern und der hohen Arbeitslosigkeit sowie der fortgesetzten Zerstörung natürlicher Lebensgrundlagen.« [102]

Medizinische Grundversorgung

Die immaterielle Armut betrifft hierbei das Maß der Verfügbarkeit von Grundversorgungsleistungen, wie Bildung oder medizinischer Versorgung. Durch die Auflösung der Kommunen, wurde die medizinische Grundversorgung grundlegend verändert.

Zuvor verfügten 80% bis 90% der Landbevölkerung über einen Zugang von medizinischer Versorgung, denn jede Kommune verfügte über einen eigenen Arzt, den »Barfußarzt« [103]. Das »Barfußdoktoren-System« begann im Zuge der Reformen zu zerfallen und die Zentralregierung begann Anfang der 1990er Jahre eine neue genossenschaftliche Krankenkasse aufzubauen. Der Beitrag in diese Krankenkasse liegt zwischen 1% bis 3% des durchschnittlichen Nettoeinkommens. Mit diesen Mitteln soll eine grundlegende medizinische Versorgung sichergestellt werden. Das Problem ist, dass die Gesundheitsversorgung zunehmend eine individuelle Angelegenheit wird. Untersuchungen aus dem Jahr 2000 verdeutlichen, dass die medizinische Versorgung für die ländliche Bevölkerung bedenklich ist. Demnach kämen in der Provinz Sichuan auf 10.000 Bauern nur drei Mediziner und lediglich 13% der Landbevölkerung sind an der genossenschaftlichen Krankenkasse eingebunden. 30% des Trinkwassers entsprechen nicht dem hygienischen Standard. [104] Auch der Rückgang der grundlegenden Schulbildung in den ländlichen Gebieten ist bedenklich, denn 1976 hatten noch 70% der Jugendlichen die Mittelschule besucht. Ende der Neunziger waren dies dagegen nur noch etwa 10%. [105] Die Ungleichverteilung zwischen der Stadt- und Landbevölkerung lässt sich an den ländlichen Reformmaßnahmen bzw. dessen Privatisierung der Landwirtschaft festmachen. Die Auflösung der ländlichen Kollektive/Kommunen bewirkte, dass viele Funktionen (z.B.

Gesundheitsgenossenschaften) nicht mehr funktionierten. Hinzu kamen die Reduzierungen von Investitionen in ländliche Regionen und das Ausbleiben von entsprechenden Ersatzsystemen. Investierte der Staat für die soziale Wohlfahrt der ca. 170 Mio. Stadtbewohner im Jahr 1978 allein 5,1 Mrd. Yuan und für die 790 Mio. Landbewohner 230 Mio. Yuan, so verschlechterte sich dies in den kommenden Jahrzehnten und änderte sich laut Thomas Heberer [106] auch bis zum Jahr 2000 nicht.

Ursächlich für die zunehmende Disparität im Wohlfahrtsniveau, ist vor allem die Einführung des lokalen Verantwortungssystems aus den 80er Jahren. Entsprechend diesem Verantwortungssystem wurde für jede Provinz ein individueller Vertrag vereinbart, nachdem die jeweiligen Provinzen Finanzmittel einbehalten bzw. an die Zentralregierung abführen mussten. Auf Basis dieser Vereinbarungen wurden reichere Provinzen wie z.B. Shanghai, Hailongjiang und Shandong bevorzugt, in dem diese trotz rasch ansteigender Steuereinnahmen lediglich unveränderte Beiträge an die Zentralregierung abführen mussten. Auf diese Weise gerieten ärmere Provinzen in Rückstand, weil der Finanztransfer im Verhältnis zu den Gesamtausgaben im Laufe der Zeit immer geringer wurde. An dieser Entwicklung konnte auch die Neuverteilung der Mehrwertsteuer durch das Steuertrennsystem aus dem Jahr 1994 nichts ändern, weil an der Neuverteilung die Forderung nach einer Besitzstandsgarantie verbunden wurde. Somit wurde der Handlungsspielraum für umverteilungswirksame Finanztransfers eng begrenzt. [107] Die gegenwärtige Lage lässt sich anhand der Statistik des nationales Amtes »State Statistics Beureu« beschreiben, indem dieses für die ländlichen Gebiete festhält, dass »[…] die Zahl der Menschen auf dem Lande, die in extremer Armut lebten […]« sich in den Jahren 2002 und 2003 »[…] von 28,2 Millionen auf 29 Millionen erhöht […]« haben. Hierbei setzt das Statistische Amt Chinas -

bei einer jährlichen Anpassung - die »extreme Armutsgrenze« bei einem Jahreseinkommen von 636 Yuan an. [108] Für den Abbau der regionalen Disparitäten stehen zwei Konzepte zur Verfügung. Auf der einen Seite steht der erhebliche Ausbau des Finanztransfers zwischen den chinesischen Ost- und Westprovinzen. In diesem Fall wird, neben der hohen Regulierungsdichte, auch die zu geringe Infrastrukturbereitstellung als Problem angesehen. Andererseits stehen der Ausbau staatlicher Infrastruktur im Bildungssektor, im Verkehrswesen sowie die Bereitstellung von Risikokapital, für ein funktionierendes Bankensystem, zur Debatte. Auch wurde eine Zurückdrängung des Staates sowie der Abbau von Mobilitätsschranken für den Produktionsfaktor Arbeit gefordert. [109] Der Rückgang der Staatsunternehmen in den vergangenen Jahren von 300.000 auf nur noch 150.000 ist ein deutliches Signal, dass die »Transformation des Systems« voranschreitet. Derartige Tendenzen versinnbildlichen die anvisierte Rolle und das neue Selbstverständnis des Staates. Entsprechend sind die verfassungsmäßigen Verankerungen zur Sicherung des Privateigentums und der Menschenrechte (2004) zu nennen. Diese Entwicklung begünstigt den Weg zu einer schrittweisen Veränderung des politischen Systems. So wurde im Zuge der verfassungsmäßigen Änderungen (vom 22. bis 27. Dezember 2003) im Artikel 10 der chinesischen Verfassung festgeschrieben, dass »landwirtschaftlich genutztes Land Kollektiveigentum ist. Im Falle von Enteignungen durch den Staat, müsse Entschädigung gezahlt werden«. [110] Verfassungsmäßig wurden durch diese Entscheidung die Enteignungen der Revolution nach 1949 revidiert.

Marktregulierung in den Jahren 1992 bis 2003

Der erste Schritt zur Marktregulierung war die Umsetzung einer Strukturreform der Binnenwirtschaft in den Jahren zwischen 1992 bis 2003. Mit dem WTO-Beitritt 2001 verpflichtete sich China zur Beseitigung aller Einfuhrquoten bis 2006. Diese Regelung führte allerdings dazu, dass die ländlichen Gemeinschaften und Bauern weniger Geld für ihre Produkte erhielten. Aufgrund der Einfuhr von billigem, importiertem Zucker fielen die Preise pro Tonne in den Jahren 2002 und 2004: von 250 Yuan auf 170 Yuan. Hinzu kommt, dass durch das »Gebot zur Inländergleichbehandlung« [111] die ausländische Firmen und Investoren, die gleichen inländischen Recht erhielten. In der Summe sind diese stark mit den »Strukturanpassungsprogrammen« [112] vergleichbar, die die Weltbank in den vergangenen Jahrzehnten einigen Entwicklungsländern auferlegte. Allerdings liegt der wesentliche Unterschied darin, dass sich die VRC auf freiwilliger Basis der Reform- und Öffnungspolitik der WTO unterworfen hatte. In Anbetracht der Veränderungen, auch in Hinblick auf die fortlaufende Privatisierung des Bildungssystems, welches sich im Jahr 1999 zu einem Anteil von 44,2% aus privaten Quellen finanzierte, ist durchaus davon zu sprechen, dass der »Sozialismus mit chinesischen Merkmalen« gescheitert ist. Dieses Scheitern könnte, neben den bereits geschilderten Ursachen, auch in den langsameren Übergängen zwischen den Staats- und Privatunternehmen liegen, da der Grad der wirtschaftlichen Öffnung nur schrittweise für den Außenhandel, die Direktinvestitionen und den Kapitalverkehr geöffnet wurde. Dieser langsame Öffnungsprozess hatte auch die Abwanderung der ländlichen Arbeitskräfte von den West- hin zu den Ostprovinzen zur Folge. Offensichtlich befindet sich die VRC im Umbruch und der ökonomische Erfolg dokumentiert, dass die

Strukturanpassungen kurzfristig Wachstum für einen kleinen Teil der Bevölkerung schaffen. Dieses Wachstum wirkt sich allerdings langfristig zuungunsten eines starken Staates aus; denn entgegen den Hoffnungen »liberaler Ideen« führen der Freihandel und die Öffnung des Marktes nicht zu einer positiven Gestaltung der inneren Verfasstheit eines Staates. Vielmehr könnten die wachsenden Zahlen von Klagenden und die zunehmenden Massenproteste zu einer schrittweisen Abkehr der »angelsächsischen Ökonomie« [113] führen. Aufgrund dieser Tendenzen, erkennt man in der Politik von Hu Jintao und Wen Jiabao sowie im »11. Fünfjahresplan« und im Entwurf einer »harmonischen Gesellschaft« einen leichten Linksruck. Diese Tendenz steht der Philosophie eines Laisser-faire-Kapitalismus entgegen und könnte die nächste Phase einer sich ändernden chinesischen Weltwirtschaft darstellen. [114]

Vor diesem Hintergrund seiner geostrategischen Situierung und seines ordnungspolitischen Geltungs- und Gestaltungsanspruchs forciert China schrittweise auch die Modernisierung der Volksbefreiungsarmee (VBA). Dieser Geltungs- und Gestaltungsanspruch unterliegt mehreren Faktoren, die für die zukünftige Ausrichtung und Entwicklung von nicht zu unterschätzendem Wert sind. So richtet sich das Ziel der nationalen Sicherheitspolitik bzw. sind die Ziele und Aufgaben der Volksbefreiungsarmee in der Verfassung und dem nationalen Verteidigungsgesetz klar geregelt. Ebenso wurden diese im nationalen Weißbuch 2000 [115] nochmals aufgezählt: Sicherung der staatlichen Souveränität Einheit, die territoriale Integrität und Sicherheit sowie die Sicherung einer friedlichen Umgebung für eine zukünftige wirtschaftliche Entwicklung.

Das nationale Verteidigungsgesetz

Das nationale Verteidigungsgesetz [116] formuliert die Aufgaben der Streitkräfte prägnant und präzise: Festigung der nationalen Verteidigung, Abwehr von Aggression, Verteidigung des Vaterlandes, Schutz der friedlichen Arbeit der Bevölkerung, Beteiligung am nationalen Aufbau, mit ganzen Herzen und ganzem Willen dem Volke dienen und Aufrechterhaltung der sozialen Ordnung. Artikel 19 des nationalen Verteidigungsgesetzes festigt in einer Klarstellung die Aufgaben der politischen Sicherheit, indem er gezielt die Streitkräfte aufruft die chinesische Führung zu akzeptieren. Wem die Armee in erster Linie zu folgen hat, formulierte der chinesische Verteidigungsminister Chi Haotian [117], indem er sagte, »dass die Armee der Partei, die Armee des Staates und die Armee des Volkes« sei. [118] Diese Ziele werden auf zweierlei Weise verfolgt. Erstens durch den Aufbau einer »revolutionären, modernisierten, regularisierten Armee mit chinesischen Charakteristika« und zweitens durch den Aufbau eines weltweiten Sicherheitskonzepts [119].

Insbesondere die Forderung nach Einheit verdeutlicht, dass nach der erfolgreichen Rückkehr von Hongkong (1997) und Macau (1999) die Einigung Chinas noch nicht abgeschlossen ist. Der Ausbau zu einer waffentechnisch gut ausgerüsteten und flexiblen Regionalmacht verfolgt a priori das Ziel, den Druck auf die Republik China (Taiwan) auszuüben. Für Chinas Nationalismus steht die Zugehörigkeit Taiwans zum chinesischen Festland außer Frage. Die Souveränität und Integrität wird nach wie vor als höchstes Gut betrachtet, und eine Loslösung Taiwans wird jederzeit als Präzedenzfall angesehen. So verschärfte sich das Verhältnis gegenüber Taiwan, als der damalige Präsident Lee Teng-hui [120] im Sommer 1999 die Formulierung der »Zwei-Staaten-Formel« [121] aussprach.

Eine mögliche Abspaltung will die KPCh unter allen Umständen vermeiden, notfalls auch mit militärischen Mitteln. Die von Seiten der chinesischen Führung durchgeführten Drohzenarien - bei einer Abspaltung Taiwans - führen einerseits zu einer massiven Modernisierung der VBA und anderseits verstärken die USA ihre Machtinteressen in der Taiwan-Frage. Die USA betreiben allerdings sowohl gegenüber der Volksrepublik China (VRC) als auch gegenüber der Republik China (Taiwan), eine Politik des »Dual-use-Charakters«. Einerseits bekräftigte der US-Präsident George Bush [122] 2001 das Sicherheitsbündnis mit Taiwan. Andererseits sprach er sich nach dem 11. September für eine Mitarbeit Chinas in der Anti-Terror-Allianz aus. Allerdings steckt China mit etwaigen militärischen Drohungen gegenüber Taiwan im Dilemma, denn eine militärische Wiedervereinigung würde vor allem nicht nur die sino-amerikanischen, sondern auch die sino-japanischen Beziehungen beenden. Betrachten wir ungeachtet der Taiwan-Frage die Außenpolitikformulierung der VRC, so dient die Modernisierung der chinesischen Streitkräfte (derzeit) nicht einer expansiven Politik. Vielmehr lässt sich ein zunehmendes Selbstbewusstsein konstatieren, wobei dieses mehr die Aufrechterhaltung des Anspruchs auf Stabilität innerhalb des regionalen Umfeldes verfolgt. Auch ist die Friedens-, Reform und Modernisierungspolitik keinem Selbstzweck unterworfen. Vielmehr sind es Instrumentarien, um das langfristige Ziel zu erreichen, bis zum Jahr 2049 die Volksbefreiungsarmee zu einer führenden Rolle in der Welt aufzubauen. [123] Die Volksrepublik repräsentiert gegenwärtig 1,3 Milliarden Menschen; dies entspricht etwa 22% der Weltbevölkerung. Gleichzeitig wird die chinesische Bevölkerung bis zum Jahr 2020 auf 1,5 Milliarden Menschen anwachsen.

Ressourcensicherung im Südchinesischen Meer

Entsprechend bleibt der Drang zur Sicherung des Ressourcenbedarfs ein zentraler Bestandteil außenpolitischer Betrachtungen Chinas. Folglich erfordert dies den Aufbau einer Hochseeflotte, um die lebensnotwendigen Seewege im Südchinesischen Meer und im Indischen Ozean offen zu halten. Im Zuge der Ressourcensicherung unternimmt China auch Anstrengungen die Rohstoffvorkommen im Südchinesischen Meer (Paracel, Spratly) [124] vor dem Zugriff südostasiatischer Anrainerstaaten (Malaysia, Philippinen, Taiwan, Vietnam) zu sichern. Die damit weitausgreifende Inanspruchnahme erfordert entsprechende Modernisierungsmaßnahmen der Marine [125], um sowohl die Verteidigung seiner nationalen Hoheitsgewässer als auch die Sicherung seiner Handelsinteressen zu gewährleisten. Hand in Hand mit diesen militärischen und organisatorischen Maßnahmen verfolgt China auch eine Außenpolitik des Dual-use-Charakters. Einerseits bedient sich China dabei der Einbindung in multilaterale Organisationen wie z.B. der Shanghai Cooperation Organisation (SCO), in der sich China, Russland und vier zentralasiatische Staaten zu einer Sicherheitspartnerschaft zusammenschlossen. Andererseits unternimmt China den Versuch, eine Möglichkeit zu finden, um den Einfluss der USA in der Region einzudämmen und sein Militär zu modernisieren.

Angesichts dieser Politik wende ich mich der Entwicklung der Volksbefreiungsarmee (VBA) zu, denn diese stellt ein wichtiges Element der chinesischen Führung dar. Entstanden ist die VBA aus der Roten Armee, die laut der chinesischen Geschichtsschreibung auf das Jahr 1927 datiert und 1946 umbenannt wurde. Im Bürgerkrieg war die Volksbefreiungsarmee gegen die Streitkräfte der Guomindang-Regierung [126] das kriegsentscheidende Machtinstrument. Aufgrund ihrer Siege über Japan und die US-Streitkräfte im Korea-Krieg, genoss die VBA in den Anfangsjahren der Volksrepublik hohe Anerkennung. Diese Anerkennung verlor die VBA während der Kulturrevolution [127]. Die VBA übernahm nach der Gründung der Volksrepublik China, die bestehenden Machtverhältnisse und sicherte diese nach innen und außen. [128] Bereits 1960 begann die schrittweise Modernisierung der VBA durch den Beschluss von Mao Zedong, der eine Ideologisierung innerhalb der Armee durch die geleiteten Militärkommissionen durchführen ließ. Der dadurch entstandene Konflikt zwischen den Politkommissaren und den Berufsoffizieren endete mit einem Sieg des damaligen Verteidigungsministers Lin Biao [129], der sich auf Befehl Mao Zedong für die ideologische Durchdringung der Armee verantwortlich zeigte. Entsprechend war die Armee verantwortlich, als sie beim Aufbau der »Roten Garden« [130] mithalf. Während der Kulturrevolution und auch während der Tiananmen-Ereignisse des Jahres 1989 zeigte sich die Volksbefreiungsarmee als eine gespaltene Organisation. Hochrangige Berufsoffiziere unterstützten nicht die Kulturrevolution, und speziell in den Regionen Xinjiangs und Tibets widersetzten sich diese dem Kurs Mao Zedongs.

Andererseits griffen sie aber auf dem »Platz des Himmlischen Friedens« 1989 zugunsten der Partei- und Staatsführung ein. Dieser Eingriff hatte zur Folge, dass der Zugang zu westlicher Militärtechnologie eingeschränkt wurde und somit eine Modernisierung nur schwer zu bewerkstelligen war. Einzige Möglichkeit blieb die Annäherung an Russland, um an dessen Rüstungstechnologien teilhaben zu können. Im Zuge des Golfkrieges 1990 erweiterte die chinesische Führung seine Militärdoktrin und erkannte, dass die Informationskriegsführung von wesentlicher Bedeutung in zukünftigen Kriegen sein wird. Auch die Ereignisse während der Taiwan-Krise 1995/96 zwangen die chinesische Führung zur Einsicht, dass das bisherige Modernisierungstempo zu gering ausfiele. Unter Jiang Zemin

[131] wurde die Modernisierung jedoch beschleunigt und im September 1997 wurde beschlossen, dass bis zum Jahr 2000 die Streitkräfte auf 2,6 Millionen Soldaten reduziert werden sollten. Hierbei wurde das Ziel verfolgt, die Personalintensität zugunsten einer Technologieintensität zu verlagern [132]. Die Wehrdienstzeit aller Streitkräfte wurde 1999 auf zwei Jahre reduziert und sechs der insgesamt 21 Armeegruppen wurden von der bisherigen Struktur auf eine kleinere und flexiblere Brigadestruktur umstrukturiert. [133]
Diese Umstrukturierung ermöglichte es, den Streitkräften ihre operative Schlagkraft zu erhöhen. Damit wurden die Ziele einer: »aktiven Verteidigung« und der »begrenzte Krieg unter Hochtechnologiebedingungen« [134] verfolgt. Speziell die Ereignisse am 07. Mai 1999, als die chinesische Botschaft in Belgrad von US-Streitkräften bombardiert wurde, veranlasste Jiang Zemin die politischen Beschlüsse vom 22. Juli 1998 zu revidieren, die eine fast vollständige Einstellung der wirtschaftlichen Tätigkeiten der Armee vorsah. Auch in Hinblick auf den Kosovo-Konflikt musste Jiang Zemin zusätzliche Ausgaben im Verteidigungshaushalt bewilligen, denn dieser Konflikt zog unterschiedliche Auffassungen einer zukünftigen Weltordnung zwischen dem Westen und China mit sich. Dieser Einsatz wurde von Seiten Chinas, als Ausdruck von »Neointerventionismus«, »Neokanoenbootpolitik« oder »Neo-Wirtschaftskolonialismus« kritisiert. Im Grunde schuf sich der Westen damit einen Präzedenzfall und nutzte gezielt die ethnischen Spannungen aus, um in die Souveränität Jugoslawiens einzugreifen. [135] Durch dieses Vorgehen bestätigte der Westen die Befürchtungen Chinas in Zukunft in das Nationalitätenproblem einzugreifen, um das Land zu schwächen oder gar zu spalten (siehe Taiwan-, Uiguren-; oder Nepal-Frage). Bis zum Jahr 1999 lassen sich demnach drei aufeinanderfolgende Schübe einer Erneuerung der chinesischen Streitkräfte

herausarbeiten. Diese stehen im direkten Zusammenhang mit den Ereignissen gegen Ende des »Kalten Krieges«. Erstens 1989 mit der Niederschlagung des Aufstandes auf dem »Platz des Himmlischen Friedens«. Die damalige Niederschlagung des Aufstandes erforderte langfristig eine neue Struktur der Streitkräfte, da ab diesem Zeitpunkt China nur noch mit Russland Waffengeschäfte abschließen konnte. Auch musste das verloren gegangene Vertrauen durch gezielte Maßnahmen wieder gewonnen werden; sei es durch zahlreiche Aufgaben wie z.B. Straßen- und Brückenbau oder der Herstellung von Kommunikationsverbindungen im Inneren des Landes.
Zweitens zwang der Golfkrieg 1990 die chinesische Führung zur Informationskriegsführung. Drittens die Entwicklungen der Jahre 1997 bis 1999 (s.o.). Letztendlich lehrten auch die Erfahrungen aus dem Koreakrieg (1950 bis 1953) sowie die Auseinandersetzungen mit Indien (1962) und Vietnam (1979), dass ein enormer waffentechnologischer Nachholbedarf vorherrschte. Wir müssen uns daher bei der Beurteilung der chinesischen Streitkräfte und der daraus entstehenden »Gefahr« immer den Prozess ihrer Entstehung und ideologischer Ausrichtung vergegenwärtigen. Meldungen wie die der Bekanntgabe des Nationalen Volkskongresses, dass das Budget der VBA im Jahr 2003 auf 22,4 Milliarden US-Dollar (185,3 MilliardenYuan) veranschlagt wurde [136], müssen wir auch immer in Relation zu den westlichen Budgetausgaben – insbesondere der USA (2003 $379 Mrd.) – sehen. Chinas Innen- und Außenpolitik im südostasiatischen Raum ist immer eine Reaktion auf die Politik der westlichen Welt, wobei die eigene Nationalgeschichte hierbei immer einen hohen Stellenwert einnimmt.

Sicherheitspolitische Strategie der USA vs. VRC

Im vorherigen Abschnitt verwies ich darauf, dass die Entwicklung der VBA in Bezug zur innerstaatlichen Entwicklung Chinas gesehen werden muss. Entsprechend werden wir uns in diesem Abschnitt mit der sicherheitspolitischen Strategie der Vereinigten Staaten von Amerika (USA) gegenüber China (VRC) auseinandersetzen. Der Blick richtet sich dabei nicht auf die Zusammensetzung der US-Streitkräfte. Vielmehr rücke ich die politische Beziehung der USA gegenüber China in den Mittelpunkt. Hierbei lassen folgende drei Faktoren bestimmen:
Erstens nimmt in der Außen- und Sicherheitspolitik Chinas das Verhältnis gegenüber den USA einen hohen Stellenwert ein, denn dieses wird als »Priorität innerhalb der Prioritäten« bezeichnet. Zweitens wird China in Ostasien als aufsteigende Macht betrachtet und ein Übergriff der USA würde zu ungeahnten Spannungen führen. (vgl. Situation auf der Halbinsel Korea). Drittens ist die militärische Aufrüstung und Modernisierung der chinesischen Streitkräfte eine potentielle Gefahr für die USA, zumal China nicht auf Gewalt als Instrument zur Durchführung seiner politischen Ziele verzichtet [137] und die eigene Sicht auf das Jahrhundert der »Schande und Erniedrigung« nicht abgeschlossen sieht. Entsprechend skeptisch wird auch das durch den chinesischen Volkskongress 2005 verabschiedete Anti-Abspaltungsgesetz betrachtet.

Dieses Gesetz ermöglicht es der Volksrepublik China gegen Unabhängigkeitsbestrebungen Taiwans vorzugehen. Ein potentieller Übergriff von Seiten Chinas auf Taiwan würde die Infragestellung der »Pax Americana« [138] bedeuten. Von dieser profitierte allerdings eine Mehrzahl der südostasiatischen Staaten. In Anbetracht einer Militärpräsenz der USA in Südostasien ist diese Verhalten der VRC durchaus nachvollziehbar. In jener Region stationierten die Clinton- und die Bush (Junior)

Administration etwa 100.000 US-Soldaten. Die Vereinigten Staaten bauten Allianzen mit Japan, Südkorea, den Philippinen und Thailand aus und ergänzten diese um sektorale Abkommen mit Singapur, Malaysia und Indonesien, in Hinblick auf strategische Fragen wie z.B. Ausbildung, Landerechte und Wartung. [139] Die stationierten Truppen auf den Philippinen mussten allerdings 1992 abgezogen werden, als am 15. September 1991 das Military Bases Agreement [140] aus dem Jahr 1947 nicht verlängert wurde. Alternativ bildete sich von Seiten der USA das Konzept der »places, not bases« [141]. Dieser Ansatz umfasste die Strategie einer verbesserten Logistik, Aufklärungs- und Transportkapazität sowie die zügige Heranführung amerikanischer Truppen aus Westasien, Nordostasien oder den USA. [142] In den Jahren zwischen 1993 und 1998 bauten die Vereinigten Staaten von Amerika ihre militärische Zusammenarbeit mit Singapur, Canberra und Manila aus. In Folge dieser Entwicklung lehnten – auf Rücksichtsnahme gegenüber China - im Jahr 1994 Thailand, die Philippinen, Malaysia und Indonesien es ab »schwimmende amerikanische Nachschubdepots zu stationieren« [143]. Die Volksrepublik China (VRC) dagegen versuchte in der Region die krisenbedingte Schwächung (aus dem Jahr 1998) zu nutzen. Auf der Spratly-Insel baute China entgegen den Vereinbarungen mit den Philippinen seine militärischen Strukturen aus. Entsprechend schlossen die Philippinen mit den USA ein »Visiting Forces Agreement« (1998), um eine abschreckende Wirkung gegenüber der VRC zu zeigen. Folgerichtig kam es in den Jahren 1999 bis Anfang 2001 im Scarborough Shoal zwischen der philippinischen Marine und chinesischen Fischereiflotten bereits zu Zusammenstößen. Diese kurze Darstellung der politischen Verhältnisse im südostasiatischen Raum verdeutlicht, dass auch die USA vor bedeutenden Herausforderungen stehen. Die USA sehen sich mit der Tatsache konfrontiert, dass ihre vormaligen

Kooperationspartner zunehmend in die Einflusssphäre der Volksrepublik China geraten. Aus diesem Grund sind die USA verpflichtet, weitgehende Zugeständnisse zu machen, um getroffene militärische Zugangsvereinbarungen weiterhin realisieren zu können.

US-Strategien der Eindämmung

Die USA verfolgen daher unterschiedliche Strategien, um den Einfluss Chinas einzudämmen. Ein Aspekt ist hierbei die Fähigkeit der »soft power« [144]. Die Ideen und Wertvorstellungen von »Soft power« werden in einer interdependenten Welt zunehmend bedeutender. Joseph S. Nye [145] bezeichnet dies in seinem Werk »The Paradox of American Power: Why the word´s only superpower can´t go it alone«, als »The Changing Face of Power«. In diesem Sinne bedeutet soft »power« die Machtausübung so zu gestalten, dass dazu wirtschaftliche Anreize oder militärische Bedrohungen ausgeschlossen werden. Letztendlich wird damit in den internationalen Beziehungen der Versuch unternommen, gewünschte Ziele im eigenen Sinne zu gestalten. Die USA verfügen in ihrer Politik sowohl über soft power als auch über harte Machtressourcen (Hard Power). Die US-Strategie verfolgt auf lange Sicht die Verbreitung der westlichen Wertvorstellung, um die Staaten Asiens davon zu überzeugen, dass ein liberal-demokratisches Staatssystem für sie von Vorteil sei. [146] Aus Neoliberaler Sicht wird hierbei die Vorstellung einer künftigen Strategie vertreten, die auf ein kooperatives Verhalten gegenüber China und Japan abzielen. Wesentlicher Antrieb bilden hierbei die wirtschaftliche Reform- und Öffnungspolitik der Volksrepublik China; denn diese ermöglichen es Washington auf eine politische Öffnung begleitend hinzuarbeiten. Nicht desto weniger könnte die USA eine chinesische Hegemonie bzw. eine Pax Sinica tolerieren und den schwindenden Einfluss in Ostasien akzeptieren. Eine derartige Perspektive ist jedoch aufgrund der amerikanischen Geschichte und deren geopolitischen Interesse abwegig. Wobei dieser Ansatz, einer liberalen Annäherung, durchaus dem strategischen Ansatz einer »engagement« Politik entspräche. Das Betreiben einer »engagement« Politik ist dabei eine von drei strategischen Ansätzen, um einen wachsenden Einfluss Chinas zu verhindern. Es bildeten sich dabei in der amerikanischen Diskussion, neben der »engagement« auch die Ansätze der »Containment« sowie des »Congagement« heraus. [147]

In der »engagement« Politik wird bei der Integration Chinas in das »westliche« Wirtschaftssystem gezielt auf eine möglichst normalisierende Handelsbeziehung hingearbeitet. Politisch als auch militärisch wird auf die Einbindung multilateraler Regime sowie auf die Verdichtung bilateraler Beziehung gesetzt. Durch diesen Ansatz wird eine sozialisierende Wirkung erhofft.

Eine derartig gestaltete Außenpolitik wurde während der Regierungszeit von George H.W. Bush und William Clinton [148] unterstützt, die sich durch eine integrative Orientierung (Liberalisierung Chinas) in der Chinapolitik eine Aufrechterhaltung der sicherheitspolitisch relevanten Präsenz in Ostasien erhofften. [149]

Inhaltlich sieht der »Containment« Ansatz bzw. die Strategie einer Eindämmung den wirtschaftlichen und politischen Aufstieg Chinas vielmehr eine aufstrebende Hegemonialmacht. In Erwartung dessen sei eine Demokratisierung Chinas nicht vorteilhaft, denn durch eine demokratische Ausrichtung könnte sich möglicherweise eine nationalistische Bewegung herausbilden. Diese würde sich – unterstützt durch eine chinesische Regierung – möglicherweise in der Außenpolitik expansiv und risikobereit zeigen. Eine solche Außenpolitik würde

den Bestrebungen der USA entgegenwirken. Aus diesem Grund vollzieht das Containment die Prämissen einer Eindämmungspolitik:
Erstens werden die wirtschaftlichen Beziehungen der Sicherheitspolitik untergeordnet. Entsprechend werden militärische und sicherheitsrelevante Güter dem Handel entzogen. Investitionen in derartige Güter werden verboten, um die Ausweitung des chinesischen Einflusses zu begrenzen (Technologietransfer). Diese Begrenzung verfolgt auch die Stärkung bestehender Bündnisse sowie die Ausweitung neuer Bündnisse mit asiatischen Staaten. Die Containment Orientierung verfolgte damit gezielt eine Politik der Einschränkung und fand Mitte der neunziger Jahre, als Reaktion auf den erwarteten Aufstieg Chinas besonders bei den Republikanern Unterstützung. Allerdings wurde eine solche restriktive Politik - also eine Fortführung des Kalten Krieges gegen China - von der Clinton Administration nicht unterstützt. Die erwarteten Kosten stünden hierbei nicht zu den erhofften Erwartungen. Vor diesem Hintergrund entwickelte sich eine dritte Methode des strategischen Ansatzes. Dieser verband die Vorteile beider angesprochenen Ideen. Einerseits werden die Vorteile einer strategischen Partnerschaft genutzt und andererseits wird einem aufstrebenden China entgegengewirkt. Rudolf Peter bezieht sich in seiner Ausarbeitung [150] dabei auf eine von RAND 1999 herausgegebenen Studie, die auf dieser Grundlage einen dritten strategischen Ansatz in die Diskussion brachte: den Ansatz des Congagement. Congagement – wie der Name verdeutlicht – verbindet die bis dato angesprochenen Vorteile einer engagement sowie einer containment Strategie. Im Wesentlichen kombiniert dieser Ansatz die Hoffnung einer langfristigen Entwicklung und berücksichtigt das Potential eines sich entwickelnden chinesischen Staates, der die USA herausfordern könnte. Congagement formuliert weiterhin die Integration Chinas und

vollzieht gleichzeitig eine Politik die darauf ausgerichtet ist, die internationale Konstellation derart zu strukturieren, dass für die chinesischen Führung (auf Basis einer Kosten-Nutzen Kalkulation) lediglich ein Weg der integrativen Kooperation in Frage kommt. Dahingehend bieten sich unterschiedliche Elemente an, die je nach Vorgehensweise einer Congagement Strategie zu verwenden sind. Erstens die Fortsetzung der wirtschafts- und politischen Zusammenarbeit bei gleichzeitiger Beanstandung menschenrechtlicher Fragen sowie der Einhaltung einer Nichtverbreitung von Nukleartechnologie gegenüber problematischer Staaten (Nordkorea oder Iran). Zweitens die Stärkung der sicherheitspolitischen Beziehungen in der Region sowie die perspektivische Einbeziehung multilateraler Sicherheitsarrangements (ASEAN). Drittens die Ausrichtung von militärischen Szenarien und Fähigkeiten gegenüber eines potentiellen Gegners: hier die Volksrepublik China. Angesichts dieser Strategien bzw. einer Strategie der Congagement können wir die Vorgehensweise der US-Außenpolitik ebenso als Dual-use Charakter bezeichnen. Dieser Charakter zeigte sich deutlich bei der Obama [151] -Adminstration am 27./28. Juli 2009, als diese im »Schlaglicht auf die Abhängigkeit des hochgradig verschuldeten US-Kapitalismus von China als einer wichtigen Quelle der Kapitalbeschaffung« sprach. Präsident Obama wandte sich auf dem 2. strategischen und wirtschaftlichen Dialog, zwischen China und den USA, in der Großen Halle des Volkes in Peking an die Öffentlichkeit, in dem er sagte:

»Einige in China denken, wir versuchten Chinas Ambitionen einzudämmen; einige in Amerika denken, ein aufstrebendes China sei eine Bedrohung. Ich sehe das anders. Ich glaube an eine Zukunft, (…) in der unsere Nationen nicht nur aus Notwendigkeit, sondern auch wegen der darin liegenden Chancen Partner sind.« [152]

Deutlich wurde damit eine strategische Partnerschaft formuliert. Entsprechend können diese Bestrebungen einer Congagement Politik zugeordnet werden. Diese Ansicht kann vertreten werden, wenn wir die Worte von Außenministerin Hillary Clinton und des Finanzministers Timothy Geithner heranziehen, die in einem Artikel für das Wall Street Journal erklärten: dass nur

»[…] wenige globale Probleme von China oder den USA alleine gelöst werden. Und wenige können ohne die USA und China gelöst werden. Eine gesunde Weltwirtschaft, eine intakte globale Umwelt, die Festigung instabiler Staaten und die Nicht-Weiterverbreitung von Atomwaffen hängen in großem Maße von der Zusammenarbeit zwischen den Vereinigten Staaten und China ab.« [153]

Deutlicher äußerte sich Jeffrey Bader, ein Mitglied des Nationalen Sicherheitsrates, indem dieser erklärte, dass die Reise des Präsidenten den Völkern Asiens »[…] klar machen wird, dass die USA in Asien bleiben werden.« [154] Zusammenfassend lässt sich die Reise der Obama-Administration als einen Versuch verstehen, die wichtigen Bündnispartner der USA, insbesondere die Mitglieder der ASEAN zurück zu gewinnen. Speziell die ASEAN-Länder die sich durch die asiatische Finanzkrise (1997-1998) zunehmend China angenähert haben, liegen im Fokus der USA. Es ist daher nicht verwunderlich, wenn die Welt vor einer der größten Herausforderungen steht. Es bleibt daher abzuwarten, wie sich der sino-amerikanische Dialog weiterentwickelt und die wirtschaftspolitischen Gegensätze beider Staaten ausdifferenziert werden. Die zukünftige Entwicklung ist daher ausschließlich von den politischen Ambitionen und Interessen der VRC abhängig, die im direkten Gegensatz zu den Vereinigten Staaten von Amerika (USA) stehen.

9. Internationale Menschenrechtsfragen

Spätestens seit dem nicht verhinderten Völkermord in Ruanda (1994) und den ethnischen Säuberungen während der Balkankriege (1991-1999) stand die Diskussion um den wirksamen Schutz der Menschenrechte auf der Tagesordnung der internationalen Gemeinschaft. So hat sich der Sicherheitsrat wiederholt mit der menschenrechtlichen und humanitären Situation in Ländern wie z.B. dem Nordirak und Somalia befasst. Allerdings haben die Konflikte in der Vergangenheit und die damit verbundenen menschlichen Katastrophen nicht zu einer Verbesserung der internationalen Beziehungen geführt, sondern den Weg für die UN-Resolution 794 (S/RES/794 (1992)) [155] – auch Somalia Resolution genannt - geebnet. Die Verabschiedung dieser Resolution, dessen operativer Teil die Sicherung des somalischen Umfelds für die Leitung humanitärer Hilfe vorsah, war eine expansive Interpretation von Artikel 39 und die Relativierung des Souveränitätsgrundsatzes (Ipsen 1992). US-General Wesley Clark sprach von einer radikalen Bewußtseinswandlung: »Resolution 794 catapulted the Security Council into a radically different stance regarding collective interventions for humanitarian principles – [...].« [156]
Mit Verabschiedung der Resolution 794 (Somalia-Resolution) wurde erstmals ein innerstaatlicher Vorgang als Friedensbedrohung gekennzeichnet, denn bis dato war der Sicherheitsrat nach Art. 2 Abs. 7 der UN-Charta (Interventionsverbot) nicht dazu befugt, sich in die inneren Angelegenheiten eines Staates einzumischen.
So gilt das Interventionsverbot nach wie vor für die Angelegenheiten, »die ihrem Wesen nach zur inneren Zuständigkeit eines Staates gehören« [157] Befugnisse bzw.

Zwangsmaßnahmen nach Kapitel VII der UN-Charta benötigt gemäß Art. 39 die Feststellung durch den Sicherheitsrat, dass der Frieden bedroht oder gebrochen wurde bzw. eine Angriffshandlung vorliegt. Resolution 794 zielte nicht auf die Gefahr von Flüchtlingsströmen ab, sondern auf die interne Situation Somalias. Dadurch wurde der frühere UN-Generalsekretär in die Lage versetzt, den Einsatz von stark bewaffneten Truppen in Somalia zu genehmigen. Dieser Entschluss ermächtigte die UNITAF/Operation Restore Hope (Unified Task Force), unter der Führung der USA, die politische Struktur Somalias wiederherzustellen. Allerdings konnte die Mission den Frieden nicht wiederherstellen und für die USA endete dieser Einsatz in einem militärischen Desaster [158], so dass am 4. Mai 1993 diese Mission offiziell beendet wurde.

In diesem Sinne könnte man durchaus von einem Präzedenzfall und von einem beginnenden Zerfall staatlicher Souveränität sprechen. Auf dieser Grundlage und dem erweiterten Verständnis möglicher Friedensbedrohungen beschloss der UN-Sicherheitsrat in den 90er Jahren eine Reihe von humanitären Interventionen. Die Entscheidungen weiterführender humanitärer Interventionen führte allerdings zu politischen Schwierigkeiten, denn die Ermächtigung zum Einsatz militärischer Gewalt stand speziell im Kosovokrieg (1999) und dem Irakkrieg (1990/91 und 2003) auf tönernen Füßen. Der damalige UN-Generalsekretär Kofi Annan formulierte 1999 [159], dass »massive und systematische Menschenrechtsverletzungen – wo immer sie stattfinden mögen – nicht bestehen bleiben« dürfen. So sei dieser Grundsatz die »Hauptherausforderung für den Sicherheitsrat und die Vereinten Nationen als Ganzes im nächsten Jahrhundert [...]«. Vor dem Hintergrund humanitärer Einsätze (Schutz von Menschenrechten) sowie der innerstaatlichen Souveränität (innere Zuständigkeit eines Staates), sollte der UN-Weltgipfel 2005 zu einer »Gelegenheit für die ganze Menschheit« [160] führen, um die

Bevölkerungen Völkermord, Kriegsverbrechen, ethnischen Säuberungen und Verbrechen gegen die Menschheit zu schützen. Auf dem »Millenniums+5 Gipfel«, im September 2005, wurde das Konzept (Schlussdokument) der »Schutzverantwortung« (responsibility to protect – R2P) verabschiedet. Ausgangspunkt dieses Konzepts ist der Grundsatz der »Souveränität als Verantwortung« bzw. »dass staatliche Souveränität auch eine Verantwortung zum Schutz der Bevölkerung beinhaltet« [161]. Diese Formulierung umfasste den Aspekt der Übernahme der Schutzverantwortung durch die internationale Gemeinschaft, wenn ein Staat nicht in der Lage oder willens ist, seine Bevölkerung vor schwersten Menschrechtsverletzungen zu schützen! Damit einhergehend stellt sich für mich die Frage, inwiefern bei diesem Konzept die Gefahr eines politischen Missbrauchs besteht? Dieses ganzheitliche Konzept wird im weiteren Verlauf dieser Arbeit vorgestellt, um soweit wie möglich die zukünftigen Reformbestrebungen des Völkerrechts verstehen zu können. Ebenso ist dieses Verständnis notwendig, wenn es um die Frage der Zuständigkeit bzw. des damit verbundenen Missbrauchs geht. Letztlich bildet nämlich dieses Konzept eine Reihe von neuartigen Ansätzen, die das bisherige Verständnis über den Begriff der Souveränität in Frage stellen. Das Ende des Kalten Krieges und die damit verbundene Beendigung der Ost-West- Konfrontation, ließ die berechtigte Hoffnung aufkommen, dass ein umfassender internationaler Friede möglich sei. So vertrat der amerikanische Politologe Francis Fukuyama (1992) die These, dass der weltweite Vormarsch der liberalen Demokratie mit einer Ausweitung des marktwirtschaftlichen Wohlstandes einherginge [162].

Demokratie und Marktwirtschaft, als ein komplementäres Verhältnis, bildeten dabei ein alternativloses politisches System. So hatte sich bereits 1987 der Völkerrechtler Mario Bettati und der Mitbegründer der Médecins sans Frontiéres Bernard

Kouchner für eine Pflicht zur Einmischung eingesetzt, um das Leben bedrohter Zivilisten zu schützen. Dieser Optimismus verschwand schon bald mit den Balkankriegen von 1991 bis 1999 (ethnische Säuberungen), sowie den inneren Unruhen und Bürgerkriegen in Afrika (Somalia 1992, Ruanda 1994, Kongo 1998-2003). Die Folge dieser Kriege war der Zusammenbruch funktionierender Nationalstaaten, die sich in Gewalt, Fragmentierung, Ethnisierung und Krieg auflösten. Diese anarchischen Situationen hatten zur Folge, dass sich failed states (gescheiterte Staaten) herausbildeten. Die Failed States Theorie bzw. der Begriff wurde erstmals zu Beginn der 1990er verwendet. In der Failed States Theorie waren Gewalt, Unterentwicklung und fehlende Demokratie auf Defizite der Staatlichkeit zurückzuführen. Staaten, die ihrer innerstaatlichen Verantwortung (Funktionen) nicht mehr nachkamen, stellten eine unmittelbare Bedrohung dar. Insbesondere im Kosovo-Einsatz der NATO wurde die zweifelhafte völkerrechtliche Zulässigkeit der humanitären Intervention zum Schutz der Menschenrechte, zu einem Dilemma. Die rechtlichen, ethischen und politischen Grundlagen militärischer Interventionen verschmolzen miteinander, als sich der UN-Sicherheitsrat in diesem Konflikt gegen das Allgemeine Gewaltverbot entschied. Im Zuge der darauffolgenden internationalen Diskussionen, zeigte sich, dass die humanitäre Intervention, zum Schutz der Menschenrechte – ungeachtet ihrer Rechtmäßigkeit – schwierig zu fassen war. Kofi Annan z.B. vertrat folgende Ansicht:

»I define intervention as a continuum from the most benign diplomatic action to use of force in the extreme cases where it may become necessary. I define intervention as any action that may help stop violence, any action that may improve the lot of people in conflict situations, any action that could contain a conflict.« [163]

So verweist das österreichische Handbuch des Völkerrechts unter dem Begriff der »humanitären Intervention«: auf die Tatsache, dass der Sicherheitsrat »einzelne Staaten bzw. Ad-hoc-Koalitionen oder bestehende IO zur Gewaltanwendung in internationalen, va aber auch in innerstaatlichen Konflikten (Somalia, Haiti, Ruanda)« ermächtigte. Damit verlieh er »einem ansonsten unter Umständen problematischen Einschreiten Legitimität, besonders bei humanitären Interventionen zum Schutz der Menschenrechte in einem Staat auch ohne Einwilligung der Regierung. Derartige Ermächtigungen erfolgten auch im Rahmen von bzw. neben Peace-keeping Operation (PKO)«. In diesem Sinne kann die humanitäre Intervention unterschiedlich definiert werden. So heißt es in dem klassischen Völkerrechtslehrbuch von Lassa Oppenheim:
»Intervention ist die diktatorische Einmischung eines Staates in die Angelegenheiten eines anderen Staates zum Zweck, die Zustände zu wahren oder zu verändern (Oppenheim 1905: 181).«

In der Studie der International Commission on Intervention and State Sovereignty 2001 wird der Begriff der humanitären Intervention weitgehend vermieden. Letztendlich dient der Begriff Intervention oder humanitäre Intervention einem militärischen Eingreifen. Er wird im Augenblick des Eingreifens in einen fremden Staat verwendet, um dort lebende Menschen vor schweren Menschenrechtsverletzungen zu schützen. In diesem Sinne wird er als ein Instrument verwendet, um den jeweiligen militärischen Einsatz – ungeachtet seiner Rechtmäßigkeit – zu legitimieren. So geartet ist es sinnvoll sich mit der gegenwärtigen Rechtsordnung zu beschäftigen.

Moral gegossen in geschriebenes Recht

Als humanitäre Intervention wird der – meist gewaltsame – Eingriff in das Hoheitsgebiet eines anderen Staates bezeichnet, der den Schutz von Menschen in einer humanitären Notlage, beispielsweise bei großflächigen Menschrechtsverletzungen, zum Ziel hat. Im engeren Sinn beziehen sich humanitäre Interventionen auf die einheimische Bevölkerung und nicht auf den Schutz von Staatsbürgern der intervenierenden Länder (humanitäre Rettung). Vorausgesetzt wird, dass der betroffene Staat nicht in der Lage oder willens ist, den Gefährdeten selbst Schutz zu bieten. Die humanitäre Intervention ist nicht als Instrument in der Charta der Vereinten Nationen verankert und kollidiert mit dem Souveränitätsprinzip, weswegen die völkerrechtliche Zulässigkeit der humanitären Intervention umstritten ist.

Kernelement des Systems der Vereinten Nationen und des modernen Völkerrechts ist die Charta der Vereinten Nationen. Durch sie wird die internationale Rechtsdurchsetzung legitimiert und verhindert völkerrechtswidrige Eingriffe. Entsprechend dieser Vorgabe nennt Artikel 2,4 der UN-Charta das Gewaltverbot. Darin heißt es ausdrücklich, dass alle Mitglieder in ihren internationalen Beziehungen es zu unterlassen haben, sich gegen »die territoriale Unversehrtheit oder die politische Unabhängigkeit eines Staates oder sonst mit den Zielen der Vereinten Nationen unvereinbare Androhung oder Anwendung von Gewalt« zu richten. Artikel 2,7 formuliert das Interventionsverbot und stellt sich rechtlich den zahlreichen Interventionen der Vereinten Nationen gegenüber. Wie erwähnt gibt es eine Reihe völkerrechtlicher Prinzipien, die den Umgang der Staaten miteinander prägen und für diese geltendes Recht festlegen. Grundsätzlich gibt es 3 Bestimmungen der UN-Charta, die im Spannungsverhältnis zwischen der traditionellen Ansicht über die Souveränität und der Verpflichtung zur Einhaltung von Menschenrechten stehen. Wie bereits angesprochen sind dies Artikel 2(1), 2(4) und 2(7). Desweiteren sei erwähnt, dass im Völkerrecht zwischen Völkervertragsrecht und dem Völkergewohnheitsrecht unterschieden wird. Dabei wird im Rahmen der humanitären Intervention auf das Völkergewohnheitsrecht abgezielt bzw. argumentiert, um deren Rechtmäßigkeit zu untermauern, wie auch Holzgrefe feststellt [164].

Von den Erfahrungen des Scheiterns des Völkerbundes, des Zweiten Weltkrieges und des Abwurfs zweier Atombomben zogen die Urheber der Charta den Schluss, dass ein Krieg zwischen den Staaten möglichst unterbunden werden müsse. Unabhängig davon, dass sich dieser Gedanke in der Realpolitik nicht umgesetzt hat (Koreakrieg, Vietnamkrieg, Indochinakrieg, Irakkrieg usw.), verfolgt dieses Prinzip nach wie vor den Anspruch der Maßgeblichkeit in der Völkerrechtsordnung. Grundsätzlich ist der Gebrauch militärischer Gewalt nur noch im Fall der unmittelbaren Selbstverteidigung (Art. 51 der Charta) gestattet oder durch ein ausdrückliches Mandat des UN-Sicherheitsrates (Art. 39 der Charta). Die Befugnis zur gewaltsamen Durchsetzung schreibt die UN-Charta nach Kapitel VII der Charta vor. Es beinhaltet alle Möglichkeiten, um Verletzungen und Bedrohungen des Weltfriedens abzuwenden. Durch das »Allgemeine Gewaltverbot« ist jeder noch so motivierte Einsatz oder militärische Intervention – auch im Sinne einer »humanitären« - völkerrechtswidrig. Allerdings steht diese Tatsache im Widerspruch zur UN-Charta, die den Schutz der Menschenrechte als ihr vorrangiges Ziel ansieht. Demnach kann nur der UN-Sicherheitsrat rechtmäßig eine militärische Intervention anordnen, wenn er eine Bedrohung des Friedens oder einen Akt der Aggression feststellt. Fehlt es jedoch den

Mitgliedern des UN-Sicherheitsrats am politischen Willen zu handeln, dann kommt eine Autorisierung des Sicherheitsrats nicht zum tragen. Tritt eine solche Blockierung des UN-Sicherheitsrats ein, dann ist die internationale Gemeinschaft in der Regel handlungsunfähig. Damit ergibt sich auch ein zentraler Diskussionspunkt. Es stellt sich nämlich für die internationale Gemeinschaft die Frage, wie bzw. welche Voraussetzungen geschaffen werden müssten, damit externe Akteure – notfalls auch mit militärischen Mitteln – legal einen Einsatz zum »Schutz der Zivilbevölkerung und des Menschenrechts« durchführen könnten. Mit dieser Frage setzte sich die Internationale Commission on Intervention and State Sovereignty (ICISS) 2001 auseinander und entwickelte auf UN-Ebene das Konzept der »Responsibility to Protect« (RtoP). Das Konzept der »Responsibility to Protect« basiert bzw. ist die Konsequenz aus den humanitären und menschenrechtlichen Krisen (Völkermord und die ethnischen Säuberungen in Ruanda und während der Balkankriege) der 90er. Im Bericht der ICISS vom Dezember 2001 [165] wird das Thema der RtoP erstmalig genannt. Die International Commission on Intervention and State Sovereignty (ICISS) war eine Ad-hoc Kommission der kanadischen Regierung. Diese initiierte eine Expertengruppe und versuchte 2001 das Konzept der »humanitären Intervention und einer Demokratie wiederherstellenden Intervention« unter dem Namen »Responsibility to Protect« der Öffentlichkeit bekannt zu machen. Innerhalb der Vereinten Nationen wurde das Konzept positiv aufgenommen. So wurde im Bericht des »Secretary General´s Hight-level Panel on Threats, Challenges and Change« [166] aus dem Jahr 2004 sowie im Bericht »In Lager Freedom« [167] (2005), die als Schlüsseldokumente des UN-Reformprozesses gelten, den Regierungen nahegelegt – R2P zu unterstützen. Der vorgelegte Expertenbericht der ICISS definierte den Begriff der staatlichen Souveränität neu und gliederte sich in zwei Bereiche: »Erstens bringe staatliche Souveränität Verantwortung mit sich. Es sei daher vorrangige Aufgabe eines jeden Staates, für den Schutz seiner eigenen Bevölkerung zu sorgen. In einem zweiten Schritt gingen die Experten auf den Fall ein, dass ein Staat infolge eines internen Krieges (internal war), eines Aufstandes (insurgency), von Unterdrückung (repression) oder wegen Staatsversagens (state failure) nicht in der Lage oder willens ist, schwerwiegenden Schaden von seiner Bevölkerung abzuwenden.« [168]

In diesen Fällen sollte der »Grundsatz der Nichteinmischung in die Angelegenheiten des unwilligen oder unfähigen Staates hinter der internationalen Schutzverantwortung (International Responsibility to Protect) zurücktreten«. Allerdings besteht das Konzept der R2P aus einem umfassenden (ganzheitlichen) Ansatz, der in der Öffentlichkeit nicht wahrgenommen wird. Hierbei handelt es sich um folgende Sachverhalte [169]:

1.»Responsibility to Prevent« (Prävention) bezieht sich u.a. auf Frühwarnung und –reaktion sowie politische, diplomatische, wirtschaftliche und rechtliche Maßnahmen zur direkten Prävention, wie beispielsweise Fact-Finding Mission, eine Verbesserung der Handelsbedingungen oder die Etablierung des Internationalen Strafgerichtshofs.

2.»Responsibility to React« (Reaktion) sieht zunächst nichtmilitärische Maßnahmen wie z.B. politische, wirtschaftliche oder militärische Sanktionen vor. Erst wenn alle diplomatischen Lösungsversuche gescheitert sind, sind Möglichkeiten für eine militärische Intervention vorgesehen.

3.»Responsibility to Rebuild« (Wiederaufbau) umfasst drei zentrale Elemente:

a)Sicherheit, u.a. Entwaffnung, Demobilisierung, Reintegration

b) Gerechtigkeit und Versöhnung, u.a. Transitional Justice [170]

c) Entwicklung, u.a. wirtschaftliche Maßnahmen.

Verschiedene Ansätze werden miteinander verbunden. Dabei wird der Fokus auf die Prävention gelegt, um Situationen zu verhindern, in denen ansonsten ein militärisches Vorgehen in Erwägung gezogen werden muss. Kernelement ist nach allgemeiner Deutung die Neudefinition des Souveränitätsbegriffs. Zwar geht in dieser Frage noch keine völkerrechtliche Wirkung des Konzepts aus, allerdings wäre ein Eingreifen in die staatliche Souveränität grundsätzlich kein verbotener Eingriff mehr. Vielmehr würde ein selbiger die Wiederherstellung der vollen Souveränität bedeuten, wenn dieser in den oben bereits erwähnten Punkten die Kontrolle verloren hat. Erst die Aufnahme in den Abschlussbericht des UN-Weltgipfels im September 2005 stellte den Höhepunkt dieser Arbeit dar (A/RES/60/1).

In diesem Dokument wurde festgehalten, dass: »die Verantwortung zum Schutz der Bevölkerung bei der jeweiligen Regierung liegt,« aber »auch die internationale Gemeinschaft die Verantwortung hat, mit friedlichen Mitteln die Bevölkerung zu schützen, falls Staaten nicht willens oder nicht in der Lage sind, ihre Bevölkerung zu schützen, die internationale Gemeinschaft durch den Sicherheitsrat handeln wird, und Staaten beim Ausbau ihrer Krisenpräventionskapazitäten und beim Schutz der Bevölkerung unterstützt werden.« [171]

Entgegen dem Vorschlag der ICISS wurden in diesem Abschlussbericht der Aspekt des Wiederaufbaus (Responsibility to Rebuild) sowie die Kriterien für eine militärische Intervention nicht genannt. Grundsätzlich hat nach dieser Resolution jeder Staat die Verantwortung gegenüber seiner Bevölkerung zu übernehmen. Diese Verantwortung betrifft im speziellen die Punkte: Völkermord, Kriegsverbrechen, ethnischer Säuberung und Verbrechen gegen die Menschlichkeit. Daneben sehen die Vereinten Nationen die internationale Gemeinschaft ebenfalls als Verantwortungsträger! Es ließ sich feststellen, dass das Konzept der RtoP eine Weiterentwicklung des Völkerrechts anstrebt.

Insbesondere das Spannungsverhältnis zwischen den Rechtsgütern der staatlichen Souveränität und der Menschenrechte stehen in der Reform des Völkerrechts auf der Agenda. Allerdings lässt Artikel 108 der UN Charta [172] nur bedingt eine Änderung zu. Daher wäre die RtoP eine Möglichkeit, das alte Spannungsverhältnis zu Gunsten der Menschenrechte aufzulösen. Bekanntermaßen kann, in besonders schweren Fällen von Menschenrechtsverletzungen, in das Souveränitätsrecht des Staates eingegriffen werden. Staaten, die schwerste Menschenrechtsverletzungen begehen, können sich in Zukunft nicht mehr hinter das Prinzip der Souveränität verstecken. Entsprechend handelt es ich bei der internationalen Kritik an dem Kernwaffenprogramm des Irans sowie Koreas, um einen Präzidensfall.
Vordergründig handelt es sich bei diesen Konflikten nicht etwa um die massive Verletzung von Menschenrechte im Sinne eines innerstaatlichen Konflikts wie z.B. Ruanda, Dafur oder Somalia. Allerdings verweist die Internationale Gesellschaft für Menschenrechte auf die »Menschenrechtsverletzungen in der islamischen Republik Iran« sowie auf die der Demokratischen Volksrepublik Korea. Ebenso betont sie, dass die dramatische Menschenrechtlage in Nordkorea nicht verdrängt werden darf. In diesem Zusammenhang wird auch von einem Volk von Sklaven gesprochen. Somit ergibt sich für das Konzept der RtoP ein weites Betätigungsfeld und die »Responsibiltiy to Prevent« könnte unterstreichen, dass es ihr vor allem darum geht, Situationen zu verhindern, in denen eine militärische Intervention notwendig wird. Die ICISS hat in diesem Kontext versucht verschiedene Kriterien darzulegen, nach denen eine militärische Möglichkeit in Betracht gezogen werden kann. Diese wichtigen Kriterien werden von der ICISS-Kommission als Schwellenkriterien (threshold criteria) bezeichnet. Zum einen zählt hierbei der »gerechte Grund« (just cause). Militärische

Interventionen, zum Schutz der Menschenrechte und zur Vorbeugung des eigenen Missbrauchs, sollen nur in »extreme and exeptional cases« zulässig sein. [173] Ein weiteres Kriterium bildet die »aufrichtige Absicht« (right intention), der »Grundsatz der Verhältnismäßigkeit« (proportional means), sowie das Kriterium der »vernünftige(n) Erfolgsaussichten« (reasonable prospects). Zentrale Rolle bildet die Schwierigkeit der Beweisführung und dessen Interpretation, denn nur durch die richtige Beweislage können vernünftige Entscheidungen getroffen werden. Speziell die Invasion der Vereinigten Staaten von Amerika (USA) in den Irak 2003 vergegenwärtigt uns dies immer wieder.
So wird dieser Fall auch immer wieder als prominentes Gegenbeispiel verwendet, um die Fehlerhaftigkeit dieses Konzepts zu dokumentieren. Aus diesem Grund stellt sich die Frage, ob es richtig ist, dass der UN-Sicherheitsrat die einzige Entscheidungsinstanz ist. Der politische Charakter dieses Gremiums hebt sich in solchen Entscheidungen immer wieder hervor. China und Russland gewinnen wieder an Einfluss und pochen bei ihren Entscheidungen auf den Status quo des Völkerrechts. Allerdings stehen die UN legitimierten Interventionen nach wie vor hoch in Kurs, so dass die Debatte um RtoP vielfach weniger von normativen Erwägungen geprägt ist, als vielmehr durch realpolitische Zwänge.

Kurz: Speziell in den zu Beginn erwähnten Konflikten wie die des Irans oder Nordkoreas bzw. Syriens und auch in Bezug auf die innerstaatlichen Verhältnisse Chinas, muss die Debatte um die Weiterentwicklung der Kriterien für eine militärische Intervention weitergeführt werden. Schließlich kann und darf nicht die Möglichkeit einer »extreme and exeptional cases« dazu führen, dass es aufgrund von einseitigen realpolitischen Erwägungen zu militärischen Interventionen kommt. Mit anderen

Worten, die friedensfördernde Perspektive dieses Konzeptes müsste in Betracht gezogen werden. Ein solcher Konsens könnte jedoch nur über die Reform der UN-Charta geschaffen werden und genau in diese Richtung sollten die Anstrengungen gehen. Schließlich wurden die Fälle von Genozid, Kriegsverbrechen, ethnischen Säuberungen und Verbrechen gegen die Menschlichkeit nicht beseitigt. Vielmehr wurden die Konflikte in Afghanistan, dem Nahen Osten (Syrien, Ägypten usw.) sowie in Afrika (Somalia, Maghrebstaaten, Mali usw.) bestärkt.
Folglich fehlt der politische Wille zum Handeln, denn nur ein globaler Konsens würde ermöglichen, dass der UN-Sicherheitsrat reformiert werden könnte. Dies ist derzeit unrealistisch. Geringstenfalls werden die verdeckten und offenen Konfrontationen zwischen den Vetomächten eine zwangsläufige Revidierung des bestehenden Vertragswerkes (UN-Charta) herbeiführen. Demgemäß könnte der wütende Bürgerkrieg in Syrien (seit März 2011) zur Neuordnung der weltpolitischen Lage im 21. Jahrhundert beitragen – gleichgültig wie.

IV. Irrungen des Liberalen Prinzips

Argumente gegen die Irrungen des liberalen Prinzips gibt es genug. Sie wurden seit dem Demokratisierungsprozess der Französischen Revolution, also dem Zeitpunkt als sich der liberale Verfassungsstaat in der politischen Praxis des 19. Jahrhunderts herausbildete, formuliert. Namhafte Vertreter dieser Richtung waren u.a. der französische Jesuit Augustin Barruel (1741-1820) oder der Spanier Juan Donoso Cortés (1809-1853). Auch wenn ich nicht alle Berühmtheiten der politischen Regression gegenüber den Forderungen der Freiheit nenne, so bildeten beide mit ihren Ansichten unzweifelhaft die Triebfeder gegen die Forderungen der Französischen Revolution und der damit verbundenen Ziele:

»Die Entthronung Gottes, der Forderung zur Auflösung des Staates und der Abschaffung des Eigentums […]«. [174] In ihrem Wesen nach waren diese drei Negationen einer Macht entsprungen, die wir das Liberale Prinzip nannten. Diesem Prinzip folgten im ausgehenden 19. und beginnenden 20. Jahrhundert der Atheismus und Pantheismus, Kommunismus und Faschismus, Sozialismus und Kapitalismus. Im Laufe des 20. Jahrhunderts haben sich weitere Phänomene gebildet, »[...] von denen jedes einzelne uns bereits um den Schlaf bringen könnte [...]« [175]. Die Entwicklung im 21. Jahrhundert formuliert der Evolutionsbiologe Richard Dawkins in seinem Buch »Der Gotteswahn«, in dem er auf die Ansichten des Philosophen Peter Singer verweist. Singer vertritt die Ansicht, dass wir »den ‚Speziesismus' hinter uns lassen und die menschliche Behandlung auf alle biologischen Arten ausweiten, die es aufgrund der Leistungsfähigkeit ihres Gehirns zu schätzen wissen. Vielleicht ist das ein Hinweis, in welche Richtung sich

der ethische Zeitgeist in zukünftigen Jahrhunderten entwickeln könnte.« [176]
Mit der Ideenwelt eines Peter Singers skizziert Richard Dawkin eine weitere Facette des Zeitgeistes. Unzweifelhaft steht der ethische Zeitgeist in Übereinstimmung mit dem liberalen Prinzip. Warum? Weil sich darin das Schicksal des Menschen erfüllt, denn eine derartige Denkweise könnte das Verhältnis zwischen den Menschen und humanoiden Robotern neu bewerten. Dies bedeutet, dass langfristig mit dem Gedanken gespielt werden könnte, die menschliche Behandlung auf die Eigenschaften humanoider Roboter auszuweiten. Wenn ich davon ausgehe, dass wir unseren Lebensraum mit humanoiden Robotern teilen werden und wir ihnen menschliche Eigenschaften andichten, dann überwinden wir uns selbst. Eine derartige Betrachtungsweise ist keine Fiktion, denn die heutigen Roboter-Pioniere arbeiten bereits an künstlichen Gestalten mit emotionaler und fühlbarer Telekommunikation. Unbemerkt wird damit ein Ideal konstruiert, das es den modernen Philosophen erlaubt, den Menschen durch die Schaffung einer künstlichen Intelligenz (sog. »Human Brain Project« der École Polytechnique Fédérale de Lausanne, EPFL) selbst zu ersetzen. Wenn ich von „ersetzen“ rede, dann beziehe ich bereits die vorhandenen Robotergenerationen mit ein und betone: Moderne Avatare bzw. bionische Wesen in Form der japanischen Actroiden: »Repliee Q1« (Release 2004), »Actroid-DER 2« (Release 2006), »Actroid-DER 3« (Release 2008), »Actroid Sara« (Release 2009) oder des »Actroid-F« (Release 2010) demonstrieren uns bereits die technische Freiheit, die der Mensch besitzt, um seiner Existenz ein Ende zu setzen. [177] Die nächste Robotergeneration ist bereits in der Entwicklung und könnte mit künstlicher Intelligenz ausgestattet sein. Die Techniker fühlen sich als Fortsetzer der Schöpfung und träumen von einem unbegrenzten Fortschritt. In Wirklichkeit ist aber der emanzipierte homo technicus ein Widersacher der Schöpfung und bewirkt einen immer deutlicher werdenden Rückschritt.

Ist mein Misstrauen daher unbegründet? Oder dominiert bei mir eine Angst, die mir suggeriert, dass Roboter unsere Arbeitsplätze wegnehmen? Wohl kaum, denn durch die Automatisierung und die Aufnahme von Computer-Technologien wurden wir bereits Zeugen des Rückgangs der Arbeitsplätze im mittleren Lohnsegment. Jede neue Maschine vermehrt die Arbeitslosigkeit und vermindert die Absatzmöglichkeit der in Überfülle produzierten Artikel. Die Roboterentwicklung ist daher nicht förderlich, denn zukünftig werden sich auch die »intelligenten Roboter« selbständig warten und konstruieren. Unzweifelhaft erleichtern wir uns damit nicht den Alltag, denn im Allgemeinen kann ich an einer Arbeitslosigkeit keinen »Fortschritt« erkennen. Wohl sind die Auftritte dieser künstlichen Wesen beeindruckend. Ich würde sagen, so beeindruckend wie die erste Atombombenexplosion.

An dieser Stelle muss ich meine Absicht erklären, die ich mit diesem Kapitel beabsichtige. Es wird nämlich meine Absicht sein, nicht in irgendeine Art von Diskussion einzutreten, sondern gezielt Tatsachen darzulegen, die auf längere Zeit unzweifelhaft zur Katastrophe führen. In diesem Zusammenhang beschreibe ich vier zentrale Irrtümer die sich deutlich aus dem Liberalen Prinzip ableiten lassen. Ich nenne das den ersten Irrtum: der liberale Irrtum in der Gestaltung der Familie. Der zweite dieser Irrtümer erkenne ich im kulturellen Umbruch unserer Kommunikation, also der Entfremdung des Individuums durch den permanenten Einfluss des Massenmediums Internet. Den dritten Irrtum muss ich im Umgang mit dem Rollensverständis der Eliten erkennen. Der letzte dieser Irrtümer äußert sich in der Manipulation unseres Willens und in der damit verbundenen Anbiederung an den Zeitgeist. Es ist meiner Meinung nach aber ein unnützer und vergeblicher Versuch, diese Kritik als undemokratisch und radikal abzuqualifizieren. Der Versuch, diese auf andere Weise zu disqualifizieren wird ebenfalls scheitern, weil die Wahrheit niemals aufhört Wahrheit zu sein. Es ist von meiner Seite aus jedoch eines klar, d.h. für mich ist die Unterdrückung von beachtenswerten Sachverhalten auf längere Zeit der Beginn einer Willkürherrschaft. Würde sich dieser Irrtum fortsetzen, dann trüge die Verwirrung und Unordnung der Staaten weiterhin Früchte. Wurde daher nicht die Gewaltenteilung proklamiert und damit der demokratische Rechtsstaat verpflichtet? Gewiss, die Ehre jener Herrschaften bleibt, unbeschadet der Entwicklung, unangetastet. Allerdings trug die geteilte Autorität dazu bei, dass die Präsidenten und Regierungen ihre Wirksamkeit verloren. Dies ist meine Theorie, die ich im Kapitel V. näher beschreiben werde. Im vorliegenden Kapitel sehe ich mich gezwungen, mich mit den Irrungen eines falsch verstandenen Liberalismus zu beschäftigen. Ich relativiere nichts und entschuldige mich für nichts, aber um das Gesagte nicht zu zerreißen und in irrige Negation zu verfallen, verschaffe ich mir durch diese Vorrede einen Raum, um die Irrtümer des liberalen Prinzips in Kurzform darzustellen.

Den ersten dieser Irrtümer finden wir in erster Linie in der Gestaltung der Familie. Die Verbreitung feministischer Glaubenssätze führte zur Zersplitterung der traditionellen Familien und trieb die Frauen in den Arbeitsmarkt. Es spielten hierbei nicht immer materielle oder wirtschaftliche Gründe die Rolle. Vielmehr galt es die Frau von ihren gesellschaftlichen Fesseln zu befreien, ganz nach den radikal-feministischen Ansichten: »Nackte Frauen sind freie Frauen« und »der erste getaufte Mensch in Europa war eine Frau«.

Was früher als Keimzelle des Staates galt – nämlich die Familie -, das wandelte sich spätestens nach 1968 zum neurotischen Singlehaushalt [178]. So verständlich auch die Forderungen mancher Frauen sind, die sich selbst verwirklichen wollen: Eine der schwersten Hypotheken für ein Volk ist es aber, wenn die Frau ihre Stellung innerhalb der Familie aufgibt. Verstehen wir uns hier aber nicht falsch. Es geht hier nicht um das Heimchen am Herd. Auch geht es nicht darum, dass der Mann über das Weib zu herrschen habe oder einer Verklärung der Frau. Vielmehr handelt es sich um Struktur und Ordnung. Struktur und Ordnung schaffen Harmonie. Eine funktionstüchtige Gesellschaftsordnung bedingt eine politisch-hierarchische Ordnung, die sich auf das Fundament des Haushaltes verlassen muss.

Diese beruht auf einer klar umrissenen Zuordnung der Haushaltssaufgaben. Wie diese Zuordnung innerhalb des Haushaltes geregelt wird, ist und bleibt eine private Angelegenheit. Dieses Privileg sollte dem altertümlichen Recht Geltung verschaffen, dass der Haushalt tatsächlich unverletzlich bleiben muss. Außerhalb des Haushaltes (Öffentlichkeit) sei die natürliche Verantwortlichkeit gut zu heißen und zu fördern. Mit meiner Verurteilung der radikal-feministischen Ideologie möchte ich kein Unrecht gegenüber der Frau verharmlosen. Vielmehr geht es um die radikale Auflösung der natürlichen Verantwortlichkeitsbereiche zwischen Mann und Frau, innerhalb und außerhalb der Familie, also dem ausgesetzten Geschlechterkampf beider in der Gesellschaft. Durch diesen Kampf hat sich der Staat selbst eine Hypothek auferlegt, die nicht wieder gutzumachen ist. Darauf will ich antworten und nicht auf die Rufe nach dem Fanatismus cromwellscher Politik. Man mag sagen was man will: Ich sage, der kulturpolitische Kampf der 1970er Jahre tobt nach wie vor. Unerkannt treibt er sein Unwesen in den Parlamenten, in den Universitäten und auf den verbrannten Trümmern unserer Museen. Im Denken der damaligen Zeit vollzog sich eine Wandlung, die die nachfolgenden Generationen depressiv und empfindungslos zurückließen. Nicht weniger sprach ich daher von neurotischen Singlehaushalten und zersplitterten Familien. Wenn ich nun davon spreche, dass der kulturpolitische Kampf der 70er Jahre fortbestand hat, dann greife ich den liberalen Wunsch nach Gender-Gleichheit auf. Diese Forderung wuchs weit über den Wunsch einer Chancengleichheit für Frauen hinaus und schaffte uns eine künstliche Kultur, die wir als drittes Geschlecht einzuordnen haben. Unstreitig förderten die Forderungen der 70er Jahre die Entstehung der Transgender und dessen Gleichberechtigung innerhalb der CSD-Kultur. Folgerichtig entwickelte der »Ausschuß für Chancengleichheit von Frauen und Männern des Europarates« einen »Leitfaden zum geschlechtergerechten Formulieren im Deutschen« [179], der die Verwendungen des Mutterbegriffs in den Nationen bekämpfen soll. Das Waffenhandwerk wurde von dieser Seite gut gelernt, um den Sieg in den letzten Grabenkämpfen gegen die traditionelle Familie zu erzwingen. Es ist daher nicht lächerlich, wenn wir den Höhepunkt in der Abschaffung der Wörter Vater oder Mutter erkennen.

Jawohl, diese werden schrittweise durch »der Elternteil« oder »das Elter« ersetzt. [180] So besteht der »Leitfaden zum geschlechtergerechten Formulieren im Deutschen« aus drei Hauptteilen [181]:

- Möglichkeiten, die die deutsche Sprache bietet, um die Gleichbehandlung von Frauen und Männern in der Sprache umzusetzen, deren Vor- und Nachteile und Faustregeln zu deren Verwendung,
- geschlechtergerechtes Formulieren in bestimmten Textsorten und in besonderen Formen des Sprachgebrauchs,
- alphabetischer Nachschlageteil zu konkreten Themen, Begriffen und Wörtern, die sich für das geschlechtergerechte Formulieren als besondere Knacknüsse erweisen.

Unzweifelhaft können Sie daran erkennen, warum ich eine kategorische Ablehnung des Geschlechterkampfes (zwanghafte Ausweitung von geschlechtsspezifischen Quoten und der Einführung einer geschlechtsspezifischen Sprachregelung = Genderisierung) und der Versexualisierung der Gesellschaft fordere. Ich verstehe diese Kritik nicht als Wut gegen die Ausschweifung oder dem Laster, nein vielmehr muss ich diese Entwicklung zurückweisen, weil uns derartig gewachsene Strukturen schaden. Sie schaden uns wie die großen Klippen einem auflaufenden Schiff schaden. So wird uns auch die Legalisierung der Prostitution [182] und damit der Prostituierung der Liebe zwischen Mann und Frau, nicht die erlösende Hoffnung bringen; denn es gilt den Menschen zu achten und nicht das Gewerbe! Gemäß europäischer Gesetzeslage (EuGH v. 20.11.2001 – Rs.C-268/99) sei die Prostitution gar »Teil des gemeinschaftlichen Wirtschaftslebens«. Wohl gibt es vereinzelte Stimmen, die in der Prostitution eine Sittenwidrigkeit sehen, aber nach Ansicht des Verwaltungsgerichts Berlin war diese bereits vor Verabschiedung des Prostitutionsgesetztes nicht mehr sittenwidrig. Hören Sie mal! Prostitution ist ein Teil unseres gemeinschaftlichen Wirtschaftslebens. Welche Rechtsprechung ist denn das? Womöglich hatte die individuelle Selbstbestimmung zu diesem Zeitpunkt bereits einen so hohen Wert erlangt, dass dieses Gesetz nicht mehr durch die staatliche Verpflichtung (Schutz der Menschwürde) eingeschränkt werden konnte.

Die individuelle Selbstbestimmung als höchstes Gut: Erneut werden wir auf diesen Umstand gestoßen und erkennen, dass die gesellschaftlichen Folgen unserer vorangehenden Betrachtungen über den entfalteten Liberalismus hier deutlich erkennbar sind. Mag zwar die individuelle Selbstbestimmung nicht ursächlich für das Prostitutionsgesetz sein, so ist dieses Gesetz dennoch nicht förderlich für ein Volk; denn das Ergebnis lässt sich in der folgenden Meldung ablesen: »Die Syphilis ist in Deutschland weiter auf dem Vormarsch.« [183]. Man könnte meinen, diese Meldung stamme aus dem 19. Jahrhundert, wo namhafte Syphilitiker der Zeitgeschichte, wie Nietzsche, van Gogh, Chopin, Toulouse-Lautrec daran gestorben sind. Dem ist leider nicht so. Vielmehr berichtete das Robert-Koch-Institut in seinem Epidemiologischen Bulletin über eine Steigerung im Jahr 2004, dieser seit langem als besiegt angesehenen Infektion. Richtig ist, dass hier der Einzelne zu Schaden kommt – also das vielgepriesene Individuum - und dadurch die Gesamtheit des Volkes. Sie fragen sich warum ein Volk durch Prostitution Schaden nimmt? Hat es denn die Prostitution nicht schon immer gegeben? Krieg und Zerstörung hat es auch immer gegeben, sind sie deshalb für ein Volk nicht minder schädlich? Das was Krieg und Zerstörung in Großen sind, ist die Prostitution im Kleinen. Müssen wir uns nicht die Frage stellen, ob Rom jemals zur Größe und Macht gelangt wäre mit diesen Attributen. Müssen wir uns nicht ebenso die Frage stellen, ob Rom nicht untergegangen wäre, wenn sie sich ihrer republikanischen Tugenden besonnen hätten? Bereits der römische Geschichtsschreiber Tacitus erkannte, dass das sittliche Liebes- und Eheleben für einen gesunden Staat undenkbar war. Aus dem Gesagten meinen Sie zu erkennen, dass dieses Verhalten antiquiert und überkommen ist? Ich sage lieber überkommen, als verkommen. Das ist auch der Grund warum wir das erstickende Parfüm von Eitelkeit, sexueller Freizügigkeit und Verschwendungssucht über Bord werfen müssen. Es besteht kein Zweifel, warum sich der gesundheitliche Zustand unserer Jugend immer mehr verschlechtert. Ebenso besteht doch kein Zweifel daran, warum lange als besiegt angesehene Infektionen im Kommen sind; wenn unsere politischen Verantwortlichen Prostitution und gleichgeschlechtliche Liebe legalisieren, um diese im öffentlichen Leben zu etablieren. Gerade Kinder werden in zunehmendem Maße Opfer dieser Gesellschaft. Offenkundig wird vom Schutz der Randgruppen gesprochen, man vergisst aber dabei, dass Kinder keine Randgruppen sind. Die Rache dieser Politik bleibt nicht aus, wenn man die ständig wachsende Anzahl von Berichten über sexuelle Übergriffe in den diversen Tageszeitungen verfolgt. Wie verheerend die Folgen dieser andauernden Missachtung sind, mag man an unseren zerrütteten Familienverhältnissen [184] und der damit verbundenen rückläufigen Geburtenrate erkennen (Abbildung 3: Natürliche Bevölkerungsbilanz in den Ländern der EU, 2005/10 und 2045/2050) [185]. Doch diese Betrachtungen führen uns nicht weiter, denn vergessen dürfen wir nicht die Verflechtungen der (internationalen) Politik mit den kriminellen Banden, die hauptverantwortlich für diese Verbrechen sind. Meine Herren, ich entlasse die Politik nicht aus ihrer Schuld, denn die Regierungen sind für die Glätte der Gesellschaft verantwortlich. Es ist daher unsere Pflicht diesen Zustand politisch und gesellschaftlich zu korrigieren, auch mit einer strengen Zurückführung der geistigen Eigeninteressen (Egoismus), um langfristig die Verhältnisse in den Organen und Gesetzen neu zu regeln. [186]

Kurz: Deutlich müssen wir erkennen, dass die beschriebenen gesellschaftlichen Emanzipationsprozesse Gesetze geworden sind. Diese Gesetze veränderten mit der Zeit unser Verständnis vom Begriff der Freiheit. Unser Zusammenleben ist in den Gesetzen verankert. Welchen Sinn macht daher der Ruf nach Freiheit? Was bedeutet demnach Freiheit, wenn diese durch Rechtserteilung geregelt wird? Müssen wir nicht feststellen, dass Freiheit nichts anderes als die Bindung an ein Recht ist? Recht wird ein Gesetz unter einer regelnden und ordnenden Herrschaft. Recht ist demnach immer der Ausdruck einer gewählten Akzeptanz verallgemeinernder Rechte (Gesetze). Recht ist, was nach der Verfassung beschlossenes Gesetz ist (Rechtspositivismus). Dies, also die gewählte Akzeptanz verallgemeinernder Rechte geschieht in der Erziehung, der Entstehung der Leidenschaften, der Ordnung und der Herrschaft eines Individuums oder einer Minderheitsgruppe. Diesen Gedanken über das Recht werde ich im Abschnitt »Unbequeme Wahrheit« erneut aufgreifen und verdeutlichen.

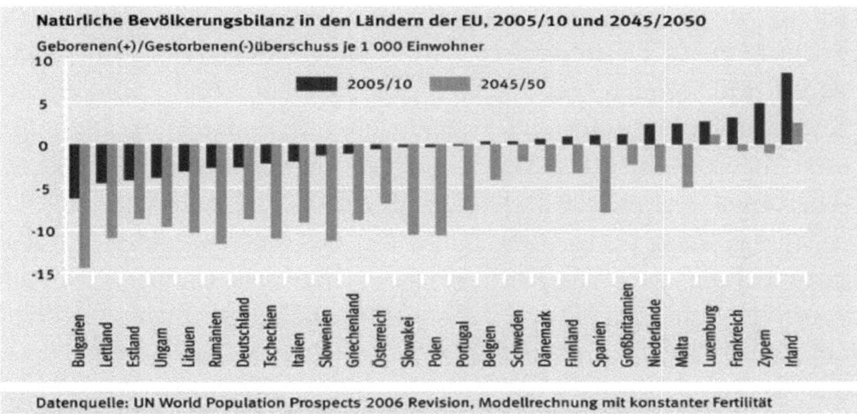

Abbildung 3: Natürliche Bevölkerungsbilanz in den Ländern der EU, 2005/10 und 2045/2050

11. Neue Denkmuster durch das Internet

Der zweite dieser Irrtümer liegt im kulturellen Umbruch unserer Kommunikation. Was verstehen wir eigentlich unter Kommunikation? Bleibt sie wirklich vom Gesellschaftswandel unberührt oder fördert sie diesen?

Man hat kaum angefangen über die Kommunikation nachzudenken, steht man vor der unabweislichen Einsicht, dass der Begriff der Kommunikation unterschiedlich ist. Bildete die verbale und nonverbale Kommunikation bis zur kommerziellen Verbreitung der Internet E-Mail Anfang der 1990er, einen wesentlichen Bestandteil des menschlichen Miteinanders; so kommunizieren wir bis heute (Stand 2014) mit Hilfe der Sprache (verbaler Kanal) und/oder bedienen uns der Möglichkeiten der Gestik, Mimik und Zeichen (nonverbale Kanäle). Durchaus könnte man einwenden, dass bereits vor mehr als 100 Jahren das technische Kommunikationszeitalter begann; denn schließlich gelang es dem Italiener Guglielmo Marconi, mit Hilfe des Telegrafen im Dezember 1894, die erste Übertragung über den Äther zu senden. Litt etwa die verbale und nonverbale Kommunikation unter dieser technischen Erfindung? Wohl kaum und theoretisch könnten wird das Thema hiermit beenden. Allerdings vertrete ich in bezug auf die Verbreitung der Internet E-Mail Anfang der 1990er Jahre und der damit einhergehenden Entwicklung eine andere Ansicht. Daher sollten wir nicht voreilige Schlüsse ziehen. Ich möchte nicht moralisierend oder nostalgisch erscheinen. Auch möchte ich nicht behaupten, dass die Sprache bereits der Vergangenheit angehöre. Allerdings sollten wir zur Kenntnis nehmen, dass sich unser Denken und unsere Kommunikation durch die intensive Nutzung des Internets verändern. Uwe Jochen spricht bereits in diesem Zusammenhang vom Ende der Geschichte im Internet und verweist auf die

Ansichten kühner Visionäre, dass sich das Internet [187] zum »[...] vollständigen elektronischen Ersatz von Welt [...] [188]« weiterentwickeln könnte. Ich folge dieser Meinung und gehe davon aus, dass derartige Ideen Realität werden. Passend lasse ich Uwe Jochen noch einmal zu Wort kommen, in dem er sagt, dass im »Internet [...] nicht nur die Spannung zwischen kulturellem und historischen Gedächtnis [...]«, sondern »[...] zugleich die Spannung zwischen Welt und transzendentem Sein [...] aufgehoben wird. Denn indem wir im Internet der Notwendigkeit enthoben sind, einer vorgegebenen Bestandsordnung zu folgen, und statt dessen durch´s Netz surfen können, wie es uns gerade einfällt, stellt sich uns weder die Frage nach der Einheit des Wissens noch nach dem gemeinsamen Ursprung und Einheitspunkt von Wissen und Welt [...]« [189].

Es soll hier nicht meine Aufgabe sein, die Spannung zwischen kulturellen und historischen Gedächtnis zu erörtern. Allerdings bleibt festzuhalten, dass durch die fortschreitende Entwicklung des Internets, insbesondere durch das Web 2.0, die Einheit des Wissens in Frage gestellt wird; denn durch dessen Entwicklung wurde z.B. ein Boom von Zeitzeugen-Dokumenten ausgelöst, mit dessen Hilfe sich nun jeder als Zeitzeuge in die Geschichte einschreiben kann. Geschichte hat sich durch das Medium Internet zu einer subjektiven Angelegenheit entwickelt. Dr. Erik Meyer, der im Sonderforschungsbereich Erinnerungskulturen an der Justus-Liebig-Universität Gießen arbeitet, bewertet eine derartige Entwicklung auch entsprechend negativ. So bewertet er die kommerziellen Interessen als negativ und stellt fest, dass sich die »Zeitgeschichte [...] zunehmend nach den Kriterien Unterhaltung und kommerzieller Verwertbarkeit im Internet präsentiert. Der Anspruch eines kollektiven Gedächtnisses kann so nicht erfüllt werden«. [190] Der Anspruch eines kollektiven Gedächtnisses? Welchen Anspruch könnte er damit gemeint haben und welchen Effekt hat die Kommerzialisierung des

Internets mit samt seinen technischen Errungenschaften auf das kollektive Gedächtnis? Möglicherweise könnten uns die Gedächtnistheorien von Jan Assmann und Maurice Halbwachs weiterhelfen.

Aleida und Jan Assmann formulierten Ende der 1980er Jahre ein begriffliches Feld, das »Halbwachs´ Konzeption des kollektiven Gedächtnisses, das von Warburg als soziales Gedächtnis bezeichnete Repertoire kultureller Symbolik und schließlich Noras zwischen Geschichte und Gedächtnis angesiedelte Erinnerungsorte« [191] miteinander verband.

Das kollektive Gedächtnis wird von Jan Assmann als ein Oberbegriff betrachtet. Entsprechend unterscheidet er dieses in zwei Formen. Auf der einen Seite beruht das kollektive Gedächtnis auf der Alltagskommunikation und auf der anderen Seite stützt sich das kollektive Gedächtnis auf »symbolträchtige kulturelle Objektivationen« [192]. Formuliert werden damit die Begrifflichkeiten des kommunikativen und des kulturellen Gedächtnisses. Das kommunikative Gedächtnis entsteht in der Alltagskommunikation von Individuen. Die Informationen bzw. der Inhalt der Geschichten werden von den Individuen wenig geformt und nicht als verbindlich angesehen. Vielmehr beziehen sich diese Informationen auf einen gewissen (begrenzten) Zeithorizont und bewegen sich von ca. 80 bis 100 Jahren. Das kulturelle Gedächtnis ist dagegen hierarchisch und stützt sich dabei z.B. auf Feste, Riten und Mythen. Die Träger des kulturellen Gedächtnisses sind somit Experten wie Künstler, Priester und Geschichtsprofessoren. Hierbei stellt sich die Frage nach Übergang zwischen beiden Gedächtnisbegriffen. Auch stellt sich meiner Meinung nach die Frage, ob und inwieweit wir das kommunikative und kulturelle Gedächtnis verorten können? Ist es uns sogar möglich ein kommunikatives und kulturelles Gedächtnis im Internet zu verorten? Wir haben uns eingangs mit dem Thema der Kommunikation auseinandergesetzt und bereits mögliche Auswirkungen auf die selbige durch das Internet

besprochen. Vor dem Hintergrund der Auseinandersetzung mit dem Thema der Geschichtskultur und dem (möglichen) Ende der Geschichte im Internet bzw. durch selbiges erhebt sich die Frage, in welcher Weise sich das »kollektive Gedächtnis« im Internet äußert?
In diesem virtuellen Raum verschwinden Zeichen und Sprache zu einer substanzlosen Masse von Informationen. Diese entwickeln sich zu einer Ware und die Gedanken der teilnehmenden Individuen werden zu einem kurzlebigen Teil der Erinnerungen unseres Gedächtnisses. Um sich an die Inhalte zu erinnern und angemessen umsetzen zu können, werden so z.B. »Weblogs« erstellt, dessen charakteristisches Merkmal die Individualisierung der Kommunikation ist. Im Grunde wird damit die Grenze zwischen dem Produzent sowie dem Rezipienten aufgehoben. In diesem Zusammenhang ist die Social Software in Bezug auf die universitäre Ausbildung zu nennen, dessen Nutzung es dem Lernenden ermöglicht auch zwischen den »Präsenzsitzungen zu einer kritischen Auseinandersetzung mit den Lerninhalten anzuregen« [193].
Auch haben sich bereits zahlreiche Online-Communities gebildet, also Netzgemeinschaften in denen Gedanken und Erinnerungen ausgetauscht werden. In diesen Netzgemeinschaften bilden sich virtuelle Räume des gemeinsamen Erinnerten heraus, das wir durchaus als kollektives Gedächtnis bezeichnen können, weil die Individuen »[...] nur das im Gedächtnis [...]« behalten, »[...] was von der Gemeinschaft für erinnerungswert erachtet wird, und das ändert sich von Tag zu Tag und Epoche zu Epoche«. [194] Maurice Halbwachs bezeichnete dies als eine »kontinuierliche Denkströmung« [195]. Die Online-Communities beinhalten dabei die notwendigen Prämissen für das kollektive Gedächtnis: Interaktion (gemeinschaftliches Handeln und geteilte Erfahrungen) und andererseits die Kommunikation (wiederholtes Vergegenwärtigen der Vergangenheit innerhalb der Gruppe). Ebenso ist die soziale Bedingtheit von Erinnerungsleistungen

vorhanden und im virtuellen Raum der Online-Communities wird tagtäglich ein Teil unserer Erinnerungen erlebt und/oder mitgeteilt. Das Erleben und/oder mitteilen in diesen Online-Communities vollzieht sich u.a. in Foren, in einen der vielen chat rooms oder in diversen virtuellen Welten wie z.B. Second Life oder Active Worlds. Exemplarisch ist auch das Wiki-System (z.B. Wikipedia). Dieses System wurde entwickelt, um Wissen und Ereignisse zu sammeln und zu konservieren. Speziell das Wiki-System erlaubt es jedem Benutzer Beiträge und Texte zu verfassen. Es mag durchaus sein, dass sich in diesen Online-Communities jeder Mensch, in seinem wie auch immer gearteten Milieu, wiederfinden kann. Somit mag es den Anschein haben, dass sich nach wie vor die verschiedenen sozialen Gruppen wie z.B. Familie, Religionsgemeinschaften, Kollegen am Arbeitsplatz usw. im Netz wiederfinden und organisieren. Demzufolge würden Maurice Halbwachs konzeptualisierten Begriffe wie Individualität und Kollektivität sich nicht der Gefahr aussetzen, dass sie sich zu etwas Gegensätzlichem weiterentwickeln. So verweist er darauf hin, »dass das Individuum sich erinnert, indem es sich auf den Standpunkt der Gruppe stellt, und dass das Gedächtnis der Gruppe sich verwirklicht und offenbart in den individuellen Gedächtnissen.« [196] Maurice Halbwachs betont die gegenseitige Abhängigkeit und Durchdringung des Denkens der Individuen und des Kollektivs. Die sozialen Bezugsrahmen regeln was als erinnerungswürdig zu erachten ist. Erst dadurch bildet sich ein kollektives Gedächtnis heraus und die Inhalte des individuellen Gedächtnisses werden somit ständig aktualisiert bzw. erst ermöglicht. Ich gehe davon aus, dass sich diese Theorie auch am Phänomen der Online-Community festmachen lässt, denn wie wir bereits festgestellt haben; beinhaltet dieses die notwendigen Prämissen für das kollektive Gedächtnis. Das kollektive Gedächtnis ist gemäß Halbwachs:

a) ein organisches Gedächtnis des Individuums, das sich im Horizont eines soziokulturellen Umfelds herausbildet

b) und es nimmt Bezug auf Vergangenes durch Interaktion, Kommunikation, Medien und Institutionen innerhalb von sozialen Gruppen und Kulturgemeinschaften.

Kurz: Das Internet bzw. Online-Communities lassen sich als soziale Räume darstellen. Die Online-Communities bilden ein neues soziokulturelles Umfeld, in dem es den Individuen ermöglicht wird ihre Erinnerungen auszutauschen und zu erleben. Im Grunde mutieren die Online-Communities zu Erinnerungsgemeinschaften kollektiver/sozialer Gruppen. Das Internet wird somit ein Gedächtnis nicht-personaler Entitäten. Allerdings und da widerspreche ich der Theorie Halbwachs: heben sich in einem derartig gestalteten Raum die Begriffe Individualität und Kollektivität gegenseitig auf. Bis dato war das Individuum immer eine Person, also ein Mensch. Der Mensch ist der Träger der Informationen und verarbeitet diese auch in einer mehr oder weniger engeren Zusammenarbeit mit seinem Mitmenschen. Der Mensch ist ein soziales Wesen und konstruiert sich seine Umwelt. Im Internet löst sich allerdings die Person zu einer Entität auf - es mutiert zu einem philosophischen Dasein - und bildet einen Gegensatz zum real existierenden Individuum. Entsprechend gilt es bei der Beurteilung des kollektiven Gedächtnisses, gemäß der Gedächtnistheorie von Halbwachs, das Verhältnis zwischen Individualität und Kollektivität neu anzupassen. Bereits Aleida Assmann stand dem Begriff des kollektiven Gedächtnisses skeptisch gegenüber und stellte die Grenze bzw. den Übergang zwischen sozialen und kollektivem Gedächtnis in Frage. Ich betrachte den virtuellen Raum im Internet, als die Grenze für das soziale und kollektive Gedächtnis. In diesem, so meine Meinung, können wir tatsächlich dem Ende der Geschichte begegnen, zumindest in der uns bekannten Form. Definieren wir Geschichte als das historische Gedächtnis, das als umgreifendes Ganzes aller kollektiven Gedächtnisse sich darstellen lässt; dann hätte somit das Internet das »Ende der

Geschichte« [197] zur Folge. Weshalb? Überspitzt hieße dies nämlich, dass das Internet, als künstliche Erweiterung der menschlichen Sinne, die bisherigen symbolischen Medien (Symbole, Artefakte, Medien, Praktiken), die als Träger des kulturellen Gedächtnisses bisher fungierten, vereinnahmen würde. Im Grunde könnte das Internet zum Träger des Universalgedächtnisses und somit zum kollektiven Handlungssubjekt mutieren. Diese Situation wäre neu. Bis dato war die Schrift völlig selbstverständlich das beherrschende Element der Geschichtsforschung. Mit Hilfe der Schrift konnten individuelle Leistungen der sozialen Kommunikation den nachfolgenden Generationen weitervermittelt werden. Nur auf diesem Wege konnte die natürliche Beschränkung der sozialen Kommunikation und des individuellen Gehirns überwunden werden. »Das Gedächtnis produziert Sinn, und Sinn stabilisiert das Gedächtnis«, schreibt die Literaturwissenschaftlerin und Erinnerungsforscherin Aleida Assmann. Die Schrift ermöglichte es dem Sinn einen Namen zu geben und übernahm die Sicherungsfunktion (Speichergedächtnis) des kulturellen Gedächtnisses. Das zu Erinnernde konnte sich vom menschlichen Gedächtnis lösen und auf Speichermedien übertragen werden. In diesem Sinne unterschied Aleida Assmann zwischen dem Speichergedächtnis und dem Funktionsgedächtnis. Ebenso nennt sie bzw. unterscheidet sie drei Gedächtnisformen, die da wären: individuelle Gedächtnis, soziale Gedächtnis und kollektive Gedächtnis. Aleida Assmann sieht das kulturelle Gedächtnis in der sozialen Kommunikation verankert. So vollziehe sich die Entwicklung einer Ich - Identität in Auseinandersetzung mit Wir - Gruppen. Ziehen wir bei dieser Überlegung das bereits gesagte hinzu, dann wiederhole ich mich und vertrete die Meinung, dass sich in einem virtuellen Raum – wie sich das Internet darstellt – die Begriffe Individualität und Kollektivität gegenseitig aufhebt. Das Ich löst sich von der Wir-Identität und das Internet wird zum Träger des kulturellen Gedächtnisses. Im Grunde wird das

Internet durch die Passivität der Ich-Identität zum Träger des Universalgedächtnisses und somit zum kollektiven Handlungssubjekt. Individuelles Erinnern wird nicht mehr vom Kollektiv, also der Summe der Individuen beeinflusst, sondern es nimmt eine neue Gestalt an. Individuelles Erinnern wird ein Teil des Internets, welches zum Träger des Universalgedächtnisses und somit zum kollektiven Handlungssubjekt mutiert. Dr. Hans-Arthur Marsiske fand eine treffende Formulierung und verwies darauf, dass das kollektive Erinnern »multimedial« wird. Es »[...] kombiniert so die Anschaulichkeit und Sinnlichkeit der mündlichen Überlieferung mit der Speicherkapazität des Schriftgedächtnisses (…)« [198].

Nach all diesen Überlegungen müssen wir in Zukunft das Phänomen des Internets in bezug auf die Geschichtskultur, respektive im Hinblick auf die vorhandenen Gedächtnistheorien, näher untersuchen. Zentral sind für mich die Aussagen, dass sich das Kollektive Gedächtnis in den Online-Communities zu erkennen gibt. Allerdings äußert sich das kollektive Gedächtnis in einer anderen Form und muss entsprechend neu definiert werden. Das Individuum und dessen Erinnerungen lösen sich auf und das Internet wird zu einem Gedächtnis nicht-personaler Entitäten. Somit wird das individuelle Erinnern ein Teil des Internets, welches zum Träger des Universalgedächtnisses und somit zum kollektiven Handlungssubjekt wird. Im fortscheitenden Zeitalter der Computervermittelten (Gemeinschaft-) Kommunikation sollte uns bewusst werden, dass wir durch die intensive Nutzung des selbigen viel von unserer Individualität einbüßen. Sukzessive wird unser Denken und unsere Kommunikation verändert, ohne dass wir uns diesem Umstand bewusst werden. Die plausibelste Erklärung aller Fakten, die wir bisher besprochen haben und die Begründung auf die Frage, warum sich das Internet zum Träger des Universalgedächtnisses wandelt, lautet daher: Passivität, in Form einer unreflektierten Konsumierung und das kommerzielle

Interesse (Anything goes) stehen im Vordergrund. Aus diesem Grund ist es notwendig diesen Diskurs weiterhin kritisch zu verfolgen.

Kurz: Bei allem, was der Mensch konstruiert, kann man mit Widersprüchen, Abweichungen und Differenzen für die Gesellschaft rechnen. Aber die Zeit lässt sich nicht aufhalten. Wir leben heute schon in einer vorweggenommenen Universalkultur. Diese hat ihren Ursprung in der amerikanischen Kultur, die sich schon seit ihrem Bestehen vor den europäischen Nationen globalisierte. Es ist daher nicht verwunderlich, als der US-Internetpräsident Obama am 24.06.2010 über den US-Einsatz in Afghanistan folgende Worte an die Welt richtete: »[...] Wir schützen Wohlstand, indem wir ihn auf andere ausweiten [...]«. Dieser Entwicklung kann man gegenüberstehen wie man will, realistisch betrachtet ist diese Entwicklung nicht mehr rückgängig zu machen. Vor einer gedankenlosen und egoistischen Verwendung des Netzes sei allerdings gewarnt. Gewiss haben sich in unserer Zeit Gruppen und Organisationen gebildet, die sich gegen eine wachsende Kommerzialisierung und Kontrolle des Netzes wenden. Zu nennen wären z.B. die Organisationen Anonymus, Wikileaks oder des CCC. Nur sie und andere können auch nicht die Tatsache ändern, dass die Unmengen an Informationen, die durch z.B. soziale Netzwerke (Twitter usw.) global gesammelt werden, zukünftig zentral in Analyseinstrumenten berechnet und für kommerzielle/politische usw. Interessen ausgelesen werden. In diesem Sinne erhält der Begriff einer Informationsgesellschaft eine neue Bedeutung; denn die Phase der globalen, vernetzten Informationsgesellschaft wird erst in den kommenden Jahren ihren Höhepunkt erreichen. Parallel dazu entwickelt sich heute zum Teil eine Generation heraus, die ihre Zukunft nicht mehr auf der Erde suchen wird, sondern in den Weiten unseres Sonnensystems [199]. Auch dies ist das Ergebnis moderner Kommunikation und Technik. Was jahrzehntelang als Fiktion angesehen wurde, erfüllt sich in nur wenigen Jahren mit dem kommerziellen Weltraumtourismus. Private Unternehmen wie z.B. Virgin Galactic, Space X oder XCOR Aerospace profitieren bereits heute von der Einstellung des NASA Spaceshuttle-Programms 2011 und forcieren das weitere Wachstum der Raumfahrtindustrie im suborbitalen Raum.

12. Bildungswahn und der Ruf nach neuen Eliten

Das dritte dieser Irrtümer liegt im Rollenverständnis über die Eliten. Im Zuge des Bologna-Prozesses [200] und der damit verbundenen Veränderung der deutschen Hochschullandschaft wurde ein unüberhörbarer Ruf nach neuen Eliten postuliert. So fanden im Rahmen des Bildungsstreiks (15.-17. Juni 2009) diverse Veranstaltungen statt und am 17. Juni 2009 demonstrierten bundesweit insgesamt 240.000 Studierende, Schüler, Auszubildende und andere soziale Gruppen. In Folge dessen wandten sich die Demonstranten gegen »die systematische Zerstörung von Bildung, Ausbildung, sowie Zukunfts- und Aufstiegschancen durch die Profitorientierte herrschende Parteien-Oligarchie« [201]. Auch angesichts einer schwierigen Wirtschaftslage und den anhaltenden politischen Problemlagen, denen nur mit Tatkraft und dem nötigen Überblick begegnet werden kann - scheint die Forderung nach einer neuen Elite gerechtfertigt zu sein. Warum ist das so? Angesichts der Tatsache, dass der Internationale Währungsfonds schätzt, dass sich aufgrund der Krise weltweit die Wirtschaftsleistung um 4,7 Billionen Dollar verringern und der deutsche Staat in den kommenden vier Jahren schätzungsweise 316 Milliarden Euro weniger Steuern einnehmen wird [202], stehen die Eliten mit Recht in der Kritik. Zudem hilft uns diese bei der Beurteilung der Aussage des Publizisten Alfred Müller, der behauptet, dass wir von einer »mittelmäßigen Führungselite« [203] regiert werden die uns zugrunde richtet. Alfred Müller will uns damit verdeutlichen, dass sich die wirtschaftlichen und politischen Entscheidungsträger (Führungseliten) am Erfolg bzw. Misserfolg zu messen haben. Im weiteren Verlauf dieser Abhandlung werden wir die dafür notwendigen Prozesse verdeutlichen. Das globale Finanzdesaster 2008/2009 und die sich damit zu verantwortenden Eliten aus Politik und Wirtschaft, lassen nur folgenden Schluss zu: Möglicherweise sind die Spitzenpositionen unserer Gesellschaft keine Elitepositionen mehr, weil die Leistungsqualifikation bei der Beurteilung zur Erlangung einer Spitzenposition in Politik und Wirtschaft kein alleiniges Zugangskriterium mehr darstellt. Tatsächlich wird der Leistungsnachweis für Spitzenpositionen über Titel hergestellt und die Bildungsabschlüsse dienen einer Objektivierung zukünftiger Eliten. Dadurch wird die Leistungsauswahl institutionalisiert. Der Erwerb eines Bildungsabschlusses in einer Eliteeinrichtung wie z.B. der Ivy League, Grandes écoles, Eton College, der Harvard University oder der University of Oxford bilden das entscheidende Zugangskriterium für einen Zugang in die Spitzenpositionen der Gesellschaft.

Grundsätzlich ist der Zugang zu einer dieser Eliteeinrichtungen möglich und mit adäquaten Leistungsnachweisen (Leistungsqualifikationen) erreichbar. Nicht zu verschweigen ist dabei die Gefahr einer sich bildenden elitären Sozialstruktur sowie die damit einhergehenden Gefahr einer sozialen Ausgrenzung. Dieser potentiellen Gefahr wird nun Rechnung getragen, indem der Gesellschaft vermittelt wird, dass der Begriff Elite negativ konnotiert sei und nicht weiter verwendet werden sollte, denn er sei »zu sehr den konservativen Traditionen der Privilegierung, der Absonderung und der Ausschließung verhaftet.« [204]

Im Grunde sei es daher schlichtweg angebracht von Exzellenzen zu sprechen. So werden nun Nachwuchsförderung und Exzellenz-Konzepte angeboten die sich implizit auf die Förderung von Leistungen beziehen. Hierbei spielt bei der scientific community der Ethik-Kodex eine wesentliche Rolle, denn allein die Leistung der Akteure berechtigt bzw. entscheidet darüber, ob diese sich zu dieser community zählen dürfen oder nicht. Somit ist explizit die Leistung der Maßstab des kommenden Nachwuchses. Letztlich soll uns vermittelt werden, dass bisher nicht die Leistung des Elitenachwuchses im Vordergrund stand, sondern lediglich

Geburt oder Reichtum. Kurz: Der Geburtsstand d.h. eine moderne Form des Erbrechts bestimmter Familien auf die führenden Herrschaftspositionen des Gemeinwesens. Somit beginnt man einen neuen Klassenkampf zu diesem Thema. Ein Blick in die Geschichtsbücher genügt, um festzustellen, dass sich das aufstrebende Bürgertum bereits Ende des 18. Jahrhunderts endgültig gegenüber den adligen Funktionseliten durchsetzen und die Bevorrechtigung qua Geburt in ihre Schranken verwiesen hat. Im weiteren Verlauf hat die bürgerliche Klassengesellschaft des 19. Jahrhunderts, im Zuge der Industrialisierung, an Privilegien eingebüßt und die Leistungsqualifikation verdrängte die Notwendigkeit des Kapitalbesitzes. Leistungsqualifikation hat das Kapital ersetzt und ist zum entscheidenden Produktionsfaktor aufgerückt. Somit haben wir es hier mit einem Thema zu tun, das sich im Laufe der Geschichte immer wieder hervorhebt.

Das Leistungselitenkonzept im begrifflichen Dreieck von Leistung, Erfolg und Anerkennung bildet nun auch das Thema, denn wie wir gesehen haben spielen diese Attribute in der Bewertung von Eliten eine zentrale Rolle. Allerdings können wir dann nicht mehr von Exzellenzen sprechen, denn im Rückgriff auf das Leistungsprinzip findet auch eine Auslese der Besten (= Elite) statt. So findet sich unter den exzellenten Kandidaten eine Bandbreite von wenigen exzellenten bis hin zu Totalversager. Daher sind die Exzellenz-Einrichtungen auch nicht anderes, als Bildungsanstalten zur Rekrutierung von Eliten. Sie bilden den Ausdruck, als auch das Produkt der herrschenden Klasse und dienen zur Reproduktion von Herrschaft. Hinter der Behauptung, dass die klassischen Eliten sich neben ihren Spitzenleistungen im Studium nicht auch im sozialen und politischen Bereich besonders engagiert hätten, steht das Bedürfnis nach Legitimation der eigenen Konzepte. So würde doch erst das Konzept: Elite = Begabung + gesellschaftliche Verantwortung der Nachwuchselite ein neues Gesellschaftsbewusstsein vermitteln. Inwieweit das tatsächlich so zu beurteilen ist, bleibt dahingestellt. Schließlich unterliegen Sozial-normative Auslesekriterien immer einer Ideologisierung und Interpretation der herrschenden Klasse. Faktisch sind die Eliten immer das Abbild der eigenen Sozialstruktur und sind grundsätzlich vom Erfolg abhängig! Somit ist die Kritik an den Inhabern von Spitzenpositionen bzw. der herrschenden Klasse (Elite) immer Ausdruck einer zugrunde liegenden Erfolglosigkeit der Selbigen und Ausdruck einer Unzufriedenheit mit der vorherrschenden Sozialstruktur. Allgemein gesprochen gibt es keine objektiven Auslesekriterien und der Elitebegriff unterliegt immer dem der herrschenden Klassen.

Nach Hans Peter Dreitzel bilden eine Elite »[...] diejenigen Inhaber der Spitzenpositionen in einer Gruppe, Organisation oder Institution, die auf Grund einer sich wesentlich an dem (persönlichen) Leistungswissen orientierenden Auslese in diese Positionen gelangt sind, und die kraft ihrer Positions-Rolle die Macht oder den Einfluss haben, über ihre Gruppenbelange hinaus zur Erhaltung oder Veränderung der Sozialstruktur und der sie tragenden Normen unmittelbar beizutragen oder die auf Grund ihres Prestiges eine Vorbildrolle spielen können, die über ihre Gruppe hinaus das Verhalten anderer normativ mitbestimmt.« [205] Demnach bildet das Leistungswissen das Auslesekriterium für den jeweiligen Bereich, in dem Leistungsqualifizierung zur Elitebildung führt. Generell hält Dreitzel daher jeden Bereich persönlicher Leistung für denkbar. Hans-Peter Dreitzel spricht von Freizeithelden und meint damit etwa Filmstars, Künstler im Allgemeinen aber auch Kulturkritiker. Allerdings betont er in diesem Zusammenhang, dass Leistung »[...] nur dann zum Aufstieg in Elitepositionen [...]«, führt, »(…) wenn sie als solche ‚sichtbar' wird, d.h. ‚bekannt' ist, ‚erkennbar' wird und als ‚bedeutsam' erscheint. [...] Unabdingbare Voraussetzung für erfolgreiche Leistung ist die Fähigkeit der relevanten Bezugsgruppe, die Leistungen zu werten«. Wahrnehmbar ist demnach nicht die Leistung, sondern immer nur die Darstellung von Leistung. Demzufolge existieren Akteure, die die Leistung darzustellen und andere die sie bewerten sowie zuzuschreiben haben [206]. Der Erfolg im Sinne einer öffentlichen Anerkennung der (persönlich) zurechenbaren Leistung steht somit im Zentrum. Erfolg, also die erbrachte Leistung, muss sichtbar gemacht werden und in einer positiven Beziehung zur Wertestruktur der Gesellschaft stehen. Kurz: Die erbrachte und zurechenbare Leistung (=Leistungstüchtigkeit) muss für die Gesellschaft von Interesse und Bedeutung sein. Kann dies einem Individuum gelingen, so gehört es zur Elite. Erfolg ist nach Hans Peter Dreitzel gesellschaftliche Anerkennung für den auch geworben werden muss (=Erfolgstüchtigkeit). Allerdings sollte der Erfolg auch nicht überbewertet werden, denn Dreitzel verweist in diesem Zusammenhang auf die dominante Wirkung des Elternhauses und dessen jeweiligen Potentials von Macht- und Prestige. In diesem Sinne spielt die Familienzugehörigkeit, als »(…) Relikt aus bürgerlich-kapitalistischer oder gar ständischer Gesellschaftsordnung« [207] zur Erreichung von Spitzenpositionen nach wie vor eine bedeutende Komponente. Die Familie und der damit verbundene Erwerb von Macht- und Prestige sind unbestreitbar wichtige Elemente eines nicht zu unterschätzbaren Wettbewerbsvorteils. Durchaus hat Dreitzel Recht, wenn er davon spricht, dass Qualifikation durch persönliche Leistung ein notwendiges, aber noch kein hinreichendes Kriterium der Elitebildung ist. [208] Allerdings ist das vielbeschworene dominierende oder gar verdrängende Relikt einer bürgerlich-kapitalistischen oder gar ständischen Gesellschaftsordnung, bestehend aus Alleinbesitzern von großen Familienunternehmen, Mitgliedern des Hochadels oder den noch verbliebenen Großgrundbesitzer, eine Märe. Unzweifelhaft besteht in einer demokratischen Leistungsgesellschaft für jedes Individuum qua Leistungsqualifikation die Möglichkeit in Spitzenpositionen zu gelangen.

Zugang zur Elite qua Leistung anstatt qua Herkunft

Über die Rekrutierung der deutschen Eliten hatte bereits Ralf Dahrendorf daraufhin gewiesen, dass sich die deutschen Eliten »[...] zum größeren Teil selbst aus einer schmalen Oberschicht und zum geringeren Teil aus den Kadern der nichtakademischen Beamtenschaft rekrutieren, während der Sohn eines Industriearbeiters, aber auch des selbständigen Handwerkers und kleinen Geschäftsmannes wenig Aussicht hat, bis an die Spitze der deutschen Gesellschaft vorzudringen« [209]. Selbstverständlich darf sich in einer demokratischen Leistungsgesellschaft die Oberschicht nicht abschotten und diverse Spitzenpositionen für sich beanspruchen. Führe eine solche Entwicklung doch dazu, dass sich die Sozialstrukturen verhärten und der Aufstieg und Austausch in Spitzenpositionen somit verhindert wäre. Daher ist es bedenklich, wenn der Kriterienkatalog, den Hochschullehrer in den Interviews für die Förderungswürdigkeit potentiellen wissenschaftlichen Nachwuchses bereitstellen, kaum Hinweise auf Leistung enthalten, denn diese werden schlichtweg vorausgesetzt. Es bilden sich, neben der vorausgesetzten Qualifikation, Indikatoren wie z.B. Ausdauer, Belastbarkeit, Einsatzwilligkeit heraus [210]. Somit gelangen wir wieder zu jenem Punkt, in dem die Leistung über Titel hergestellt wird bzw. Abschlüsse zur Form der Objektivierung dienen. Tatsächlich bilden Titel und höhere Bildungsabschlüsse nur noch die »Eintrittskarte« in die Vorhallen der Personalbüros diverser Großunternehmen. Der Gefahr einer Bildungsinflation sowie einer größer werdenden Anzahl von Abschlüssen begegnet man mit einem gezielten Abfragen von Soft Skills oder Schlüsselqualifikationen. Vilfredo Pareto (1848-1923) beschrieb dagegen in dem von ihm postulierten »Kreislauf der Eliten« einen ewig währenden Auf- und Abstieg der zwei Gruppen: »die Elite und den Rest der Bevölkerung« [211]. Seinen wissenschaftlichen Diskurs beginnt Pareto mit zwei »Tatsachen«. Erstens handle es sich bei der menschlichen Gesellschaft nicht um eine homogene Gruppe. Vielmehr unterscheiden sich diese in physischer, moralischer und intellektueller Hinsicht. Zweitens seien in den zivilisierten Nationen die vorherrschenden Klassengesellschaften ebenso wenig homogen und geschlossen. Im Grunde fänden auch zwischen ihnen ein Austausch und damit ein »intensiver Kreislauf« statt. Inwieweit man dieses Menschenbild kritisch zu hinterfragen hat; bleibt dahin gestellt. Schließlich ist Pareto ein Kind seiner Zeit und diese wurde geprägt vom Gedanken des Nationalismus (Déroulède, Barrés, Hasse), Rassismus (Gobineau, Knox, Lapouge) und dem Aufstieg des Sozialismus (Marx, Lenin). Selbstverständlich könnte der Leser unter der »quantitativen« Gewichtung des Menschen geneigt sein, von einem latenten Rassismus auszugehen und sein positives Menschenbild zerstört wissen. Schließlich führten Gedanken »Über den Ursprung der Ungleichheit unter den Menschen« von Jean-Jacques Rousseau zu scharfen Ansichten wie sie Ernst Haeckel (1834-1919) und Francis Galton (1822-1911) vertraten. So vertrat Ernst Haeckel, dass der Kampf ums Dasein auch im sozialen Bereich existierte und für Francis Galton galt es, dass der Staat die Aufgabe hatte, eine Art Zensussystem für Ehetauglichkeit einzuführen. Galton wurde so zum Begründer der Eugenik. [212]

Bei derartig sozialdarwinistischen Assoziationen ist es verständlich, wenn sich der Leser gegenüber dem Elite-Begriff distanziert zeigt. Grundsätzlich sind solche Assoziationen von Pareto nicht beabsichtigt und sollen hier auch weiter keine Rolle spielen. Eine Rolle spielt vielmehr, dass durch die analytische Methode, also der quantitativen Zuordnung von Messzahlen in die Tätigkeit der Menschen, ein System entsteht, womit die Herausarbeitung einer Klasse ermöglicht wird. Dieser Klasse gibt er den Name: Elite und bildet somit jenen Begriff heraus, unter den wir heute die Klasse der Leistungselite verstehen. Ebenso teilt er die Bevölkerung in eine zweigeteilte Elite und in die große Masse, die »niedere, elitefremde«. Die Elite selbst teilt er in eine regierende und nicht-regierende Schicht. Die Leistungselite macht den Menschen zur selbigen aufgrund gewisser »Ausnahme-Eigenschaften«.

Grundsätzlich gibt es daran nichts zu kritisieren; denn die Tatsache, dass es Menschen gibt, die außergewöhnlich waren und sind – bleibt unbestritten. Unbestritten bleibt allerdings nicht – und dies beschäftigte auch Pareto – die Tatsache eines potentiellen Etikettenschwindels durch eine staatlich-geprüfte Ausnahme-Eigenschaft. Der Besitzer dieser staatlich-geprüften Ausnahme-Eigenschaft ist somit in der Lage in den unterschiedlichsten Funktionen des Staates unterzukommen. Sei es nun bei der regierenden Elite oder dem Rest; also der nicht-regierenden. Personen derartiger Couleur sind und waren quasi Blender. Pareto ging ebenso sehr davon aus wie wir heutzutage. Ebenso ging er davon aus, dass sich diese Personen mit den übrigen Bevölkerungsschichten vermischen. Es findet also eine Vermischung der Bevölkerungsschichten statt und dieses Phänomen nennt er wie einleitend erwähnt den Kreislauf der Eliten. Allerdings unternimmt Pareto genau in diesem Teil seiner Theorie den geistigen Schritt von einem partiell funktionalistischen Ansatz hin zum klassischen dichotomischen Modell [213]. Nunmehr stehen sich seiner Meinung nach zwei Schichten gegenüber: die Obere (die Herrschende) und niedere (Beherrschte). Dieser Sprung ist freilich schwer nachzuvollziehen und Pareto begründet diese Vorgehensweise in §2046 (Pareto 1916/1955:225). Darin formuliert er die praktische Notwendigkeit seiner theoretischen Vorgehensweise. Dieser etwas holprige Schritt versetzt uns in eine schwierige Lage und erschwert uns das Verhältnis zwischen der Elite und der Masse logisch nachzuvollziehen. So spielt die Masse selbst keine Rolle mehr. Vielmehr ist es die Elite, die sich derer bedient und gemäß ihrer Vorstellung diese auch beherrscht. Der Kampf um die Führung wird innerhalb der Eliten vollzogen und beruht auf der Fähigkeit Gewalt anzuwenden. Zweifellos ist dieser Kampf nicht im Sinne eines biologischen, sozialdarwinistischen Ansatzes zu verstehen. Es findet im übertragenden Sinne keine Auslese – sondern ein langsam fortschreitender Austausch der Kräfte statt. Hierbei bedienen sich die Akteure ihrer ureigensten Fähigkeiten. Die Mittel derer sich die Akteure bedienen und ihr Verhältnis zur Gewalt, als das Mittel zum Zweck, bestimmen nach Pareto jene zentralen Kategorien die er als Residuen und Derivationen bezeichneten. In diesen zwei Kategorien finden wir nun die zentrale Bedeutung des bisher betrachteten! Residuen, also die unveränderlichen Grundinstinkte des Menschen und deren Interpretationen (Prinzipien und Theorien), die Derivate, unterscheiden den Träger der Herrschaft gegenüber dem potentiellen Usurpator! Wesentliche Stellung innerhalb der Residuen nehmen hierbei der Instinkt der Kombinationen (Klasse I) und die Persistenz der Aggregate (Klasse II) ein [214]. Das Verhältnis zwischen dem Instinkt der Kombinationen und der Persistenz der Aggregate veranlasst dem Herrscher die Stellung eines Fuchs oder Löwen einzunehmen. Gemäß der machiavellistischen Denkweise sollte der Herrscher gut darauf bedacht sein, die Natur des Tieres anzunehmen. Es bildet sich auch hier wieder latent der bereits erwähnte Kampf ums Dasein heraus. Allerdings ist dies nur eine nüchterne Betrachtungsweise der Realität. Zweifelsohne ist Politik ein Kampf um Einfluss, Macht und Herrschaft. Weder moralische oder ethische Prinzipien spielen sich hierbei in den Vordergrund. Vielmehr spielt der Einsatz von Betrug und List auf der einen Seite und das Bewusstsein für die Tat und der Glaubenskraft auf der anderen Seite eine Rolle. Sie sind also die zentralen Elemente dieses deprimierenden Kreislaufes. Nur der ständige Austausch bzw. die Fähigkeit der politischen Akteure sich entweder gegenseitig zu beseitigen oder miteinander zu verbinden erhält/fördert den

Kreislauf. Analog zu den Naturprinzipien oder dem Entwicklungszyklus der Religionen besteht auch hier ein Werden und Vergehen. Die Gesellschaft gleicht also einem organischen Wesen und so hat auch kein anderer als Adolf Hitler diese Tatsache für sich in Anspruch genommen, als er in der Aussprache des Reichstages über das Ermächtigungsgesetz gegenüber Otto Wels erwiderte: »Sie sind wehleidig, meine Herren, und nicht für die heutige Zeit bestimmt, wenn Sie jetzt schon von Verfolgung sprechen. Verwechseln Sie uns nicht mit einer bürgerlichen Welt, was im Völkerleben morsch, alt und zerbrechlich wird, das vergeht und kommt nicht wieder. Auch Ihre Stunde hat geschlagen« [215]. Betrachten wir also in Adolf Hitler den Prototypen eines Polit-Löwen, der nicht davor zurückschreckte Gewalt anzuwenden, um die herrschende Klasse zu beseitigen; so erkennen wir die potenzielle Gefahr, die für die herrschende Klasse verknüpft ist. Demzufolge waren die politischen Führer der gemäßigten Konservativen, bürgerlichen Mittelparteien und Sozialdemokraten der Weimarer Republik nicht mehr in der Lage, unter Einsatz ihrer Kräfte, Adolf Hitler zu beherrschen. Indem Adolf Hitler offen auf Konflikt und Gewaltanwendung setzte, sowie offensichtlich einem Sendungsbewusstsein folgte, war er in der Lage den Fluss zur Überschwemmung zu bringen. Die Konsequenz: eine Machtbehauptung ist ab einem bestimmten Punkt nicht mehr möglich und so folgt eine neue Generation der Eliten!

Als nächstes wenden wir uns nun der Frage nach der Leistungsbewertung als auch der Zurechenbarkeit von Leistung zu. Schließlich handelt es sich in diesem Fall um kein unbedeutendes Kriterium. Die Leistungsbewertung und die damit verbundene Leistungsvergütung führen in der Politik zu besonders lebhaften Auseinandersetzungen. Ist etwa die Leistung einer Krankenschwester geringer zu bewerten (Entlohnung) als die eines Fußballers oder Spitzenmanagers? Hierbei wäre eine

Gewinnbeteiligung von Unternehmen an Mitarbeitern durchaus überlegenswert. Überhaupt müssen wir uns die Frage stellen, inwieweit ist der hochgelobte neue Manager X tatsächlich am Erfolg und Misserfolg der Firma Y beteiligt. Je intensiver man sich mit der Beziehung zwischen Leistung, Leistungsbewertung und Leistungszuordnung beschäftigt, desto mehr Fragen tauchen auf. Entscheidend für die Entlohnung sollte die Tatsache sein, dass die körperliche und geistige Arbeit für die Gesellschaft (für den Auftraggeber) irgendwie von Bedeutung/Nutzen sein sollte und sich daraus ein angemessenes Entgelt für die Arbeitsleistung ergeben muss. Inwieweit wir eine bestimmte Gegenleistung (Bezahlung) als unangemessen/ungerecht empfinden, dürfen wir nicht egoistisch beurteilen. In diesem Sinne ist der Tarifvertrag, also der Vertrag zwischen einer Gewerkschaft (oder staatlichen Anstalt) und einem Arbeitgeber (Arbeitgeberverband) zur Regelung der beiderseitigen Rechten und Pflichten förderlich und wünschenswert.

Kurz: Hinsichtlich der gemachten Überlegungen komme ich zum Schluss, dass der Bologna-Prozess dazu führte, dass der Gesellschaft die Tragweite allgemeiner politischer Entscheidungen wieder bewusst wurde. Ebenso traten die desaströsen Auswüchse wirtschaftlicher Entscheidungen führender Spitzenmanager zu Tage. Demzufolge mussten wir uns mit den Begrifflichkeiten: Elite und Exzellenzen auseinandersetzen. Ausgangspunkt war die Annahme einer demokratischen Leistungsgesellschaft. Also einer Gesellschaft, die sich ausschließlich auf das Leistungsprinzip stützt. In einer solchen Gesellschaft bildet das Leistungswissen das Auslesekriterium für den jeweiligen Bereich, in dem Leistungsqualifizierung zur Elitebildung führt. Im Verlauf der Abhandlung kamen wir zur Erkenntnis, dass nicht die Leistung an sich wahrnehmbar ist, sondern immer nur die Darstellung von Leistung (z.B. handwerkliche Kunst). Folglich führte uns dies zur

Begrifflichkeit des Erfolgs. Erfolg ist gesellschaftliche Anerkennung. Nur wenn es einem Individuum gelingt, eine für die Gesellschaft bedeutsame persönliche Leistung in der Öffentlichkeit darzustellen und sich anerkennen zu lassen, dann und nur dann, hat man Erfolg. In diesem Sinne sind die Begrifflichkeiten von Leistung, Erfolg und Anerkennung nicht voneinander zu trennen. Vielmehr bedingen sie sich und bilden tatsächlich eine Einheit.

13. Unbequeme Wahrheit

Das letzte dieser Irrtümer äußert sich in der Anbiederung an den Zeitgeist. Diese ist das Resultat falscher Freiheitsversprechungen und in ihrer Natur identisch mit dem Charakter des Menschen selbst. In der Theorie des postulierten Freiheitsideals wurde nämlich das innerste Wesen des Menschen ignoriert und man ging davon aus, dass die Freiheit und Gleichheit – also die Grundnormen der Aufklärung - auf das Handeln des Menschen übertragbar seien. Innerstaatlicher Wandel (Reformen) sollten dabei im 19. Jahrhundert behilflich sein, die bestehenden Ordnungen zu revolutionieren, um den freien Bürger zu etablieren. Dazu diente die Redefreiheit der freien Bürger, denn durch sie gelangten die Ideen und Postulate der »libres-penseurs«, »liberi pensatori«, »Freidenker« und braven Fürsprecher der modernen Ideen [216] in den Ereignishorizont der Menschenmassen. Der Verstand galt für diese Freidenker als das non plus ultra und die Vernunft würde den Bürger leiten (= Intellekt). Im irrigen Glauben an die Einzigkeit des menschlichen Intellekts (Averroismus) verkannte man die Natur des Menschen. Die Vorstellung bzw. was die Natur des Menschen – also das innerste Wesen - sein könnte, dürfen wir uns durch zweierlei Linien erklären. In erster Linie lehrt uns die Kirche, dass der Mensch sowohl ein körperliches als auch ein geistiges Wesen (Seele) ist. Körper und Geist bilden somit eine Einheit, eine einzige Natur – die menschliche Person. [217] Die menschliche Person ist demnach ein körperliches und zugleich geistiges Wesen (Seele). Ersetzen wir nun, gemäß dem Averroismus, die Seele durch den reinen Intellekt, dann beseitigen wir nicht die scheinbare Unvollkommenheit der Seele, sondern ersetzen diese nur durch die »Unvollkommenheit des Intellekts«. Diese Schwachheit erkannten unsere modernen Ideengeber und übten gezielt Einfluss auf den Willen der

Menschen. Schließlich bildet der Wille die Grundlage unseres Bewußtseins und gibt ihm Einheit und alle Vorstellungen. Er ist es, »der wahre, der letzte Einheitspunkt des Bewusstseins und das Band aller Funktionen und Akte desselben: er gehört aber nicht selbst zum Intellekt, sondern ist nur dessen Wurzel, Ursprung und Beherrscher«. [218]
Um überhaupt diesen Zusammenhang und damit die zweite Linie zu verstehen, bedarf es einer kurzen und prägnanten Darstellung. Arthur Schopenhauer erklärte die Theorie über unser Bewußtsein mit einem »Wasser von einiger Tiefe«. Dazu bemerkte er: »[...] so sind die deutlich bewussten Gedanken bloß die Oberfläche: die Masse hingegen ist das Undeutliche, die Gefühle, die Nachempfindung der Anschauungen und des Erfahrenden überhaupt, versetzt mit der eigenen Stimmung unsers Willens, welcher der Kern unseres Wesens ist. Diese Masse des ganzen Bewusstseins ist nun mehr oder weniger nach Maßgabe der intellektuellen Lebendigkeit in steter Bewegung, und was infolge dieser auf die Oberfläche steigt, sind die klaren Bilder der Phantasie oder die deutlichen, bewußten, in Wörter ausgedrückten Gedanken und die Beschlüsse des Willens«.[219]

Folgen wir dieser Theorie, dann erkennen wir die Eindimensionalität unsers Denkens und damit den wesentlichen Teil unseres unvollkommenen Intellekts. So denken wir nicht dreidimensional wie es unsere Anschauung versinnbildlicht. Vielmehr vollzieht sich unser Denken eindimensional und damit erkennen wir Zusammenhänge nur sukzessive und können uns nur eines zur selben Zeit bewußt werden. [220]
Dies bedeutet, dass unser Denken nicht Multitasking fähig ist, d.h. wir können nicht mehrere Aufgaben gleichzeitig ausführen. Dies ist ein Irrtum unserer Internetgeneration und hat sich landläufig im Denken unserer Jugend ausgebreitet. Es ist daher nicht ohne Spuren geblieben, dass sich unser Gedankenlauf oft fragmentarisch zusammenfügt. Unzweifelhaft sind unser

Gedächtnis und unsere Rückerinnerungen lückenhaft und dadurch werden wir unbewußt manipulierbar. Die Veränderungen unseres Denkmusters durch das Internet habe ich im Kapitel IV. versucht zu beschreiben. Folgerichtig konnten wir dort feststellen, dass sich unser Denken und unsere Kommunikation durch die intensive Nutzung des Internets verändern. Es ändert sich nicht nur unser Denken und unsere Kommunikation, sondern unser ganzes Bewußtsein. Langfristig werden wir ein Teil des Netzes und verlieren uns im fortschreitenden Zeitalter der computervermittelten (Gemeinschafts-) Kommunikation. Einzig unser Wille könnte sich dieser Veränderung entziehen und dem manipulativen Charakter des multimedialen Kollektivs entgegenwirken. In Erkenntnis dessen, dass der Wille die Wurzel unseres Bewußtseins ist, zog man gegen ihn in den Krieg. Dieser Krieg ist nicht beendet und vollzieht sich auf unterschiedlichen Ebenen und in verschiedenen Epochen. Unmissverständlich müssen wir uns vergegenwärtigen, dass sich die Methoden dieser Kriegsführung unterscheiden. Sie sind sowohl manipulativ als auch subtil. In Zeiten der Wohlfühl-Musik und psychologischer Massenbeeinflussung durch die Werbeindustrie ist dies nicht immer nachvollziehbar. Vielleicht werden Ihnen jetzt die Worte des französischen Jesuitenpater Augustin Barruel verständlich, die ich im II. Kapitel zitierte. Augustin Barruel erkannte das Wirken der Sophisten, Freidenker, Freimaurer und modernen Philosophen. Er wusste, dass sobald der Jakobinismus siegte, die Pläne und Schwüre dieser Sekte in Erfüllung gehen. Ebenso wusste er, dass es um unsere Religion, unsere Regierungsform, unsere Gesetze, unser Eigentum, gar um unsere Hütten und Kinder geschehen ist. Wie gesagt, die Französische Revolution von 1789 endete nicht am 24. Dezember 1799 mit der Inkrafttretung der Konsulatsverfassung. Vielmehr wurden die Prinzipien der Freiheit und Gleichheit in allen (westlichen) Gesellschaften und kommenden Generationen verwirklicht. Deutlich beschrieb dies der Medienwissenschaftler Norbert Bolz:

»Die Forderung nach Freiheit wurde im Liberalismus des 19. Jahrhunderts erfüllt; die Forderung nach Gleichheit erfüllte der Sozialstaat des 20. Jahrhunderts; und die Idee der Brüderlichkeit wird der sorgende Kapitalismus des 21. Jahrhunderts verwirklichen.« [221]. Nein, nicht davon sprechen, denn das Leuchtfeuer der Freiheit wurde uns von der Göttin Libertas als Geschenk überreicht. Dankbar haben wir es entgegengenommen und die Freiheit bildet für uns die letzte Wahrheit. Die gesellschaftliche Auseinandersetzung über dessen Wesen war die zentrale Triebkraft der bürgerlichen Revolutionen im 19. Jahrhundert. Nicht weniger formulierte der Politikwissenschaftler und Staatstheoretiker Franz Neumann 1940, in Bezug auf die Bedeutung der bürgerlichen Freiheits- und Menschenrechte, dass die »Wahrheit einer Lehre [...]« sich in ihrer Kraft gründet. Sie, die bürgerlichen Freiheits- und Menschenrechte, verkörpern »die vollständige Entfaltung aller menschlichen Möglichkeiten [...]«. [222]

Die Bedeutung dieser Ausführungen liegt in der Ansicht über die Natur des Rechts. Das Naturrecht, welches das juristische und politische Denken seit dem siebzehnten Jahrhundert bestimmte, stand im Gegensatz zum staatlich gesetzten positiven Recht. Das Naturrecht – in Verbindung zur Theologie – sah vor, dass das Naturrecht in der göttlichen Ordnung oder im Wesen des Menschen, besonders in seiner Vernunft begründet lag. Dieser Grundgedanke bzw. die Grundgedanken des Naturrechts fanden bereits im Altertum Gefallen und namhafte Vertreter waren u.a. Heraklit oder Aristoteles. Augustinus und Thomas von Aquin sahen ihrerseits im Naturrecht das von Gott der menschlichen Vernunft vorgegebene Gesetz. Insbesondere die Aufklärung löste das Naturrecht aus der Verbindung zur Theologie und entwickelte es zum rationalen System. Namhafte Denker waren hierbei u.a. Hugo Grotius (Begründer des modernen Völkerrechts), Baruch de Spinoza (entwickelte 1662 in seinem Werk Ethik einen

Pantheismus), Samuel Freiherr v. Pufendorf (Naturrechtslehrer und Kritiker der Verfassung des Heiligen Römischen Reiches), Immanuel Kant (Begründer der Transzendentalphilosophie) oder eben Rousseau. Jean-Jacques Rousseau formulierte besonders eindringlich den Begriff des Rechts und begrenzte die Souveränität der Gemeinschaft durch die Institutionalisierung des Rechtsbegriffs. Rousseau formuliert dies in seinem Gesellschaftsvertrag wie folgt:

»Unter der Behauptung, dass der Gegenstand der Gesetze immer allgemein ist, verstehe ich, dass das Gesetz die Untertanen als Gesamtheit und die Handlungen als abstrakte betrachtet, nie jedoch einen Menschen als Individuum oder eine Einzelhandlung. So kann das Gesetz wohl bestimmen, dass es Vorrechte geben wird, aber es kann niemanden namentlich welche einräumen; das Gesetz kann verschiedene Klassen von Bürgern schaffen und selbst die Eigenschaften festlegen, die das Recht auf diese Klassen geben, aber es kann nicht diesen oder jenen zur Aufnahme benennen; es kann eine königliche Regierung und eine Erbfolge festlegen, aber es kann weder einen König wählen noch eine königliche Familie benennen; mit einem Wort, jede Amtshandlung, die sich auf einen individuellen Gegenstand bezieht, gehört nicht zur gesetzgebenden Gewalt.« [223]

Kurz: Inhalt und Form des Rechts (das Gesetz) müssen: Erstens allgemein gültig, Zweitens abstrakt und auf alle Personen und Fälle anwendbar sowie Drittens bestimmbar sein. Freiheit ist nichts anderes als die Bindung an ein Recht. Recht wird ein Gesetz unter einer regelnden und ordnenden Herrschaft. Recht ist demnach immer der Ausdruck einer gewählten Akzeptanz verallgemeinernder Rechte (Gesetze). Recht ist, was nach der Verfassung beschlossenes Gesetz ist (Rechtspositivismus).

Dies geschieht in der Erziehung, der Entstehung der Leidenschaften, der Ordnung und der Herrschaft eines Individuums oder einer Minderheitsgruppe. Der Mensch wird zum Versuchsobjekt des Rechts, denn das Recht bzw. die Gesetze

sind nicht konservativ. Sie können nicht konservativ sein, weil sich die Gesellschaft selbst verändert. Sie verändert sich in dem Maße, wie sich die Gesetze selbst verändern. Diesen Zustand der Veränderung nenne ich den *Zeitgeist* und seine Akteure, die ihn beeinflussen, sind all die braven Fürsprecher aufgeklärter Ideen.
Folglich führen die ständigen Veränderungen der Gesetze (Reformen) zu einer Veränderung unseres Bewußtseins und der damit notwendigen Schwächung unseres Willens, denn dieser beugt sich immer dem vorhandenen *Recht des Stärkeren*. Jedoch reicht dies noch nicht vollständig aus, um die Schwächung des Willens ganz zu erfüllen. Er kann weder durch Gesetze, noch durch die Gesellschaft selbst verändert werden, denn »von ihm ist im Grunde die Rede, sooft ‚Ich' in einem Urteil vorkommt«.[224] Es ist daher notwendig, dass noch ein weiterer Aspekt hinzukommt. Dieser Aspekt sind Normen bzw. die allgemeingültige Form der Ethik. Die Ethik, der Normenkomplex sittlicher Größe (Moral), ist das Instrument aufgeklärter Philosophen, die darüber entscheiden, was richtig und was falsch ist. Sie ist es, was das Bewusstsein des Menschen prägt und ihn innerhalb einer Sozialstruktur zusammenhält. So resultiert aus der *Kraft der Ethik* die Forderung an das *Ich,* sich an das allgemeingültige Recht bzw. der Gesetze anzupassen, um nicht aus der Gesellschaft ausgestoßen zu werden. Dieses philosophische Wissen vom Sittlichen ist definierbar und wandelbar. Damit bildet sie neben der Kirchenlehre, die sich durch unwandelbare Dogmen auszeichnet, ein wandelbares Instrument der »fortschreitenden Welle des wechselnden ethischen Zeitgeistes« [225]. In diesem Sinne ist heutzutage die Ethik der Faden, die das *Ich* und damit das Bewußtsein des Menschen in ein Netz von Gesetzen einschließt, um somit die Gesellschaft – als Summe der Individuen – an sich zu binden.
Im Bekenntnis zur Freiheit der Kunst hat der Zeitgeist hier einen weiteren Schlüssel für die Manipulation unseres Bewusstseins. Es ist nun mal so, dass sich mittlerweile Affen am kommerziellen

Handel von Kunst beteiligen. Ja, Affen - erinnern möchte ich an die Kunst des Schimpansen Congo, dessen *Affen-Art* im Londoner *Bonhams* versteigert wurde.
Der Schimpanse wurde im Jahr 1954 geboren und verstarb 1964 im Alter von zehn Jahren an Tuberkulose. Er malte im Alter von zwei bis vier Jahren unter der Leitung von Desmond Morris 400 Bilder und Zeichnungen. Im Juni 2005 wurden im Londoner Auktionshaus Bonham drei Gemälde von Congo für mehr als 14.400 Pfund ersteigert. Zwischen Cocktails und sinnlosen Diskussionen wird ein Ideal geschaffen, das keine Widerstände mehr kennt. Demzufolge müssen wir erkennen, dass auch das Bekenntnis gegenüber der modernen Kunst zur Bewußtseinsveränderung beiträgt. Wollen wir Joachim Fernau hier zu Wort kommen lassen, der sehr plastisch die bedauernswerten Zustände in unseren modernen Museen mit folgenden Worten beschrieb:
»[...] Sie treiben Schindluder. Sie setzen einen Mülleimer auf Räder und nennen es ‚Huldigung an Apoll', sie spritzen mit einer Pistole Farbe auf die Leinwand und hängen sie in die Museen, sie nageln einen Holzspan an die Wand und schreiben ‚Selbstbildnis' darunter. [...] Vergessen Sie es nicht: Das ist das einst unglaubliche Märchen von des Kaisers Kleidern! Es ist Wirklichkeit geworden; die Wirklichkeit von Gehirnen, die unheilbar krank sind. Sie sind Bravos geworden, hassenswerte Bravos; sie kennen nichts mehr, keine Sehnsucht, keine Liebe. [...] Sie nennen sich abgenabelt, ohne bei dem Wort zu erschrecken. Sie kennen nicht einmal Wehmut, jene Empfindung, die so kostbar zusammengesetzt ist aus Freude, Trauer, Resignation und unverlierbarer Erinnerung [...]«. [226]
Die liberalistische Weltanschauung hat den modernen Künstler befreit. Er bedient sich ihrer in einer derart expansiven Weise, so dass für ihn das Verhältnis zwischen Kunst und Moral verschwindet. Befreit hat er sich aller Normen und hemmungslos gibt er sich (öffentlich finanziert) den Wallungen des

Miserabilismus hin. Ist es doch so, dass sich jeder aus Angst vor Kritik zurückhält. Müssen wir nicht vielmehr den Worten unserer Ahnen glauben schenken, die uns ermahnten, dass wir dem Teufel zu widerstehen haben; denn nur dann wird er vor uns fliehen? (Jakobusbrief 4,7). Wir müssen erkennen, dass die Freiheit relativ geworden ist und sie vertritt Prinzipien, die ihrem eigentlichen Charakter völlig fremd geworden ist. Freiheit vertritt nicht mehr ein klares Ja oder ein klares Nein. Wankelmütig tritt sie uns entgegen, getragen von scheinbar Gerechten und emporgehoben auf ein Potest der Gleichheit und Brüderlichkeit. Das Leuchtfeuer der Freiheit ist nichts weiter als moralische Anarchie. Daher wäre es auch von dieser Seite her völlig unsinnig, wenn sie nicht heftig protestieren würden, denn hier findet ein ewiger Kampf statt. Nämlich der Kampf zwischen Moral und Unmoral. Selbstverständlich wird jeder als Spießer festgenagelt der es wagt, sich zur Seite der Moral zu bekennen. Willenlos und feige verzichten wir lieber auf allen Widerstand und fügen uns. Sicherlich, wir bekommen förmlich Angst um unseren Arbeitsplatz und unsere Familie, wenn wir den Freiheitsbegriff einiger dieser Herren in Frage stellen. Wir fürchten uns vor diesen Herren und fühlen uns betroffen, wenn wir dagegen opponieren. Das ist keine Klage, sondern die Lage. Aber wenn wir nicht wollen, dass diese Lage zur Klage wird, müssen wir ehrbar sein und darauf vertrauen, dass ein Mensch uns nichts antun kann (Ps. 118,6).

So hat die Wirklichkeit des Bösen es geschafft, in nur wenigen Jahrzehnten das Bindeglied unserer Gesellschaft zu zerstören: die Familie und die Einheit der Kirche. Bereitwillig überläßt sich die Gesellschaft Regierungen, die niemals ich bejahe noch ich verneine sagt und stattdessen zu allem sagt: ich habe Vorbehalte. Das oberste Prinzip besteht demnach darin, durch das Mittel der Diskussion, alle Begriffe zu verdrehen und den Zuhörer zu verwirren. Gezielt wird uns das Für und Wider von allem eingeredet, damit wir das Wissen darüber verlieren, an wen wir uns zu halten haben. Vorstellungen von Wahrheit und Irrtum, das Unrechte und das Rechte, dass die Schande und die Ehrsamkeit Gegensätze sind, werden verworfen. Alles wird unter verschiedenen Gesichtspunkten betrachtet und die fortwährenden Diskussionen zersetzen den Sinn für die Wahrheit. Der Mensch wurde für die Tat geboren, und die fortwährenden Diskussionen widersprechen der menschlichen Natur, weil sie die Feindin der Tat ist. Der Mensch wird genormt. Das Individuum unterliegt dem Kollektiv in einer Häßlichkeit, die es bisher noch nie gab. Nicht die Umstände zwingen den Menschen dazu. Der Mensch schafft sich seine unmenschlichen Umstände selbst. Daraus resultiert die natürliche Abgrenzung gegen die dreifache Symbiose liberalen Denkens, die sich aus der Aufklärung herausgebildet hat. Wir müssen uns daher für eine Seite bekennen, um das verworrene Labyrinth zu durchbrechen. Wohl bin ich der Meinung, dass wir uns nur dem einheitlichen Bekenntnis zur traditionellen Familie, den konservativen Werten hinwenden müssen [227].

Kurz: Nichts ist gefährlicher als eine Idee die vom Volke getragen wird, geschweige denn eine Nationale. Es gilt daher nicht mit den Wölfen zu jaulen, sondern sich der moralischen Gleichgültigkeit in den Weg zu stellen; denn die ethische Qualität eines Wertes hängt von seiner Verwirklichung ab. Demzufolge gilt es auch hier zwischen revolutionären Wollen und staatsmännischer Kunst zu unterscheiden. König Wilhelm I. von Preußen schrieb 1860 an den König von Sachsen, dass National-Einigendes sich regen dürfe, sobald allerdings in derartigen nationalen Regungen der Wille des Volkes zu verspüren war, mahnte der König. Er mahnte, weil man immer »das Nationale von dem Revolutionären klar zu unterscheiden« habe. [228]

V. Paradigmawechsel

Notwendig ist es König Wilhelm I. erneut zu Wort kommen zu lassen, denn wie kein anderer deutscher Kaiser und letzter König von Preußen verkörperte er die Sehnsucht zum Vaterland der Deutschen. Als Monarch der deutschen Einheit hatte er schon 1847, also kurz vor der deutschen Revolution erkannt, dass es nur darauf ankomme zur rechten Zeit Institutionen des Fortschritts zu schaffen, um den Zeitbedürfnissen Raum zu geben, denn: »Fortleugnen kann kein Mensch auf Erden die Zeitbedürfnisse, sie ignorieren wollen, heißt blind sein wollen; die Aufgabe ist also, ihnen einen Abfluß in einem gesicherten Bett zu geben. Darin liegt die ganze Staatskunst: das Nötigste erkennen und anwenden«. [229]

14. Erkenntnis des Nötigsten und dessen Anwendung

In dem, was wir zu erkennen glauben, haben wir eine Anzahl von Irrtümern (Folgen) erkannt, die sich aus dem Liberalen Prinzip (Vorbedingung) herauskristallisierten. Wir nannten den ersten Irrtum: das liberale Irrtum in der Gestaltung der Familie. Den zweiten dieser Irrtümer erkannten wir im kulturellen Umbruch unserer Kommunikation, also der Entfremdung des Individuums durch den permanenten Einfluss des Massenmediums Internet. Den dritten Irrtum mussten wir im Umgang mit dem Rollensverständis der Eliten erkennen. Eine besondere Rolle kommt dabei dem letzten dieser Irrtümer zu: Dieses äußerte sich in der Manipulation unseres Willens und in der damit verbundenen Anbiederung an den Zeitgeist. Zweifellos lässt sich damit die Aussage des Präsidenten der Evangelischen Kirche in Hessen und Nassau erklären, als er davon sprach, dass einzelne inhaltliche Betrachtungen der Bibel wandelbar und unzeitgemäß seien. [230]

Berücksichtigen wir nun das bereits Gesagte, dann können wir entsprechend handeln; denn sonst »ist jemand nur Hörer des Wortes und nicht Vollbringer, der gleicht einem Mann, der das ihm angeborene Antlitz im Spiegel betrachtet; er betrachtete sich nämlich, ging von dannen und vergaß, wie er aussah.« (Jakobusbrief 1,23-25). Die Frage ist also: Was können wir tun? Grundsätzlich müssen wir immer die Lage erkennen, um sie anschließend verstehen zu lernen. Haben wir sie erst einmal verstanden, können wir auf dieser Basis dem falsch verstandenen Glauben an die Gleichheit entgegentreten. Einen Aspekt dürfen wird dabei allerdings nicht vergessen. In der Welt der Konsumwirtschaft, wie sie sich allemal darstellt, müssen wir erkennen dass dessen Begrifflichkeiten Markt und Produkte universell sind. Es ist daher nicht verwunderlich, dass sich dessen

Konzepten und Ideen auch auf unsere politischen Parteien ausgeweitet haben. Genannt sei hier das *Hotellings Gesetz*, also einem mikroökonomischen Theorem, das unter marktwirtschaftlichen Gesichtspunkten geeignete Standortstrategien für Unternehmen analysiert. Die demokratische Parteienlandschaft hat sich auf dieses Konzept eingeschworen und ist nicht mehr bereit, von diesem abzuweichen. Es ist daher völlig zwecklos und weltfremd, diese Entwicklung umzukehren. Daher steht es außer Frage, dass wir uns auf ein gemeinschaftliches Weltbild zu einigen haben, dass der Qualität unserer Werte entspricht. Daher bedarf es eines einfachen zugänglichen Systems. Hierbei können wir uns getrost derer bedienen, die bereits im 19. Jahrhundert den gesellschaftspolitischen Abgrund des sittlichen Verfalls erkannten. Hierbei nehme ich die Gedanken des spanischen Diplomaten Donoso Juan Cortés erneut auf: Donoso Juan Cortés skizzierte, wie ich zu Beginn dieser Schrift andeutete, in seinen philosophischen Schriften bzw. im Brief [231] an Montalbert 1849, die künftige Entscheidungsschlacht (la gran contienda) zwischen der katholischen Zivilisation und der philosophischen Zivilisation [232]:

»[...] zwischen diesen beiden Zivilisationen besteht ein unauslotbarer Abgrund, ein absoluter Antagonismus; die Bemühungen um einen Ausgleich zwischen ihnen sind vergeblich und werden vergeblich bleiben. Die eine Zivilisation ist der Irrtum, die andere ist die Wahrheit; die eine ist das Böse, die andere ist das Gute; es ist notwendig, zwischen ihnen eine klare und endgültige Wahl zu treffen, und, nachdem man gewählt hat, die eine von ihnen zu proklamieren und in all ihren Teilen anzunehmen und die andere in all ihren Teilen zu verwerfen; jene, die von der einen die Prinzipien und von der anderen die Konsequenzen annehmen, stehen außerhalb der Kategorie der großen Intelligenzen und sind unweigerlich dem Absurden ausgeliefert [...]«. [233] Infolgedessen müssen wir uns für eine Seite bekennen. Wie will denn der politische Kampf gegen die vorgezeigten Tendenzen bestritten werden, wenn das eigene Bekenntnis fehlt? Das gleichberechtigte Nebeneinander von zahlreichen Meinungen kann uns nicht dienlich sein und führt uns vielmehr zur moralischen Gleichgültigkeit und fernab unserer Grundsätze. In diesem Sinne kann das soziale Gleichgewicht nur durch die politische Umsetzung eines konservativ-zentristischen Programms erreicht werden.

Naturgemäß ist durch die Erfassung von programmatischen Inhalten das Ziel noch nicht erreicht. Vielmehr wurde damit erst der Grundstein gelegt, um den Gedankenaustausch in einem feststehenden Rahmen zu ermöglichen. Durch diese Regelung wird Zwist und Hader vermieden und der Einzelne kann sich geistig mit der Masse identifizieren. Damit ist sowohl die Vorstellung des Einzelnen als auch das Wohl der Masse bestimmt. Durch die Verschmelzung des Einzelnen in die Masse ergibt sich für die Gesamtheit, also die Masse, eine besondere Bedeutung. Diese Bedeutung liegt in der Verantwortung der Masse gegenüber dem Einzelnen. Demzufolge ergibt sich eine Wechselbeziehung, die in der Betrachtungsweise und dem Umgang mit der Masse berücksichtigt werden muss. Masse und Individuum sind trotz ihrer Verschmelzung als zwei verschiedene Faktoren anzusehen. Wohl ist mir bewusst, dass es sich totalitäre Regime zu einfach machen und die Masse über das Individuum stellen. Ebenso machen es sich die Liberalen einfach, indem sie das Individuum dem der Masse vorziehen und sich einbilden, dieses sei das non plus ultra. Aber genau durch diese fatale Einschätzung von Individuum und Masse ergeben sich die schwerwiegenden Folgen ihres Handelns. Masse ist etwas Fließendes, das Individuum ist beständig und einzigartig. Durch den Erhalt und die Förderung des Individuums [234] ist aber auch der Erhalt der Masse gesichert. Versinnbildlicht bedeutet dies, dass die Individuen die Glieder einer Kette bilden. Nur durch diese Wechselbeziehung ist der Erhalt des Gesamten auf Dauer sichergestellt. Dies bedeutet nicht weniger die Bestandteile der Nationalität (Sprache) oder Gesamtpersönlichkeit des Volkes (gemeinschaftliche Abstammung) zu erhalten. Ludwig August von Rochau nannte dies die »Gleichartigkeit der geistigen Entwicklung« der Volksindividualität. Nach Rochau vollendet sich die Volksindividualität, also die politische Bedeutung der Nation, in der Gemeinschaft der politischen Geschichte sowie im Vorhandensein eines »zusammenhängendes und möglichst abgerundetes Gebiet, welches gleichartige Interessen hervorruft und das gemeinsame Handeln zu den gemeinsamen Zwecken erleichtert« [235]. Der empfindsame Geist wird diese Überlegungen kritisieren und in das Lob der Narren einstimmen, die da behaupten, dass derartige Ansichten von einem schlechten Geschmack zeugen. Solche Züge sind mir fremd, denn das Bewusstsein für eine Volkszugehörigkeit entwickelt sich nicht aus Boshaftigkeit oder einem übersteigerten Nationalismus, sondern in der natürlichen Überlegung, dass sich eine Gemeinschaft nur stabil und dauerhaft erweist, wenn sie sich einer »Gleichartigkeit der geistigen Entwicklung« bewusst ist. Also, wenn ich dieser Ansicht folge, dann gehe ich davon aus, dass der Mensch ein gesellschaftliches Wesen ist und damit ein natürliches Zugehörigkeitsbedürfnis besitzt. Unzweifelhaft spielte dabei das traditionelle Familienleben eine wichtige Rolle und dieses rundet die Zugehörigkeit der Volksindividualität ab. Zweifellos beschreibt das liberale Weltbild ein gegensätzliches Familienbild. Wenig aufgeklärte Menschen erkennen darin die Gefahr sowie die bewusste (politische) Umgestaltung des traditionellen, familiären Zusammenlebens. Warum Gefahr? Welche Gefahr liegt in der gesetzlichen Losbindung und Neudefinition des Familienbegriffs? Nun, bereits der französische

Staatstheoretiker Jean Bodin erkannte die »wahre Quelle« und den »Ursprung des Staates«. Für ihn konnte der Staat nur ein Abbild der Familie sein. Infolgedessen glich die »[...] häusliche Gewalt der souveränen Gewalt, so dass die rechte Regierung des Haushaltes [...] das Vorbild für die Regierung des Staates [...]« ist. [236] Mit dem Aufkommen der neuzeitlichen Ideen zur Neugestaltung des familiäreren Zusammenlebens beschreiten die Regierungen nunmehr den Weg zu einem generations-übergreifenden Zusammenbruchs des Staates. Das Eingeständnis zur Umgestaltung der Familie in den 70er Jahren und die fortscheitende Novellierung neuer Partnerschaftsmodelle zeugen von einem Ungeist, der in der traditionellen Familienform (Ehe) lediglich ein faschistisches Relikt patriarchaler Herrschaft sieht. Selbige Ansicht führt zur gnadenlosen Verfolgung konservativer Familienpolitik, um etwaige ideologisch, patriarchale Familienideologien im Keim zu ersticken. Denkrichtig wird daher ein Gleichheitssatz konstruiert, der zukünftig jede Personengemeinschaft legitimiert. So wundert es mich nicht, dass die Bedeutung der Ehe für Familie und Gesellschaft marginalisiert wird. Der Einwurf ist stark, aber begründet.

15. Mut zur geistigen Veränderung

Der fundamentale Fehler liegt im unbedingten Gehorsam und Wirken der gegenwärtigen Denkweise begründet. Gewiss, Gehorsam ist redlich. Aber eine übermäßige Anbiederung gleicht einer Unterwerfung, die durchaus dem Negativen gereichen kann. Prinzipiell ist ein extremes Verhalten in all seinen Formen immer ein Ärgernis. Daher sollte auch das Ausarten nach beiden Seiten, also der Unterwerfung oder der Auflehnung, vermieden werden. Sicherlich, ein Ausgleich zwischen zwei gegenübertretenden Wahrheiten ist nicht immer möglich. Insbesondere dann, wenn es sich um philosophische oder religiöse Wahrheiten handelt. Kein Zweifel, wir unterliegen alle einer Flut von Wahrheiten und Extremen, die unser Denken herausfordert. Daraus ziehen wir die Kraft der Erkenntnis, um die endgültige Wahl zu treffen. Sei diese nun von politischer, religiöser oder andersartiger Natur. Das ist der wahre Nutzen der Aufklärung und daraus ergibt sich die Pflicht zum Handeln. Wenn wir uns nun zur Handlung entscheiden, dann müssen wir Möglichkeiten kennen, die uns das Leben überlassen hat. In der Flut der alltäglichen Informationen ist dies gewiss nicht einfach. Je mehr wir uns daher den ständigen Debatten und dubiosen Wahlmanövern unterschiedlichster Interessengruppen unterwerfen, desto verdrehter werden unsere Gedankengänge. Gewiss, die Vernunft könnte uns aus diesem Dilemma herausführen. Schließlich verbessert die Vernunft, neuerdings die Bildung, alle unsere Fehler. Bedauerlicherweise müssen wir erkennen, dass die Vernunft uns dabei einen Streich spielt. Sind wir doch ehrlich. Wir benehmen uns tagtäglich unvernünftig. Sei es beim alltäglichen Einkaufen, im Umgang mit unseren Mitmenschen, der Mülltrennung oder der Gesundheitsvorsorge. Im Willen vernünftig zu sein und zu handeln, schufen wir uns dabei eine Philosophie, die im

Widerspruch zur Natur des Menschen steht. So ist der Mensch nämlich von Natur aus ungleich. Diese Ungleichheit, im rousseauschen Sinne einer Rückkehr in den Naturzustand, ist nicht negativ gemeint. Im Gegenteil, sie ermahnt uns des Umstandes, dass wir uns nicht gegen den Stand der Natur zu richten haben. Warum? Weil wir eben ein Teil der Schöpfung sind. Allerdings verpflichtet uns dieser Umstand nicht der blinden Unterwerfung gegenüber der natürlichen Ordnung. Im Gegenteil, die Vorsehung verpflichtet uns, die Natur untertan zu machen (1.Mose 1,28) und damit Verantwortung zu übernehmen. Kurz, Verantwortung gegenüber seinen Mitmenschen und der Schöpfung. Man könnte einwenden, dass dies doch geschieht. So gibt es zahlreiche Unternehmungen, die sich für die Sache der Natur und den Bedürftigen widmen. Nicht weniger wirkt allerdings das feine Gift der handgreiflichen Irrtümer und rücksichtslosen Geister unserer modernen Zivilisation. Unabhängig der moralischen Frage, ob der Mensch sich zu sehr in die Belange der Natur einmischt, gilt es immer zu bedenken, inwiefern es dem allgemeinen Wohl des Menschen oder der Natur dienlich ist. Bezeichnenderweise ist in diesem Zusammenhang das Schachern um den Ausstieg aus der Kernenergie in Deutschland zu nennen. Wir können dieses Verhalten als verantwortungslos brandmarken. Als Folge der Ereignisse in Japan 2011 und der damit verbundenen nationalen Sorge, wurde in zähen Debatten der Ausstieg aus der deutschen Kernenergie zum Jahr 2022 beschlossen (AtG-Gesetz zur geordneten Beendigung der Kernenergienutzung zur gewerblichen Erzeugung von Elektrizität). Vordergründig standen dabei nicht die ernstzunehmenden Sorgen und Fragen der Bevölkerung, als vielmehr wahltaktische und finanzielle Bedürfnisse. Müssen wir uns nicht die Frage stellen, ob dieser geplante Ausstieg aus der Kernenergie nicht bereits nach dem Gau von Tschernobyl im Jahre 1986 beschlussfähig gewesen

wäre? Waren die Folgen dieser Katastrophe und die Debatten um die Reaktorsicherheit nicht weniger von Bedeutung? Wohl kaum. Aber ein beschleunigter Ausstieg stand zur damaligen Zeit aus zwei Gründen nicht auf der Tagesordnung: Erstens handelte es sich um einen Reaktor russischer Bauweise. Ideologisch wurde damit die technische Überlegenheit des Westens belegbar und eine schnelle Abschaltung westlicher Kernkraftwerke kam damit nicht in Frage.
Zweitens standen wirtschaftliche Interessen gegen eine frühzeitige Abschaltung. Nicht weniger waren die erforderlichen (technischen) Kapazitätsaus- und umbauten für einen konkreten Ausstieg aus der Kernenergie unzureichend vorhanden. Aus diesem Grunde musste die bestehende Infrastruktur für die Aufrechterhaltung des Stromnetzes weiterhin Verwendung finden. Im Auftrag des Bundesumweltministeriums hat die Reaktorsicherheitskommission die Sicherheit deutscher Atomkraftwerke incl. aller Anlagen bestätigt. Eine Verlängerung der Laufzeit bis 2022 stünde daher aus technischen Gründen nichts im Wege. Ebenso müsse bis dahin die bestehende Infrastruktur den neuen Anforderungen gerecht werden, so dass ein frühzeitiger Ausstieg derzeit nicht möglich sei. Die derzeitigen Kapazitäten würden eine stabile Grundversorgung zum jetzigen Zeitpunkt nicht möglich machen. Mangelhafte Grundversorgung unserer Gesellschaft? Interessanterweise wurde trotz dieser Erkenntnis die Bereitschaft zur Aufhebung der deutschen Kohlesubventionen zum Jahr 2018 beschlossen. Selbstverständlich kritisierten dies die Lobbyisten der Kernenergie nicht, denn wohlweislich konnten sie damals vom Kapazitätsumbau profitieren. Waren bei dieser Entscheidung die Bedürfnisse einer Industrienation wie Deutschland etwa weniger Wert? Wo war denn damals bei dieser Entscheidung die Solidarität deutscher Großindustrieller? Ist es nicht eine ideologische Augenwischerei, wenn einerseits von den

Bedürfnissen einer Industrienation gesprochen wird und andererseits Energieressourcen im Ausland eingekauft werden? Übrigens: In Deutschland hätte man niemals Kernkraftwerke bauen dürfen, denn bis heute gibt es für den radioaktiven Abfall kein Endlager.
Diese Debatten sind verantwortungslos und werden einer gesunden Industrienation nicht gerecht. Vielmehr sind die gewählten Regierungen nicht in der Lage, mit den Vorsitzenden deutscher Wirtschaftsunternehmen eine gezielte strategische und ganzheitliche Wirtschaftspolitik zu betreiben. Vielmehr verzetteln sich die beteiligten Personen in ideologischen und rechtlichen Streitigkeiten. Erforderlich ist demzufolge eine Veränderung der bisherigen Denkweise. Das bis dato blockierende Verhalten muss einer ehrlichen Denkweise weichen, damit notwendige Entscheidungen getroffen und umgesetzt werden können.

Politischer Doktrinarismus

Hierbei muss ich mich auf die bisherige Einstellung der Parteien gegenüber ihren Parteigrundsätzen beziehen. Betrachtet man die vorhandenen Parteiprogramme oder auch Grundsatzprogramme, so enthalten diese zwar langfristig gesammelte Forderungen, Ziele, Werte, Identitäten und Profile einer Partei; aber sie sind als solche abstrakt gehalten. Durch die Einsetzung von Grundsatzkommissionen und durch plebiszitäre Entscheidungen werden die Ideale zerfasert und aufgelöst. Parteiideale sind damit verhandelbar und nicht als grundlegend anzusehen. Ihre Verfechter scheuen keine Mühe, diese von Zeit zu Zeit über den Tisch zu ziehen. Dieser Umstand führt nicht nur zur Konturlosigkeit und Beliebigkeit der Parteiinhalte, sondern die Parteien tragen diese auch in Form einer »Diktatur des Relativismus« [237] in die Gesellschaft hinein. Wandel und Wachstum sind die Schlagwörter der Demokraten. Wandel ist der

Widerspruch zu Beständigkeit und bedeutet nicht weniger als Beliebigkeit (ethischer Relativismus), die wohin führt: zu einer Tyrannis.
Folglich müssen die Parteigrundsätze, also das zugrunde liegende System, als Meinung oder Lehrsatz angesehen werden. Diese sollten grundlegend und nicht verhandelbar sein. Sie müssen als Doktrin [238] angesehen werden, um den Erhalt und den Fortbestand dessen zu bewahren, wofür die politische Partei steht. In dieser Tradition hat auch die politische Ideologie, also die parteipolitische Vorstellungs- und Wertungswelt zu stehen. Aus diesem Verhalten heraus entwickelt sich ein verantwortungsbewusstes Verhalten. Wahltaktische Erwägungen werden ausgeschlossen, weil ein Abweichen der bindend festgelegten Grundsätze nicht möglich ist. Ein Dialog ist möglich, aber ein Schachern und undurchsichtige Manöver widersprechen dem Charakter beschriebener Ordnung. Der politische Doktrinarismus ist demnach nicht als Weltbild bzw. als zugeordnete Denkweise (Ideologie) gegenüber der Welt zu verstehen. Die Ansicht, dass die Erde eine Scheibe sei, entspricht einer ideologischen Weltanschauung, dass der Mensch das Abbild Gottes und damit im Mittelpunkt der Welt zu stehen habe, ein dogmatischer (lehrhafter) Ansatz. Es geht demnach nicht darum, inwieweit die Erde physikalisch geartet ist, sondern um die Stellung des Menschen auf Erden, ob diese nun flach oder viereckig ist – spielt dabei keine Rolle. Dies gilt z.B. auch in der Frage des Atomausstiegs. Die Ansicht, dass die Kernenergie gefährlich ist und deshalb verboten gehört, entspricht einer eingeengten, ideologischen Weltanschauung. Landläufig wird hierbei von Technologiefeindlichkeit gesprochen. Gegenteilig steht in dieser Frage der doktrinäre Ansatz. Dieser verneint nicht grundsätzlich die Gefahren bestimmter Technologien. Lehnt aber nicht zwangsläufig eine Pauschalisierung ab, d.h. es geht demnach nicht darum, inwieweit Technologie im Allgemeinen

eingeschränkt/verboten gehört, sondern um die Frage, wie diese zum allgemeinen Wohle des Menschen nutzbar gemacht werden kann. In der Einsicht, dass die Risiken dem Wohle des Menschen widersprechen, gilt es diese (eine) Technologie einzuschränken bzw. sich von dieser (einer) zu verabschieden.

Kurz: Damit die Dinge ihren geordneten Verlauf nehmen, wird das Parlament nicht abgelehnt. Diese Forderung wäre völlig abwegig, denn das Parlament hat unzweifelhaft den Vorteil, dass die Beziehung zwischen dem Volk und seiner rechtmäßigen Regierung nicht abreißt. In diesem Sinne dient das Parlament unzweifelhaft zur Herstellung von Öffentlichkeit, die für jeden zugänglich ist. Das ist die natürliche Vernunft, ohne Differenzen zwischen dem einen oder dem anderen aufkommen zu lassen. Mit Recht verweist Donoso Juan Cortés aber auf das leere System und spricht den Gedanken aus, den wir fraglos an unsere Parlamente richten können: »Was sind [...] diese Regierungen mit ihren legitimen Mehrheiten, immer besiegt von den stürmischen Minderheiten, mit ihren verantwortlichen Ministern, die nichts verantworten [...]«.[239] Die Legitimität (die Rechtmäßigkeit einer Regierung/Herrschaftshauses) wird zur Legalität (Gesetzlichkeit) reduziert und verkommt zur Akklamationsveranstaltung.

Soziale und kulturelle Ordnung

Was ist Legitimität? Wer bestimmt über den Anspruch einer rechtmäßigen Herrschaft? In der Tiefe unserer Schrift erhalten wir die Antwort: Es ist das Parlament. Im pluralistischen System der Mehrheitsentscheidung liegt die Legalität der Herrschaft. Ist diese Tatsache bewunderungswürdig? Ist die Tatsache, dass nur das Parlament die Verbindung zwischen dem Volk und der Regierung aufrechterhält bewunderungswürdig? Ich sage: Nein!

Haben die Menschen der Vergangenheit den Katholizismus sowie den Protestantismus als die religiöse Grundlage angesehen, scheint es eben heute der Fall zu sein, dass bei aller Toleranz, eine umgekehrte Vorstellung von Religion zu einem gefährlichen Bestande der sozialen und kulturellen Ordnung geworden ist. Sollten die Staaten Europas oder der europäische Einheitsstaat in der Zukunft Bestand haben, so muss es eine einheitliche religiöse Grundlage haben. Dies zieht sich natürlich weit hinein in den Bereich der Realpolitik. Die wichtigste Religionsgemeinschaft in Deutschland bildet, neben dem Christentum, der Islam. Er ist zum Bestandteil des alltäglichen Lebens geworden. Eine gefühlsmäßige Abneigung gegenüber dem Islam oder gar eine Furcht wäre absoluter Unsinn. Vielmehr müssen wir lernen, dass eine Ablehnung der eigenen Identität, der Verneinung des eigenen kulturellen Erbes widernatürlich ist. Im falsch verstandenen Toleranzedikt der liberalen Idee liegt der Niedergang eines geordneten Gesellschaftslebens. In der Forderung nach kultureller Vielfalt oder einer kulturellen Vermischung, wobei diese sich gegenseitig ausschließen, liegt der Verlust gewachsener kultureller Identität. Es ist daher verständlich, dass sich die Kirche dogmatische Prinzipien aneignete, die zum Erhalt gewachsener kultureller und religiöser Strukturen beitrugen. In diesem Sinne sehe ich die Katholische Kirche als Stabilisierungsfaktor der Gesellschaft, wobei die Kirche bei ihrem Bestreben zur Stabilisierung des christlichen Glaubens beitragen muss.

Daher kann es nicht sein, dass Hamburgs katholischer Weihbischof Hans-Jochen Jaschke mit der Haltung der evangelischen Bischöfin Kirsten Fehrs konform ging. Bischöfin Kirsten Fehrs hatte sich 2011 zu öffentlichen muslimischen Gebetsrufen ausgesprochen, wenn diese »eine Moschee ist, die kooperierend, demokratisch, integrierend und anti-islamistisch ist«. [240] Auch diese Forderung schließt sich gegenseitig aus, denn wie kann der Islam sich anti-islamistisch zeigen? Im Grunde wird hier ein Islam-light gefordert, in dem die gleichen Mechanismen wie im Protestantismus und Katholizismus wirken. Unzweifelhaft hat sich der Protestantismus durch die Übernahme der liberalen Ideen und eines falsch verstandenen Toleranzedikts zu einem weltoffenen und sozialpolitischen Forum entwickelt. Auch der Islam und der Katholizismus geraten zunehmend in den Ereignishorizont dieser kulturellen Aushöhlung, so wie sich generell traditionelle Gesellschaftsstrukturen im Schwarzen Loch der fortschreitenden Emanzipationen des Menschen auflösen.

Kurz: Unser Fehler liegt demnach darin, dass wir eine Phase der Beliebigkeit erreicht haben, die dazu führt, dass wir die Tugend und Wahrhaftigkeit negieren. Die neue Phase sieht vor, dass die repräsentative Demokratie zu einem System der gelenkten Demokratie umfunktioniert wird. Diese duldet zwar eine außerparlamentarische Opposition, allerdings darf sie nicht die erhoffe Wirkung bringen. Der Bürger unterliegt einer Heuchelei, die bis dato noch nie vorhanden war. Dem Gegenwärtigen und Zukünftigen kann nur mit dem Unwandelbaren, dem Dogmatischen entgegengewirkt werden, um nicht Opfer liberaler Versuchsballons zu werden. Abschließend möchte ich noch zu einem schwierigen Thema kommen: die Todesstrafe. In den letzten Jahren ist es ruhig geworden um diese Frage. Warum möchte ich dieses Thema aufgreifen, wenn es scheinbar vergessen – gar verdrängt? - wurde. Anlass gab das Todesurteil (Dezember 2005) des kalifornischen Gouverneurs Arnold Schwarzenegger, der wegen seiner Ablehnung eines Gnadengesuchs des US-Todeskandidaten Stanley Tookie Williams International scharf kritisiert wurde. Insbesondere unterließen es die politischen Vertreter der Bundesrepublik Deutschland nicht, das Urteil des Gouverneurs als »eine feige Entscheidung« abzutun. Hier würde sich die »ganze Brutalität und Unmenschlichkeit der Todesstrafe« [241] darlegen, wenn ein verurteilter vierfacher Mörder wie Williams im Gefängnis sich engagierte und Bücher gegen Straßenkriege und Drogenmissbrauch schrieb. Dieser Mitbegründer von Crips, einer der drei großen afro-amerikanischen Jugendbanden die dem Gebiet von Los Angeles, Kalifornien entstammen, ist in jeder größeren amerikanischen Stadt, sowie international, zum Beispiel in Südafrika, zu finden. Neben den rivalisierenden Bloods beherrschen sie den illegalen Rauschgiftmarkt der kalifornischen Stadt und liefern sich dabei mit diesen immer wieder blutige Straßenkämpfe. Als außenstehender Beobachter ist es leicht, Gouverneur Schwarzenegger als feige zu bezeichnen und ihn für seine Politik zu verteufeln. Politiker wie Herr Schwarzenegger machen es sich gewiss nicht einfach mit solchen Entscheidungen. Aber auch unpopuläre Entscheidungen müssen in einer solcher Weise gefällt werden; denn wo käme ansonsten der Staat hin? Daher habe ich auch die Frage gestellt, ob der Staat töten darf? So ziemlich jeder Bürger würde eine solche Maßnahme, die den Tod eines Menschen nach sich zieht, als unmenschlich bezeichnen. So auch im Fall Williams, wo sich die Stadt Graz gegenüber ihrer steirischen Eiche Arnold Schwarzenegger, der siebenmalige Bodybuilding-Weltmeister und erfolgreiche Filmstar mit der amerikanischen Traumkarriere, ziemlich ungehalten zeigt. Die Wiener Zeitung Kurier meinte zu diesem Thema sogar: »Es wäre ein Zeichen, und zwar alles andere als ein peinliches, dass es bei uns als falsch gilt, einen Menschen in einem perversen staatlichen Racheritual wie einen Hund einzuschläfern, selbst wenn dieser Mensch vermutlich ein Mörder ist« [242].

Ist es aber nicht gerade die Aufgabe des Staates, als Gesetzgeber und Vollstrecker einer übergeordneten Gerechtigkeitsidee solche Entscheidungen zu treffen, ohne das ein menschliches Zusammenleben nicht funktionieren könnte? Heißt es nicht auch in der Bibel (1.Buch Mose 9,6): »Wer Menschenblut vergießt, dessen Blut soll auch durch Menschen vergossen werden; denn

Gott hat den Menschen zu seinem Bilde gemacht.« Müssen die Staatsmänner von heute, als Vertreter von Recht und Unrecht, diesen Aufgaben nicht gerecht werden? Hat ein Joachim Fernau etwa Unrecht wenn er schreibt: »[...] Sie verhängen den Tod, aber über sie wird kein Tod verhängt. Der Staat tötet keinen mehr, Mörder müssen leben, auch wenn wir sterben müssen. Hört ihr, nicht davon sprechen! Seid brav! [...].« Nicht davon sprechen, genau aus diesem Grund ist es in den letzten Jahren um diese Frage leise geworden. Das Thema Todesstrafe ist naturgemäß heikel. Trifft es aber wirklich zu, dass der Staat (die legitime Herrschaft) nicht das Recht habe, einem Menschen das Leben zu nehmen?

Im Gegenzug müsste man dann aber fragen, ob ein Mensch das Leben eines anderen nehmen kann, um dann das Recht zu besitzen nach spätestens 15 Jahren die Freiheit wiederzuerlangen? (Entscheidung des Bundesverfassungsgerichts von 1977 das Rechtsstaatsprinzip und die Menschenwürde (BverfGE 45, 187)). Nein, lieber nicht davon sprechen. Allerdings hat der Staat die Verpflichtung in seinem Herrschaftsgebiet für die Durchführung der Ordnung zu sorgen. Er alleine besitzt das legitime Gewaltmonopol und hat daher das alleinige Recht und die Verpflichtung Kapitalverbrechen mit dem Instrument der Todesstrafe zu verhindern. Wobei eine (tatsächlich) lebenslange Haftstrafe meiner Meinung nach völlig undiskutabel ist. Die Todesstrafe sollte ein Mittel der Abschreckung darstellen, um die Spitze der Kapitalverbrechen zu verhindern bzw. zu sanktionieren. Es liegt in der Natur des Menschen, dass er die Strafe fürchtet. Fehlt allerdings das Element der absoluten Strafe, so gerät der Staat in Unordnung. Bedenken müssen wir jedoch, dass die Todesstrafe selbst kein Element der Erziehung ist! Vielmehr ist sie ein Element der Abschreckung, für die Ausmerzung von Schlechtheit. In dieser Frage stelle ich mich bewusst gegen die landläufige Ethik. Warum die Kehrtwendung?

Predigte ich nicht, dass wir den Menschen und das Tier als Schöpfung Gottes sowie als Teil der gottgegebenen Natur anzusehen haben? Ist es aber wirklich eine Kehrtwendung, wenn ich die Todesstrafe für Verbrecher fordere, die *bewusst und willentlich* Menschenblut vergießen? Sie werden einwerfen, dass der Dekalog das Töten verbietet! Folglich kann es nicht christlich sein, wenn der Staat tötet. Allerdings kennen wir die Neigungen des Menschen zur Sünde. Aus diesem Grund müssen wir uns die christliche Lehre über die Sünde etwas genauer ansehen. Wir kennen allzu gut die Versuchungen der sinnlichen Reize, des Zorns oder der Eifersucht, genauer: die sieben Hauptsünden. Unzweifelhaft wissen wir auch, dass der Mensch zur Sünde neigt und sie ein Teil der menschlichen Natur ist. Weil sie eben ein Teil der menschlichen Natur ist, müssen wir sie als solche begreifen und mit ihr leben. In diesem Sinne erwächst aus dieser natürlichen Schwäche die Tugend (2 Kor. 12,9), denn nur aus dem Kampf heraus entsteht Vollkommenheit. Aus diesem Grund folge ich der Lehrmeinung des deutschen Philosophen und Theologen bzw. größten deutschen Dominikaner und Mystiker Meister Eckehart (um 1260-um 1328). In seinem Traktat »Reden der Unterweisung«, lehrt uns Meister Eckehart, »wie die Neigung zur Sünde dem Menschen allzeit frommt«. Meister Eckehart lehrt uns, dass die Neigung zur Sünde nicht Sünde ist. Vielmehr liegt die Sünde im *»wollen«*, also im bewussten und willentlichen sündigen. In der Grundüberzeugung, dass der Anstoß und die Erregung durch die Untugend die Tugend stärken, erringt der Mensch innerliche Stärke. So führt nämlich die Neigung dazu, »sich in der Tugend kräftig zu üben, und sie treibt ihn mit Macht zur Tugend und ist eine scharfe Geißel, die den Menschen zur Hut und Tugend antreibt; denn je schwächer sich der Mensch findet, desto besser muß er sich mit Stärke und Sieg wappnen, liegt doch Tugend wie Untugend im Willen«. [243] Setze ich nun das Gesagte in Bezug auf die Forderung der Todesstrafe, dann fordere ich nicht weniger die Bestrafung jener, die im »*wollen*« morden. Unter der scharfen Berücksichtigung, dass die eingesetzte Gewalt nicht das notwendige Maß überschreitet, ist die Forderung der Todesstrafe für *heimtückischen und brutalen Mord* legitim. Dies ist für mich die Spitze der Kapitalverbrechen: also das brutale Morden in voller Absicht und aus Langeweile. Der Gerichtsmediziner Hans-Ludwig Kröber erkannte in einem derartigen Verhalten das »Extrem der Freiheit«. Im Extrem der Freiheit liegt das Böse und es ist eine Versuchung, »[…] die umso stärker lockt, je größer die Chance ist, dass man nicht zur Rechenschaft gezogen wird. […] Es geht um das Gefühl der Allmacht, dass man alles tun kann, was man will […]«. [244] Wenn es nun Menschen gibt, die in einer Art »Selbstvergottung« bzw. in einer »Ego-Ekstase« abscheuliche Morde begehen; dann ist es die Pflicht der Obrigkeit diesem Wirken ein Ende zu setzen. Wenn wir das Leben achten wollen, dann müssen wir es schützen. Unbestritten muss demzufolge auch gelten, dass man unschuldige und im Recht nicht um ihr Leben bringt (Ex 23,7); dann wird der Staat wohlgeordnet sein.

16. Verhalten zum Wirtschaftsliberalismus

Seit den 1980er Jahren ließ sich eine zunehmende Anzahl von Unternehmenszusammenschlüssen internationaler Firmen beobachten. Die stetig wachsende Anzahl und die damit steigende Gefahr der Zusammenschlüsse von transnationalen Konzernen (TNC) [245] erfordern protektionistische Maßnahmen, um die Unabhängigkeit und damit die Handlungsfähigkeit der Politik zu gewährleisten. Insbesondere durch den wachsenden europäischen Wirtschaftsraum nehmen die nationalen Spannungen zu und geraten in den Einflussbereich einer gesamteuropäischen Wirtschafts- und Sozialpolitik.
Die sozialen Auswirkungen dieses gemeinsamen Wirtschaftsraumes sind heute schon spürbar: Der deutsche Staat ist nur noch eine Zusammenfassung ökonomischer Kontrahenten und bestimmt lediglich die Rahmenrichtlinien der ansässigen Unternehmen. Im Gegenzug verweist die Industrie auf ihre gesellschaftliche Verantwortung und fordert die Beibehaltung der freien Selbstverwaltung. Allerdings müssen Regierung und Ökonomie den Herausforderungen der Zukunft gemeinsam begegnen und im Sinne einer strategischen Wirtschaftspolitik für den Erhalt der Industrienation sorgen. Hierfür ist es zwingend erforderlich ein Bewusstsein zu schaffen, um die Fehlentwicklungen unseres Wirtschaftssystems zu beseitigen: die Deregulierungen in der Finanzbranche seit den 1980er Jahren. Wird dieser Entwicklung nicht Einhalt geboten, dann greifen die revolutionären Kräfte des Kollektivgeistes erneut in die Gesellschaft ein und beschreiten den letzten Weg zur politischen und internationalen Gleichheit. Dies trifft insbesondere auch den Mittelstand: Hauptschwerpunktsetzung, also das Oberziel, ist die Sicherung des (Familien-) Unternehmens und damit auch der

(industriellen) Produktion. Diese stellen einen stabilisierenden Faktor in der Gesamtwirtschaft dar.
Fundament für einen kräftigen und nachhaltigen Wachstumsschub sind die vielen kleinen und mittleren Unternehmen. Mit ihren Investitionen schaffen sie neue Arbeits- und Ausbildungsplätze. Sie sind es, die für wirtschaftliche Erneuerung sorgen und zu Innovation und Wachstum beitragen. Nicht weniger als 99,7 Prozent der rund 3,4 Millionen Betriebe in Deutschland sind mittelständisch. Sie haben also nach deutscher Definition maximal 499 Mitarbeiter und einen Jahresumsatz von höchstens 50 Millionen Euro. Nach IfM-Berechnungen sorgen die (deutschen) mittelständischen Unternehmen für (Stand IfM Bonn 2009/2010):

* **83% aller Auszubildenden in Betrieben 2010,**
* **61% aller sozialversicherungsplichtigen Beschäftigten in Unternehmen 2009 und**
* **51% der Nettowertschöpfung Unternehmen 2009.**

Eine quantitative Analyse der Entwicklung des Mittelstandes (Zahl der mittelständischen Unternehmen) ist aufgrund wechselnder Definitionen, zuletzt beim IfM anlässlich des Währungswechsels DM zu €, nur bedingt möglich. So wurden in vergangenen Jahren die Unternehmen, in bezug auf die Frage der Mittelstandszugehörigkeit, nach branchenspezifischen Kriterien eingestuft. Dies ist mittlerweile nicht mehr der Fall. Ebenso geändert hat sich die Bemessungsgrenze in Bezug auf den maximalen Jahresumsatz. Insofern stellt der Mittelstand das Gros der Unternehmen, welche die deutsche Wirtschaft ausmachen, dar. Er ist als besonders wichtiges Standbein des ökonomischen Systems zu verstehen. Die Gesamtzahl mittelständischer Unternehmen, Freiberufler und Selbstständigen in Deutschland gibt das Bundesministerium für Wirtschaft und Arbeit mit ca. 3,3

Millionen an. 19,98 Millionen deutsche Bürger waren 2003 im Mittelstand angestellte Arbeitnehmer, 1,34 Millionen junge Menschen Auszubildende im Mittelstand. Betrachtet man sich die absoluten Zahlen, so wird das mittelständische Profil um einiges schärfer: In den letzten beiden Jahrzehnten haben die kleinen und mittleren Betriebe im Westen Deutschlands insgesamt 2,9 Millionen neuer Arbeitsplätze geschaffen. Somit kam auf fast jede der 3,4 Millionen Firmen eine neue Stelle. Dass 3,4 Millionen Firmen meist wenig politische und öffentliche Aufmerksamkeit erhalten, liegt vor allem an ihrer niedrigeren »Quote«. Diese Unternehmen produzieren meist nur geringe Mengen (Losgrößen). Ebenso kommen die Betriebe beim Umsatz und bei den Investitionen »nur« auf einen Anteil von jeweils rund 45%. Nicht nur die Arbeitsplätze von rund 27 Millionen Beschäftigten hängen vom Mittelstand in Deutschland ab, sondern auch der größte Teil des deutschen Sozialsystems. Internationale Arbeitsteilung und steigender Wettbewerbsdruck verpflichten den deutschen Mittelstand sich der internationalen Konkurrenz zu stellen. Internationale Konkurrenz, das heißt vor allem Preiswettbewerb. Deutschland hat in Sachen Preiswettbewerb einen schwerwiegenden Nachteil: die hohen Arbeitskosten. Mit 34,30 Euro [246] kostet die Abeiterstunde im verarbeitenden Gewerbe deutlich mehr als zum Beispiel in den beiden vergleichbaren EU-Volkswirtschaften England oder Spanien. Zwar haben kleine und mittlere Betriebe in aller Regel niedrigere Lohnkosten als in der deutschen Industrie, aber am grundsätzlichen Problem, dass die Arbeit in Deutschland zu teuer ist ändern sich nichts. Zur Sicherung der Wettbewerbsfähigkeit setzen Unternehmen daher auf eine Vielzahl von Maßnahmen. Mittelständische Unternehmen, als auch Großunternehmen setzen hierbei gleichermaßen auf eine Kostenreduzierung. Bedauerlicherweise werden hierbei die Lohnkosten als Einsparungsfaktor angesehen. In diesem Sinne fördert die

Erschließung neuer Märkte in Asien nur die Wettbewerbsfähigkeit der Großunternehmen und nicht die Zukunftssicherung der heimischen Wirtschaft. Gerade hier ergeben sich für Klein- und mittelständische Unternehmen (KMU) Schwierigkeiten, denn durch die geringe Intensivierung von FuE-Prozessen erleiden KMU´s Wettbewerbsnachteile. Es mag zwar an Finanzproblemen oder fehlendem Personal, Ideen und Kooperationspartnern liegen, aber das bei weitem größte Hindernis sind nach wie vor bürokratische Mehraufwendungen, Auflagen, Vorschriften, Genehmigungsverfahren oder Nachweispflichten. So stiegen diese paradoxerweise im Bemühen um Privatisierung und Globalisierung seit Anfang der 1980er Jahren zunehmend an.

17. Strategische Rohstoffpolitik

Im Folgenden möchte ich nun auf die allgemeine Rohstoffpolitik in Deutschland eingehen. Meiner Meinung nach müssen hier grundlegende Überlegungen getroffen werden, um in Zukunft auf die sich verändernden Verhältnisse der Rohstoffmärkte vorzubereiten. Nach wie vor ist es von wesentlicher Bedeutung, dass man sich mit der Situation der deutschen Rohstoffpolitik auseinandersetzt; denn die Situation auf den Rohstoffmärken hat sich in den letzten Jahren deutlich verändert.

Das hohe Wirtschaftswachstum in Asien, vor allem in China hat zu einem erheblich gestiegenen Rohstoffbedarf geführt. Es ist davon auszugehen, dass die Wachstumsschübe im asiatischen Raum die Situation auf den Rohstoffmärkten auch mittel- und langfristig bestimmen werden. Eine nationale Rohstoffpolitik wurde in den vergangenen Jahren vernachlässigt bzw. Kapazitäten nicht im erforderlichen Maße ausgeweitet.

Daher ist es notwendig, diese Fehlentwicklungen durch einen Ausbau vorhandener Rohstoffe in Deutschland auszugleichen. Grundlegend ist Deutschland arm an Bodenschätzen, so die Behauptung. Daher ist es umso notwendiger, vorhandene Bodenschätze in ausreichender Menge zu nutzen. Kommen wir nun zu den vorhandenen Bodenschätzen in Deutschland:

Steinsalz und Kalisalz sowie Braunkohle und Steinkohle kommen in größeren Mengen vor. Der deutsche Braunkohlebergbau ist in den Revieren Rheinland-Pfalz, Lausitz und Mitteldeutschland konzentriert. Dank der Kohle ist die niederrheinische Bucht bei Köln sogar vergleichbar mit dem Iran:

Denn hier lagert mit 55 Milliarden Tonnen das drittgrößte Braunkohle-Vorkommen der Welt, mit einem Energiegehalt, der dem der iranischen Erdölreserven entspricht! Zudem wird

Braunkohle auch veredelt – zu den Brennstoffen Kohlestaub, Koks, Wirbelschichtkohle und Briketts, die hauptsächlich zur Befeuerung von Kraftwerken dienen. Erdöl wird zwischen Weser und Ems, nordöstlich von Hannover, südlich von Leipzig und im Alpenvorland gefördert. Erdgas nordwestlich von Hannover, südlich von Magdeburg, im Oberreihnischen Tiefland und im Alpenvorland. Die Bundesrepublik gehört zu den salzreichsten Ländern der Erde. Die Förderung liegt bei ca. 7,5 Mio. Tonnen und 8 Mio. Tonnen Kali pro Jahr. Das sind 10% der Weltproduktion. Die größten Salzvorkommen liegen im Raum Hannover-Hildesheim und bei Bad Hersfeld. Eisenvorkommen gibt es im Rheinischen Schiefergebirge, im Osten der Fränkischen Alb und im nördlichen Harzvorland.
Kies, Sand, Kalkstein und Ton werden innerhalb des Landes aus heimischen Lagerstätten gewonnen. In Deutschland befinden sich beachtliche Sideritlägerstätten im Siegerland (Rheinland), im Harz (Neudorf), im Thüringer Wald (Schmalkalden, Kamsdorf) sowie im Sächsischen Erzgebirge. Siderit ist trotz seines relativ geringen Eisengehaltes wegen seiner leichten Verhüttung ein wertvolles Eisenerz. Ebenso können diverse Mineralien in Deutschland nachgewiesen werden; siehe dazu deutscher Mineralienatlas. Wir sehen also, dass es durchaus Rohstoffe in Deutschland gibt. Im Vordergrund dieser Branchen steht der Kohlebergbau. Allerdings ist in Deutschland die Erzförderung nahezu zum Erliegen gekommen. 1990 wurde der Uranerzbergbau in Sachsen und Thüringen eingestellt. Im Uranerzbergbau finden noch umfangreiche Aktivitäten im Bereich der Uranerzbergbausanierung/Rekultivierungsarbeiten statt. In der einzigen noch betriebenen Eisenerzgrube Wohlverwahrt-Nammen (Porta Westfalica) wurde im Jahr 2002 mit 58 Beschäftigten (Stand 31.12.2002) noch eine verwertbare Menge von 419.317 Tonnen gefördert. 2009 waren noch 39 Beschäftigte im Eisenerzbergbau tätig und förderten 367.710

Tonnen. Im deutschen Steinkohlenbergbau sind im Jahr 2003 rund 25,6 Millionen Tonnen Steinkohle gefördert worden. Der deutsche Steinkohlenbergbau ist zusammengefasst in der DSK AG, ein Tochterunternehmen der RAG AG. Im gleichen Jahr sind rund 30 Millionen Tonnen Steinkohle importiert worden.
Die Steinkohle wird zum überwiegenden Teil in der Verstromung eingesetzt. Darüber hinaus kommt die Steinkohle in der Stahlindustrie zum Einsatz. Nur noch geringe Mengen werden im Wärmemarkt verwendet. So waren im Jahr 2003 noch rund 45.000 Personen im deutschen Steinkohlenbergbau beschäftigt. Der deutsche Braunkohlenbergbau ist in den Revieren Rheinland, Lausitz und Mitteldeutschland konzentriert. Insgesamt sind im Jahr 2004 rund 181,9 Millionen Tonnen Braunkohle im Tagebau gefördert worden, die in der Verstromung eingesetzt werden. Im deutschen Braunkohlebergbau waren im Jahr 2004 insgesamt rund 24.000 Personen beschäftigt. Die Hilfen für den deutschen Steinkohlenbergbau werden im Haushalt des BMWA bereitgestellt. Im Rahmen seiner energiepolitischen Zuständigkeit ist das BMWA zuständig für Fragen des Stein- und Braunkohlenbergbaus. Darüber hinaus hat das BMWA auch die Zuständigkeit für Fragen der Rohstoffwirtschaft sowie die Fachaufsicht über die Bundesanstalt für Geowissenschaften und Rohstoffe (BGR). [247] Abbildung 4 verdeutlicht den Primärenergieverbrauch in Deutschland zwischen 2009/2010. Deutlich erkennen wir, wie weiterhin notwendig die Verwendung der Stein- und Braunkohle ist, die zur Aufrechterhaltung der Verstromung in Deutschland erforderlich sind. Dies gilt im übrigen auch für die Kernenergie, die durch den geplanten Atomausstieg planmäßig und bezahlbar ersetzt werden muss (Abbildung 5). Folglich betrug im Jahr 2011 der Anteil der Kernenergie an der Brutto-Stromerzeugung 17,6 Prozent. Zur Grundlast trug die Kernenergie 39 Prozent bei. [248]

Abbildung 4:
Primärenergieverbrauch in Deutschland 2009 und 2010[1]

Energieträger	2009	2010	2009	2010	Veränderungen 2010 geg. 2009			Anteile in %	
	Petajoule (PJ)		Mio. t SKE		PJ	Mio. t SKE	%	2009	2010
Mineralöl	4669	4727	159,3	161,3	58	2,0	1,3	34,8	33,6
Erdgas	2940	3063	100,3	104,5	13	4,2	4,2	21,9	21,8
Steinkohle	1468	1694	50,1	57,8	26	7,7	15,4	10,9	12,1
Braunkohle	1507	1510	51,4	51,5	3	0,1	0,2	11,2	10,7
Kernenergie	1472	1532	50,2	52,3	60	2,1	4,1	11,0	10,9
Erneuerbare Energien	1201	1320	41,0	45,0	19	4,1	9,9	8,9	9,4
Sonstige[2]	178	211	6,1	7,2	32	1,1	18,0	1,3	1,5
Insgesamt	13435	14057	458,4	479,6	622	21,3	4,6	100,0	100,0

1 Alle Angaben sind vorläufig.

2 Einschließlich Stromaußenhandelssaldo

Quelle: Arbeitsgemeinschaft Energiebilanzen e.V.

http://www.ag-nergiebilanzen.de/viewpage.php?idpage=62

SKE: Steinkohleeinheit.

Abbildung 5:
Brutto-Stromerzeugung in Deutschland nach Energieträgern 2009 und 2010

Energieträger	2009		2010	
	Mrd. kwh	%	Mrd. kwh	%
Kernergie	134,9	22,8	140,5	22,4
Braunkohle	145,6	24,6	145,9	23,2
Steinkohle	107,9	18,2	117,0	18,6
Ergas	78,8	13,3	86,8	13,8
Mineralöl-produkte	9,6	1,6	8,4	1,3
Erneuerbare	94,1	15,9	102,8	16,4
Übrige Energieträger	24,7	3,6	26,7	4,3
Insgesamt	592,4	100,0	628,1	100,0

Quelle: AG Energiebilanzen; Stand: 15.02.2012

In: DAtF, Kernenergie im Dialog, Mai 2012, www.kernenergie.de

Die Mitteldeutsche Braunkohlegesellschaft GmbH (MIBRAG) meint, dass die Braunkohle auf 30% an der Primärerzeugung beteiligt werden kann. Dadurch gewinne sie bereits immens International an Bedeutung. Gerade der Kernenergieausstieg in Deutschland wird zu einer Konzentration auf Kohle und Erdgas führen. Das reichhaltige Vorkommen der Braunkohle innerhalb der eigenen Grenzen macht sie zu einer leicht verfügbaren und somit auch versorgungssicheren und preiswerten Energie. Sinnvoll ist es daher den Weg einer Erhöhung der Wirkungsgrade von Kohlekraftwerken um sieben Prozent und die von Gaskraftwerken um neun Prozentpunkte fortzuführen.
Neben diesen Einspareffekten würde sich daraus eine Minderung der spezifischen Kohlendioxid-Emissionen bis 20% ergeben. Durch weitere technische Verfahren ist eine weitgehend CO2 freie Stromerzeugung aus Kohle zu ermöglichen und so der Konflikt zwischen Klimaschutz und Versorgungssicherheit gelöst.
Milliarden (52 Mrd. Euro im Jahr 2003) an Devisen, die bisher zur Beschaffung der Rohstoffe verwendet wurden, müssen gespart und verwandt werden, um ausschließlich Rohstoffe zu kaufen, die nicht im eigenen Lande vorrätig sind oder synthetisch hergestellt werden können. Mittels der Rohstoffe aus eigenen Gebieten und mittels der selbsterzeugten Rohstoffe darf nicht der Export gesteigert werden, sondern sie müssen für die eigene Versorgung und Weiterentwicklung genutzt werden. Ebenso ist die geographische Untersuchung in Deutschland auszuweiten, um vorhandene Energievorkommen zu erschließen. Hierbei sei deutlich auf den Bau von weiteren Kraftwerken und Forschungszentren zur Gewinnung von notwendigen Energien hingewiesen, die nicht zuletzt den Bedürfnissen einer modernen Industrienation zugute kommen. Damit gibt auch die Forderung nach einem höheren Ausbildungsstand unserer deutschen Chemiker und Techniker Sinn.

Neben der Kohle nimmt die „erneuerbare Energie“ wie z.B. die der Biomasse, der Wasser- oder Windkraft eine wichtige Rolle ein. Mit 100.000 (100.000-Dächer-Solarstrom-Programm) neuen Solarstromanlagen wurden 2004 in Deutschland so viele neue Anlagen eingebaut wie nirgendwo anders auf der Welt. [249] Der Einbruch dieses „Marktes“ 2012 ist kennzeichnend für die politische Gestaltungskraft liberaler Wirtschaftspolitik (Förderungskürzungen zum 01.04.2012 und mehrmalige Änderung des „Erneuerbaren-Energien-Gesetzes“). Sieht man einmal von diesem negativen Beispiel ab, so sollten wir weniger die alternativen Energien, als vielmehr die Kernfusion oder die Brennstoffzelle in Deutschland fördern.

Kurz: Was bedeutet das? Es bedeutet vor allem, dass die Entwicklung der Industrienation die materielle Grundlage schafft, um die Lebensbedingungen zahlreicher Menschen im Handwerk und der Industrie zu sichern. Insbesondere in einer kapitalistischen Gesellschaft müssen die Interessen und die ordnungspolitischen Maßnahmen auf die Grundrichtung eines Ausgleichs zwischen einem menschwürdigen Leben (Privateigentum und soziale Sicherheit) und des Kapitals ausgerichtet sein.

18. Schlußrede

Die anziehenden, wohlmeinenden und geistreichen Worte jener Denker, die im Liberalismus die Hoffnung des Individuums sahen, müssen sich bestärkt fühlen. Leidenschaftlich wurde für die Autonomie des Individuums gekämpft und das Postulat der individuellen Freiheit weltweit ausgeweitet. Das Gesellschaftsbild der Aufklärung lehrte uns ein aufgeklärtes und freies Individuum. Im Sinne der Demokratie wurde der Mensch frei und die Staatsverfassung zum Träger freier Individuen. In der Dynamik der weltweiten Demokratisierung gingen die Forderungen weit über das eigentliche Ziel hinaus. So erlangten die Menschen politische Mitsprache am politischen Leben und das Wahlrecht dehnte sich aus. Nicht unbotmäßig ist es auch, wenn sich der Liberalismus gegen eine übertriebene Strenge wendet, die gerade in der Erziehung zu einer tiefen seelischen Krise führen kann. Ebenso ist auch der Mensch frei geboren, so dass nichts gegen die Theorie des Liberalismus sprechen würde.

Warum hege ich daher eine Ablehnung gegen den Liberalismus? Was kann am Zustand der geforderten Freiheit falsch sein, wenn sie im Augenblick eingeschränkt wird, indem sie anderen schadet? Ist dies nicht der allgemeine Tenor unserer Gesellschaftsordnung? Hierin liegt der Irrtum. Die geforderte Freiheit schadet nicht anderen, sondern uns selbst. Aber: Indem wir uns selbst schaden, schaden wir auch zwangsläufig unseren Mitmenschen. Warum? Es ist nun mal so, dass in der Grundüberzeugung des Liberalismus alle Konventionen (absolute Freiheit) aufgelöst werden. Sie werden aufgelöst, weil der aufgeklärte Mensch in ihnen ein Korsett der individuellen Unterdrückung wahrnimmt. Hierin liegt auch das Grundproblem der liberalen Freiheit: die widerspruchlose Aufgabe gesellschaftlicher Konventionen. Es muss daher in uns die

Erkenntnis wachsen, dass die Selbstliebe der Freiheit uns zur Unfreiheit verführt. In einer politischen Gemeinschaft, in der es keine Unterschiede zwischen Gleichen und Ungleichen gibt, steht der egoistische Wille im Vordergrund und die Einzelvernunft löst sich aus der Bindung der Autorität. In der Überzeugung, dass der Egoismus und die Autoritätsloslösung zum Vorteil aller gereichen, wird von jedem Individuum der Anspruch nach Selbständigkeit und Gedankenfreiheit erzwungen. Folglich ist die liberale Demokratie nichts anderes als eine Gleichschaltung aller zum Wohle der absoluten Freiheit. Freiheit wird somit zu einem absoluten Gegenstand. Dieser Gegenstand verselbständigt sich im Wesen des Menschen und erzwingt die Auslebung der bis dato kontrollierten Naturtriebe des Menschen. Kurzum, die Naturtriebe des Menschen verselbständigen sich und die Gesellschaften geraten in Anarchie und Chaos. Im falschen Bewusstsein die sozialen Regeln des Miteinanders – also die Konventionen einer Gesellschaft – als zwanghaftes Erziehungsmuster zu verstehen, führt deren Beseitigung genau zum Gegenteil. Warum? Weil neue Verhaltensmuster und neue Regeln geschaffen werden, die die natürliche Entfaltung des Menschen lenken. Mit Recht spreche ich hier von einer »aufgesetzten und unnatürlichen Sanktionierung«. Dies geschieht unterschwellig und manipulierend, also widersprechen dem Gedanken einer freien Meinungsäußerung. Noch während ich diesen Gedanken formuliere diskutieren politische Würdenträger in Deutschland die Einführung einer »Facebook-Fahndung« (Polizeifahndung über das Online-Netzwerk Facebook). Die freie Meinungsäußerung ist demnach relativ und in ihrer praktischen Bedeutung der politischen Willkür unterworfen. Damit erschöpft sich die Freiheit der Meinungsäußerung und erweist sich als impotent. In diesem Sinne führt die Sanktionierung der Freiheit zu einem Paradoxon der modernen Demokratie. Kurz, die Demokratie ist eine widersinnige Behauptung zur Generierung von Freiheit für das Individuum. Warum? Nun, die Generierung

von absoluter Freiheit einerseits und die einschließende Bejahung von Freiheitseinschränkungen andererseits führen zur Willkür der tatsächlichen Freiheit. Die »Willkür der Freiheit« ist demnach nichts anderes als die Hinführung zur Tyrannis.
Die Forderung nach absoluter Freiheit verführt das Individuum zur prahlerischen Überzeugung einer ungezwungenen Auslebung seiner naturgegebenen Triebe. Scharf müssen wir daher unterscheiden zwischen der Forderung nach einer »ehrlichen und gewissenstreuen Überzeugung« gegenüber einer »falschen und erzwungenen bzw. willkürlichen« Freiheit.
Wie können wir demnach eine ehrliche und gewissenstreue Freiheit definieren bzw. was verstehen wir darunter?
Der Versuch, den Freiheitsbegriff definieren zu wollen, scheitert bereits im Ansatz. Er kann nur scheitern, weil die Freiheit nur begrifflich gedacht werden kann und damit ist sie abstrakt. Der Freiheitsbegriff bezeichnet wie z.B. die Liebe etwas Nichtgegenständliches und existiert nur in der Vorstellungswelt des Individuums. Der Enthusiasmus und die Schönheit gedachter Freiheit führen uns auf einen Irrweg, denn der Mensch ist eingebettet im Wirken jener höheren Macht (Gott, Schicksal usw.) die wir in der Natur wahrnehmen. Durch den Versuch diesen ruhenden Pol aufzubrechen, also freiheitlich zu denken und zu gestalten, laufen wir Gefahr, Unruhe und Schrecken in unseren Handlungsweisen (Denken) einfließen zu lassen. So kann uns die Freiheit nur zur Unfreiheit führen, weil der Mensch nicht aus Notwendigkeit lebt und handelt. Ich kann daher nur der Gedankenwelt von Juan Donoso Cortés folgen, der klar und deutlich diesen Irrweg aufzeichnete und formulierte, dass wir zahlreiche Fesseln ablegten, nur um uns neue anzulegen. So treiben wir Mißbrauch mit unserer Freiheit und beseitigen jedwede Art von Fesseln. Uns ist es gleichgültig geworden, was wir sind oder einst waren. Hauptsache ist, dass wir frei sind. Die Freiheit ist unser höchstes Gut und bedeutet Vollkommenheit. Jeder der sich nicht diesem Gut hingibt, stellt sich außerhalb

dieser Vollkommenheit. Aus diesem Grund wird jeder Prediger, der die Völker an ihre längst vergessenen Prinzipien erinnert, genötigt. Päpste, Kardinäle, Politiker und Bürger werden manipuliert, um sich dem Irrsinn dieser Philosophie zu beugen. Es darf nicht sein, dass gelehrt wird, dass der Mensch einer Krankheit unterlag, die ihn bis aufs Mark schwächte.

Im Grunde wird damit die rationale Forderung nach einer natürlichen Grenze gegen die Ausbreitung des absoluten Freiheitsdranges unterdrückt. Im Bewusstsein dieses Makels bedarf es nunmehr einer Wahrheit, die ihn aus dem Irrtum und des Bösen herausführt. Unmissverständlich lege ich hier die Worte Juan Donoso Cortés aus und betone, dass auch der Enthusiasmus und die Schönheit vergangener Epochen uns nicht die Freiheit bringen kann. Sie bringt uns nicht die Freiheit, weil wir nicht erkennen, dass der Mensch nicht frei sein kann. Der Mensch ist zwar frei geboren aber eingebettet im Wirken und Schaffen jener höheren Macht, die wir in der Natur wahrnehmen. Gott schuf die Natur und sie handelte für uns, wo wir nicht handlungsfähig waren. Gegenwärtig handeln wir gegen die Natur und damit haben wir die letzte Barriere der natürlichen Ordnung beseitigt. Der Liberalismus und moderne Demokratien verstehen die Natur des Menschen grundsätzlich falsch. Oder muss ich fragen, ob sie diese bewusst falsch verstehen? Lediglich die Katholische Kirche erkannte die Unvollkommenheit der menschlichen Seele. Allerdings entband man sie von dieser Last und entließ sie in ihre Freiheit. Gewiss, die heuchlerischen Moralisten und die übertriebenen Moralvorstellungen (Strenge) kirchlicher Würdenträger trugen ihre Teilschuld. Aber wogegen waren sie denn streng? Wohl nicht gegen den Gemäßigten. Daher werde ich meine Meinung nicht ändern und prophezeie, dass solange der Mensch seine natürlichen Tugenden: also Gemeinsinn, Wohlwollen, Rücksicht, Fleiß, Mäßigkeit, Bescheidenheit, Nachsicht und Mitleiden nicht wiedererlangt, er sich seine Hölle (Sadisten) weiterhin selbst schafft. In Anbetracht des gegenwärtigen Zustandes müssen wir feststellen, dass das Unkraut wächst und sich zu einem Urwald entwickelt, indem das »Leuchtfeuer der Freiheit« ihre neue Heimat findet. Die Unvollkommenheit liberalen Denkens führt uns zu einer kruden Vielfalt aus absoluter Freiheit und kollektiver Überwachung. In einer aggressiven Abwechslung pseudofaschistischer Methoden der Überwachung und dem irrationalen Verhalten des Individuums, in der Auslebung seiner absoluten Freiheit, beraubt sich der Mensch auch langfristig seiner Würde und seines Verstandes. Auf der einen Seite blutige Wirklichkeit und andererseits erhebt sich die Forderung nach Erlösungssehnsucht und Freiheit. Eine derartige Denkweise gefährdet alle Länder der Welt, die mehr oder weniger bestrebt sind, ihre eigenen Identitäten, Tugenden und Ordnungen aufrechtzuerhalten. Worin liegt nun die Wahrheit? Die Wahrheit ist nicht, das richtige Regierungssystem zu finden. Auch geht es nicht darum die Missetaten der Vergangenheit aufzurechnen. Nein, vielmehr besteht die Wahrheit darin, dem Menschen seinen Glauben und seine Selbstachtung wiederzugeben. So muss der Mensch »das volle Maß seiner Verantwortung erkennen und auf sich nehmen. Um das aber zu können, muß er wieder das richtige Verhältnis zur Wahrheit der Dinge, zu den Forderungen seines tiefsten Innern und, letztlich, zu Gott gewinnen. Sonst verfällt er seiner eigenen Macht [...]« [250]. Würde er dieser Macht verfallen, bliebe ihm am Ende seiner Entwicklung nur noch eine beunruhigende Tatsache: »dass sich heute wie damals in Rom Krankheit, Neurose, Sucht, Kriminalität, Alkoholismus und Selbstmord in den Großstädten konzentrieren.« [251]

Bietet die vorliegende Schrift eine Alternative? Zweifelnde Kritiker würden dies verneinen, denn Alternativen hatten wir genug. In der Tat, die hatten wir. Alle Formen politischer Herrschaft und religiöser Offenbahrung erlebte die Menschheit. Wohlan! Eben diese richteten uns zugrunde und wir erschufen uns neue Götter. Als dann erlebte die Menschheit jede Form atheistischer und weltanschaulich neutraler Herrschaftsformen, die ebenso in ihrer Erkenntnis und Selbstkritik an der Wirkung Mensch scheiterte. Sie mussten scheitern, weil sich das kranke, kümmerliche gegen sich selbst erhob. Meint man wirklich allen Ernstes, dass erst der Sieg über den Menschen selbst (sog. »Human Brain Project«) die Erlösung bringt? Auf diese gewaltige Frage kann es keine ehrliche Antwort geben, denn die Menschheitsgeschichte wurde als Tragödie konzipiert und führt uns unweigerlich zum Untergang des Helden.

In Anbetracht einer Zeit, in der selbst der Papst freiwillig den Stuhl Petri räumt [252], kann es scheinbar keine Hoffnung mehr geben. So bewahrheiten sich die Worte dieser Schrift und die gespenstischen Boten der Freiheit werfen ihren Schatten: auch in der römischen Kirche.

Die heutige mediale Kritik an der Institution Kirche orientiert sich weitgehend an der schwachen Stellung des Heiligen Stuhls und der rastlosen Verkündigung jener großen Prinzipien der demokratischen Ordnung. Das gleichberechtigte Nebeneinander von zahlreichen Meinungen und Wertevorstellungen kann der Kirche nicht dienlich sein. Vielmehr führt uns der Weg so genannter »Protestkatholiken« (Reformkatholizismus, kurz Modernisten genannt) zur moralischen Gleichgültigkeit und fernab unserer Gebote.

Die Wertvorstellungen und Normen der Katholischen Kirche bildete Jahrhunderte lang das einigende Band des Staates, der wiederum die Fortsetzung der traditionellen Familie darstellte. Die allzu bereitwillige Aufnahme liberaler Ideen bildete die Schwächung kirchlicher Normen und der Auflösung des traditionellen Familienbildes. Die Verbreitung falscher philosophischer Ideen führte notwendigerweise zu einer moralischen und kirchlichen Entrückung. Die politische Forderung des Prinzips der Freiheit offerierte den Menschen die Vorstellung nach einer »gerechten« Gesellschaftsordnung. Nach wie vor bestimmen die Forderungen nach »sozialer Gerechtigkeit« und »bedingungsloser Gleichheit« die Tagesordnung der Innenpolitik. Wohlweislich führt die Umsetzung solcher Forderungen nicht nur zu einer Umwälzung der Gesellschaft, wie ich sie bereits im Vorfeld skizziert habe, sondern sie wirken sich auch Rückwirkend auf die Kirche aus. In diesem Sinne darf es kein entsetztes zurückweichen geben, denn der Reformkatholizismus bewegt nicht »die Sorge um die Kirche«, sondern der Drang nach individueller Selbstbestimmung. Wenn der Reformkatholizismus obsiegt und seine Forderungen in das Lehramt der Kirche einfließen lässt, dann gerät im Staat wie in der Kirche alles in Verwirrung. Es scheint mir ein alarmierendes Zeichen zu sein, dass der Zweifel an der Katholischen Kirche nunmehr von den Leidenschaften einiger Vertreter der Kirche getragen wird. In der Erwartung, dass die dialogische Form die Einheit der Katholischen Kirche bewahren würde, müssen wir leider abstand nehmen. Nicht mehr der missionarische Eifer und das Martyrium der vorbildlichen Verkünder des Evangeliums treiben die Katholische Kirche an, sondern die Eitelkeit und das Prinzip der Freiheit.

Es ist daher bedeutsam, wenn Joachim Kardinal Meisner auf den Anspruch verweist den »Jesus an die Seinen gerade im Kontext der eucharistischen Rede (Joh 6) stellt.« Joachim Kardinal Meisner bemerkt im Gespräch mit dem Informationsblatt der Priesterbruderschaft St. Petrus vom Februar 2013: »Wir haben uns nach dem Konzil so sehr dem Zeitgeist angepasst, dass der Sinn für das Heilige abhanden gekommen ist. Wir haben die Sakramentenkatechese sträflich vernachlässigt und äußere Zeichen der Ehrfurcht ersatzlos gestrichen. Solche Zeichen – Kommunionbänke, eucharistische Nüchternheit, Niederknien oder die Mundkommunion – waren wie ein Schutzwall um die heilige Eucharistie. So wurde schon zeichenhaft deutlich, das hier etwas Einzigartiges geschieht. Dass sich Heiliges vollzieht. Wir haben das Mysterium nicht mehr geschützt und erleben nun die totale Profanierung des Sakralen. Die Liturgie wurde entsakralisiert. Was ist aus all dem an evangelisierender Kraft erwachsen? Nichts! Das ist eine schlimme Entwicklung, die dringend der Korrektur bedarf.« [253] Die Welt, der Mensch bedarf einer gesicherten Stetigkeit und nicht einer irgendwie gearteten Veränderung oder progressiven Anpassung. In diesem Sinne haben wir den Konservatismus und Katholizismus zu verstehen.

Nicht weniger schrieb Erzbischof Lefebvre u.a. folgende Worte am 2. Juni 1988 in einem Brief an Johannes Paul II.: »Der falsche Ökumenismus, der alle durch das Konzil hervorgerufenen Neuerungen in der Liturgie, in den neuartigen Beziehungen der Kirche zur Welt, ja sogar in ihrem neuen Selbstverständnis verursacht hat, führt die Kirche in den Ruin und die Katholiken in die Apostasie [254].« Der Rücktritt des Papstes Benedikt XVI. entzauberte damit die Katholische Kirche.
Unzweifelhaft verweltlicht sie und degradiert zu einem Kunstmuseum. Ist es doch nunmal so, dass die viele Kirchen mittlerweile reine Veranstaltungsräume geworden sind: mit täglichen Öffnungszeiten und angepriesenen sonntäglichen »Veranstaltungen« (vgl. Abbildung 6). Überhaupt: die ständigen sinnlosen Debatten über eine Modernisierung, Reform und des Wandels! Friedrich Nietzsche nannte sie die »Freidenker«, denn in allen Ländern Europas und Amerika:
»gibt es […] etwas, das Mißbrauch mit diesem Namen treibt, eine sehr enge, eingefangene, an Ketten gelegte Art von Geistern, welche ungefähr das Gegenteil von dem wollen, was in unsern Absichten und Instinkten liegt […]. Sie gehören, kurz und schlimm, unter die Nivellierer, […] - als beredte und schreibfingrige Sklaven des demokratischen Geschmacks und seiner ‚modernen Ideen' […]« [255].

Abbildung 6: Salzburger Dom, Fest der Jugend.

Schlechtes Gewissen wird sie bei ihrem Treiben nicht erfüllen, denn befreit sind diese Götzendiener vom Gewissen und im Namen dieser Freiheit handeln sie.
Werner Sombart, »einer der bekanntesten deutschen Volkswirtschaftler« kennzeichnete in seinem Buch »Deutscher Sozialismus« alle die Verwüstungen, »die während des verflossenen Jahrhunderts auf allen Gebieten unseres Daseins« angerichtet wurden, rundweg als »Teufelswerk«: nur »wer an die Macht des Teufel glaubt, kann verstehen, was sich in den letzten anderthalb Jahrhunderten in Westeuropa und Amerika zugetragen hat«. Satan »hat [...] den Glauben an eine jenseitige Welt zerstört und damit die Menschen [...] in die Verlorenheit der Diesseitigkeit geworfen«. Satan hat durch den »Wahn der Gottähnlichkeit« die Menschen zum »Rauch der Freiheit [...] des Liberalismus« gebracht. »Er hat gleichzeitig alle niederen Triebe des Menschen" geweckt und die »kapitalistische [...] Wirtschaftweise [...] ausgeklügelt«. »Er hat die Menschen eine raffinierte Technik gelehrt, mit der sie tatsächlich ′Wunder′

verrichten, Berge versetzen und Erdteile verrücken können [...]. Dieser Versuchung haben die Menschen unserer Zeit nicht widerstanden, wie einst des Menschen Sohn. Sie haben den Herrn der Unterwelt angebetet [...]«. [256]

Daraus ergibt sich für mich die Erkenntnis, dass die Lüge und Selbstverleugnung nur durch die kraftvolle Hilfe des Glaubens aufgehoben werden kann. Die Formel der Wahrheit ist die Gottesliebe, die uns Menschen gewährt wird und uns einigen kann. In der Erfüllung dieser Botschaft liegt die Fähigkeit die Wahrheit zu sagen und der gewaltsamen Zerstörung unseres Bewußtseins entgegenzuwirken. In diesem Sinne beende ich diese Schrift mit den Worten des Papstes Pius X. (1903-1914), der in seiner Borromäus-Enzyklia (Editae Saepe) den Mut aufbrachte, die gewaltsame Zerstörung der Einheit und Harmonie der Kirche zu benennen:

»Inmitten dieser Übel entstanden hochmütige und rebellische Männer, Feinde des Kreuzes Christi, Männer irdischen Sinnes, deren Gott der Bauch ist. Diese suchten nicht die Sitten zu verbessern, sondern leugneten die Dogmen, vermehrten die Unordnung und lockerten zu ihrem und anderer Nutzen die Zügel der Freiheit. Sie verachteten, indem sie den Leidenschaften der am meisten korrumpierten Fürsten und Völker folgten, die Autorität und Führung der Kirche und zerstörten fast tyrannisch ihre Lehre, Verfassung und Disziplin. Alsdann ahmten sie jene Bösen nach, denen die Drohung gilt: Wehe euch, die ihr das Böse gut nennt und das Gute böse! Diesen Tumult der Rebellion und diese Perversion des Glaubens nannten sie Reformation und sich die Reformatoren, aber in Wahrheit waren sie Verderber, entnervt durch Uneinigkeit und Krieg. Sie bereiteten die Rebellion und Apostasie moderner Zeit vor und entfalteten die dreifache Verfolgung, gegen welche die Kirche bisher einzeln siegreich zu kämpfen hatte, nämlich erstens die blutige Verfolgung der ersten Jahrhunderte, zweitens die häusliche endemische Pest der Häresien und drittens unter dem Namen evangelische Freiheit

jene Korruption der Laster und Perversion der Disziplin, die das Mittelalter so nicht kannte.« [257]
Wohl war Papst Pius X. dazu berufen die Wahrheit zu sagen, dennoch musste er sich bereits damals dem Modernismus, also dem liberalen Reformkatholizismus, beugen.
Was können wir daher tun? Müssen wir die Hiebe aushalten die uns zugefügt werden? Nein, da wir die Irrungen und die Annschauungen des Liberalismus kennen, müssen wir die Zuversicht aufbringen und uns vom entzweienden Unnatürlichen abwenden; denn Einheit gibt es nur unter Christus unter dem Kreuz.

Literatur

Dieses Verzeichnis enthält nur die zitierten Monographien, Ausgaben und Sammelbände. Alle weiteren Angaben zu Zeitungs-, Zeitschriften- und Internetbeiträgen finden sich im Anmerkungsteil.

Annan Kofi: Die Vereinten Nationen im 21. Jahrhundert.Reden und Beiträge 1997-2003, Hrsg. von Manuel Fröhlich, 1. Aufl., 2004.

Assmann, Aleida: Der lange Schatten der Vergangenheit. Erinnerungskultur und Geschichtspolitik, Beck Verlag München 2006.

Assmann, Jan: Das kulturelle Gedächtnis.Schrift, Erinnerung und politische Identität in antiken Hochkulturen, Beck Verlag, 6. Aufl. München 2007.

Augustinus, Aurelius: De civitate Dei (Vom Gottesstaat), Deutscher Taschenbuch Verlag, Vollständige Ausgabe, Februar 2007.

Barruel Augustin: Denkwürdigkeiten zur Geschichte des Jakobinismus, Bd.:1, Münster, Leipzig (1800), Signatur: Gall.rev.68-1, Bayerische Staatsbibliothek, Münchner Digitalisierungs-Zentrum.

Beck, Reinhart: Sachwörterbuch der Politik, Alfred Kröner Verlag, 1. Aufl., Band 400, Stuttgart 1977.

Benz, Arthur: Der moderne Staat, Grundlagen der politischen Analyse, 2. Auflage, Oldenbourg Verlag München, 2008.

Bodin, Jean: Über den Staat, Reclam, Stuttgart 1976.

Norbert, Bolz: Diskurs über die Ungleichheit, 2009.

Buckel, Sonja; Fischer-Lescano, Andreas (Hrsg.): Hegemonie gepanzert mit Zwang Zivilgesellschaft und Politik im Staatsverständnis Antonio Gramscis, Nomos, 2007.

Decker, Franz: Parlamentarisch, präsidentiell oder semi-präsidentiell? Der Verfassungskonvent ringt um die künftige institutionelle Gestalt Europas, in: »Aus Politik und Zeitgeschichte«, bpb, 6. Januar 2003.
Domes, Jürgen: Die politische Lage in der Volksrepublik China. In: Aus Politik und Zeitgeschichte Bd.27, Bonn 1998.
Dreitzel, P.Hans: Elitebegriff und Sozialstruktur. Eine soziologische Begriffsanalyse, Ferdinand Enke Verlag Stuttgart, 1962.
Eckehart, Meister: Deutsche Predigten und Traktate, 7. Auflage, Carl Hanser Verlag München Wien, 1963.
Fei, Han: Die Kunst der Staatsführung. Die Schriften des chinesischen Meisters Han Fei, Komet Verlag GmbH, Köln.
Fenske, Hans: Politisches Denken von der Französischen Revolution bis zur Gegenwart, in: Geschichte der politischen Ideen. Von der Antike bis zur Gegenwart, Fischer Taschenbuch Verlag, Frankfurt am Main, Juli 1996.
Friedrich von Schiller: Wallensteins Tod, Ein Trauerspiel, Ausgewählte Werke, Teil 2, Illustrierte Ausgabe, Weltbild Sammler Edition in der Verlagsgruppe Weltbild GmbH, Augsburg.
Fuchs, Anke: Eliten in Deutschland. Ein Diskussionsbeitrag der FES-Vorsitzenden Anke Fuchs, zuerst erschienen in PolitikWissen.de, Friedrich-Ebert-Stiftung, Info 3/2004.
Gaddis, John Lewis: Surprise, Security, and the American Experience. Cambridge, Mass.: Harvard University Press, 2004.
Gehlen von Andreas: Europäische Parteiendemokratie statt Demokratiedefizit?, in: Mittag, Jürgen (Hg.): Politische Parteien und europäische Integration. Entwicklung und Perspektiven transnationaler Parteienkooperation in Europa, 1. Auflage, Klartext Verlag, Essen 2006.
Genschel, Philipp; Zangl, Bernhard: Die Zerfaserung von Staatlichkeit und die Zentralität des Staates, Aus Politik und Zeitgeschichte, 20 – 21 / 2007.

Grundlagen des Marxismus-Leninismus, Lehrbuch, nach der zweiten, überarbeiteten und ergänzten russischen Ausgabe, Dietz Verlag Berlin 1964.

Haber, Peter; Koller, Christophe, Ritter, Gerold (Hrsg.): Geschichte und Internet. "Raumlose Orte - Geschichtslose Zeit", Zürich 2002, S. 11-22.

Hartmann, Michael: Elitesoziologie. Eine Einführung, Campus Verlag Frankfurt/New York, 2002.

zur Hausen, Clemens: Der Beitrag der Europarteien zur Demokratisierung der Europäischen Union, Tectum-Verlag, Bonn, Univ. Diss., 2008.

Herdegen, M.: Europarecht, München, 2004.

Hirsch, Joachim: Materialistische Staatstheorie: Transformationsprozesse des kapitalistischen Staatensystems, VSA-Verlag Hamburg, 2005.

Holzgrefe, J. L., The Humanitarian intervention debate, in: Holzgrefe, J. L./ Keohane, Robert O. (Hrsg.): Humanitarian Intervention. Ethical, Legal, and Political Dilemmas, Cambridge 2003.

Hradil, Stefan; Imbusch, Peter (Hrsg.): Oberschichten – Eliten – Herrschende Klasse, Band 17, Leske+Budrich, Opladen 2003.

Humphrey, John; Messner, Dirk: Instabile Multipolarität: Indien und China verändern die Weltpolitik, Deutsches Institut für Entwicklungspolitik, German Development Institute, 1/2006.

Intelmann, Peter: Franz L. Neumann: Chancen und Dilemma des politischen Reformismus, Nomos Verlagsgesellschaft, Band 66, Baden-Baden 1996.

Jansen, Thomas; Schönlau, Justus: Der Parteienartikel als Impulsgeber?. Die Entwicklung der Rechtsgrundlagen für die Europäischen Politischen Parteien, in Mittag, Jürgen (Hg.): Politische Parteien und europäische Integration. Entwicklung und Perspektiven transnationaler Parteienkooperation in Europa, 1. Auflage, Klartext Verlag, Essen 2006.

Jochen, Uwe: Das Ende der Geschichte im Internet, in: Haber, Peter; Koller, Christophe; Ritter, Gerold (Hrsg.): Geschichte und Informatik.Raumlose Orte – Geschichtslose Zeit, Vol.12.2001.
Junhua, Zhang: Der Aufbau eines sozialen Sicherungssystems in der VR China – eine kritische Betrachtung (Teil 2), China aktuell, August 2003.
Kerscher, Herwig, An der Freiheit geht die Demokratie zugrunde, **in:** Deutsche Annalen 2014, Das Jahrbuch des Nationalgeschehens, Druffel&Vowinckel Verlag, Gilching 2014, S.108-118.
Kestel, Christine: Über Elite. Form und Funktion von Elite-Kommunikation in der Gesellschaft der Gegenwarten, Inaugural-Dissertation zur Erlangung des Doktorgrades der Philosophie an der Ludwig-Maximilians-Universität München, März 2008.
Köngeter, Matthias: Responsibility to Protect (Schutzverantwortung), Aktueller Begriff, Deutscher Bundestag – Wissenschaftliche Dienste, Nr.28/08, 29. Mai 2008.
Krause, Joachim: Liberaler Imperialismus und imperialer Liberalismus als Erklärungsansätze amerikanischer Außenpolitik, Zeitschrift für Außen- und Sicherheitspolitik, ZFAS 1 (2008).
Lange, Dirk und Himmelmann, Gerhard (Hrsg.): Demokratiebewußtsein. interdisziplinäre Annäherungen an ein zentrales Thema der politischen Bildung, 1. Auflage, Mai 2007.
Leonard, Mark: Was denkt China?, Deutscher Taschenbuch Verlag, 2. Auflage, 2010.
Leibfried, Stephan; Zürn, Michael: Von der nationalen zur post-nationalen Konstellation, in: Leibfried, Stephan und Zürn, Michael (Hrsg.): Transformation des Staates?, Suhrkamp, Frankfurt am Main 2006.
Leibfried, Stephan; Zürn, Michael: Vom Wandel des Staates zur Staatlichkeit im Wandel.Von der nationalen zur post-nationalen Konstellation, in: Transformation des Staates?, Suhrkamp, Erste Auflage, Frankfurt am Main 2006.

Lieber, Hans-Joachim (Hrsg.): Politische Theorien von der Antike bis zur Gegenwart, Bundeszentrale für politische Bildung, 2. Auflage, Bonn 1993.
Marianne (Hg.): Studieren neu erfinden - Hochschule neu denken, Münster: Waxmann 2007, S. 43-53.
Maschke, Günter (Hrsg.): Juan Donoso Cortés, Essay über den Katholizismus, den Liberalismus und den Sozialismus und andere Schriften aus den Jahren 1851 bis 1853, 3. Auflage, Karolinger Verlag, Wien und Leipzig, 2007.
Möller, Kay: Pacific Sunset.Vom vorzeitigen Ende des ostasiatischen Jahrhunderts, SWP-Studie, Stiftung Wissenschaft und Politik, Deutsches Institut für Internationale Politik und Sicherheit, S9, Berlin 2002.
Müller, Albrecht: Machtwahn. Wie eine mittelmäßige Führungselite uns zugrunde richtet, Droemer Verlag 2006.
Nasshoven, Yvonne: Let´s Green Europe?. Von der Europäischen Föderation Grüner Parteien zur Europäischen Grünen Partei, in: Mittag, Jürgen (Hg.):Politische Parteien und europäische Integration. Entwicklung und Perspektiven transnationaler Parteienkooperation in Europa, 1. Auflage, Klartext Verlag, Essen 2006.
Neumann, Franz: Demokratischer und autoritärer Staat. Studien zur politischen Theorie. Herausgegeben und mit einem Vorwort versehen von Herbert Marcuse. Eingeleitet von Helge Pross. Reihe Politische Texte, Europäische Verlagsanstalt, Frankfurt, und Europa Verlag, Wien 1967.
Neumann, Franz: Wirtschaft, Staat, Demokratie. Aufsätze 1930-1954, Suhrkamp Verlag, Erste Auflage, Frankfurt am Main 1978.
Neumann, Franz: Demokratischer und autoritärer Staat. Beiträge zur Soziologie der Politik, basis, Frankfurt a.M., 1967.
Nietzsche, Friedrich: Gesammelte Werke, Gondrom Verlag GmbH, Bindlach 2005.

Nolte, Paul: Die Krise des Konservatismus.Eine Grundströmung westlichen Denkens droht zu verschwinden – nicht nur zum Schaden der CDU, Essay, Zeit online, 13. September 2010.
Nye, Joseph S. Jr.: Conflicts After the Cold War, in: The Washington Quarterly, 19 (1996).
Peters, Bernhard ed al.: Die Transnationalisierung von Öffentlichkeiten am Beispiel der Europäischen Union, in: Leibfried, Stephan und Zürn, Michael: Transformation des Staates?, Erste Auflage 2006.
Petersdorf, Egon von: Daemonologie, zweiter Band: Daemonen am Werk, Christiana Verlag, Zweite Auflage 1982.
Pfaller, Alfred: Wirtschaftliche Globalisierung: was bringt sie für Deutschland?; Versuch, einen diffusen Diskurs zu strukturieren, [Electronic ed.] - Bonn, 2001 - 12 S. = 41 KB, Text, Electronic ed.: Bonn: FES Library, 2001.
Platon: Der Staat (Politeia), Reclam-Verlag GmbH, Stuttgart 1958.
Poulantzas, Nicos: Staatstheorie. Politischer Überbau, Ideologie, Autoritärer Etatismus, VSA-Verlag, Hamburg, 2002.
Marcello, Pera; Joseph Ratzinger: Ohne Wurzeln – Der Relativismus und die Krise der europäischen Kultur, Sankt Ulrich Verlag 2005.
Rousseau, Jean-Jacques: Gesellschaftsvertrag, Reclam Verlag, 2008.
Rudzio, Wolfgang: Das politische System der Bundesrepublik Deutschland, 7.Auflage 2006.
Rudolf, Peter: Die USA und der Aufstieg Chinas. Die Strategie der Bush-Administration, in SWP-Studie, Stiftung Wissenschaft und Politik, Deutsches Institut für Internationale Politik und Sicherheit, Berlin April 2006, S 9.

Rudolf Peter nach Khalilzad, Zalmay; Shulsky N, Abram; Byman, Daniel; Orletsky T. David; Shlapak A. David; Tellis, Ashley J.: The United States and a Rising China: Strategic and Military implications, Santa Monica, Cal.: RAND, 1999, S. 63-69 und Shambaugh, David: Containment or Engagement? Calculating Beijing´s Responses, in: International Security, 21 (Herbst 1996) 2.

Schachermeyr, Fritz: Griechische Geschichte, W. Kohlhammer Verlag, Stuttgart 1960.

Schmidt, Dirk: Die Beziehungen der Volksrepublik China zu multilateralen Gruppierungen im asiatisch-pazifischen Raum, 1989-1999, Dissertation der Wirtschaftswissenschaft an der Universität des Saarlandes, Saarbrücken 2001.

Schopenhauer, Arthur: Die Welt als Wille und Vorstellung, 2. Band, Insel Verlag, Erste Auflage 1996.

Umbach, Frank: Die chinesischen Streitkräfte auf dem Weg zu einer militärischen Supermacht? Sicherheits-, rüstungs- und militärpolitische Strategien und ihre Auswirkungen auf die regionale Stabilität, in: Susanne Luther/Peter J. Opitz (Hrsg.), Chinas Rolle in der Weltpolitik an der Schwelle, München 2000.

Verlage, Christopher: Responsibility to Protect.Ein neuer Ansatz im Völkerrecht zur Verhinderung von Völkermord, Kriegsverbrechen und Verbrechen gegen die Menschlichkeit, Mohr Siebeck, Tübingen 2009.

Wehler, Hans-Ulrich (Hrsg.): Ludwig August von Rochau, Gründsätze der Realpolitik.Angewendet auf die staatlichen Zustände Deutschlands, Ullstein Buch Nr00. 2915, im Verlag Ullstein GmbH, Frankfurt/M-Berlin-Wien, 1972.

Wilkinson, Toby: Aufstieg und Fall des Alten Äypten. Die Geschichte einer geheimnisvollen Zivilisation vom 5. Jahrtausend v. Chr. bis Kleopatra, Deutsche Verlags-Anstalt, München, 2012.

I. Vorrede

1 Kath.net- katholischer Nachrichtendienst: »Mitten im Kulturkampf.Europa zwischen zwei Lebensentwürfen«, 24.Mai 2011,vgl. http://kath.net/detail.php?id=31559 (Stand 2012).

2 Konformismus, stets um Anpassung bemühte Handlung, […], vgl. Meyers Grosses Handlexikon, von A bis Z, Herausgegeben und bearbeitet von der Lexikonredaktion des Bibliographischen Instituts, S. 45.

3 Supranationalität (von lat. supra: über, darüber hinaus und lat. natio: Volk, Volkstamm), der Zustand oder die Idee einer übernationalen und überstaatlichen, d.h. mehrere Nationen und Staaten umfassenden, politischen Organisationen und Einigung. Im Unterschied zu anderen internationalen Organisationen besitzt eine supranationale Organisation eigene Zuständigkeiten und Befugnisse zu Entscheidungen, die die ihr angehörenden Staaten binden; diese haben also zugunsten der supranationalen Organisation vertraglich auf bestimmten politischen Gebieten (z.B. der Wirtschafts- oder Verteidigungspolitik) ihre Souveränität eingeschränkt. […], vgl. ebenda, S. 849f.

II. Liberale Geisteshaltung

4 Lieber, Hans-Joachim (Hrsg.): »Politische Theorien von der Antike bis zur Gegenwart«, Bundeszentrale für politische Bildung, Band 299, S. 938f.

5 Ebda., S. 940.

6 Maschke Günther (Hrsg.): »Juan Donoso Cortés, Essay über den Katholizismus, den Liberalismus und den Sozialismus«, Karolinger Verlag Wien 2007, S. XXI., siehe auch Juan Donoso Cortés, »Cartas al conde de Montalembert«, in Obras completas, II, Madrid 1970, S. 325f.

7 Aktz.:1BvR917/09, FAZ, Nr.18, S.4,21.01.2011.

8 Kämpfe in Damaskus: Rebellen wollen Assad in die Enge treiben –
»Rossijskaja Gasata«, ria novosti, vgl. http://de.rian.ru/world/20120718/264011378.html, Stand 15.08.2012.

9 Schieder, Siegfried: »Neuer Liberalismus«, in: Schieder, Siegfried; Spindler, Manuela (Hrsg.), Theorien der Internationalen Beziehungen, Leske+Budrich, Opladen 2003,
vgl. http://www.siegfried schieder.de/pubs/liberalismus.pdf, S. 173.

10 Ebda., S. 171.

11 Robert James Martin Wight (*26 November 1913 - †1972), war Dozent der internationalen Beziehungen, Mitglied des »British Committee« sowie der Begründer der Englischen Schule, vgl. http://en.wikipedia.org/wiki/Martin_Wight.

12 Der Konstruktivismus ist eine von »traditionellen IB-Ansätzen differierende Perspektive mit eigenen theoretischen und erkenntnistheoretischen Konsequenzen«, vgl. Weller, Christoph: »Internationale Politik und Konstruktivismus«, Welt Trends Nr. 41, Winter 2003/2004, http://www.philso.uni-augsburg.de/lehrstuehle/politik/politik1/mitarbeiter/weller/pdf_buecher_forschungsberichte/Weller_Internationale-Politik-und-Konstruktivismus_04.pdf, S.110.

13 Krause, Joachim: »Liberaler Imperialismus und imperialer Liberalismus als Erklärungsansätze amerikanischer Außenpolitik«, in »Zeitschrift für Außen- und Sicherheitspolitik«, ZFAS 1 (2008), S. 72.

14 Ebda., S. 72ff.

15 Pawelka, Peter: »Die USA als Hegemonialmacht im Vorderen Orient.Eine politische Ökonomie der US-amerikanischen Außenpolitik«, in: LpB (Hrsg.): »Der Vordere Orient an der Schwelle zum 21.Jahrhundert«, Heft 3/98, http://www.buergrimstaat.de/3_98/bis983c.htm (Stand 2012).

16 Krause, Joachim: »Liberaler Imperialismus und imperialer Liberalismus als Erklärungsansätze amerikanischer Außenpolitik«, in »Zeitschrift für Außen- und Sicherheitspolitik«, ZFAS 1 (2008), S. 79-83.

17 Cooper, Robert: »Imperial Liberalism«, The National Interest, n79, 2005, S. 25- 34. http://www.consilium.europa.eu/uedocs/cmsUpload/Cooper_National_Interest.pdf, (Stand 31.05.2010).

18 Oxymoron, das; Rhetorische Zusammenstellung zweier sich widersprechender Begriffe als rhetorische Figur, vgl. Duden, Band 1, Dudenverlag Mannheim 2006.

19 Der Begriff »Perestroika« (russ.: Umbau) wurde Mitte der 1980er Jahre von M. Gorbatschow geprägt. Er ist ein politischer Leitbegriff für die Umstrukturierung von

Politik und Gesellschaft in der Sowjetunion. vgl. Bundeszentrale für politische Bildung, http://www.bpb.de/popup/popup_lemmata.html?guid=DI0 3NH

20 Humphrey, John; Messner, Dirk: »Instabile Multipolarität: Indien und China verändern die Weltpolitik«, Deutsches Institut für Entwicklungspolitik, German Development Institute, 1/2006, http://www.die-gdi.de/CMS-Homepage/openwebcms3.nsf/%28ynDK_contentByKey%29/ENTR-7BRD75/$FILE/1%202006%20DE.pdf, Seite 1, (Stand 2012).

21 Cui Zhiyuan is Professor at the Tsinghua University , Beijing. He is one of the Chinese New Left and has called for a 'Second Liberation of Thought'. His views are discussed in the essay-collection One China, Many Paths . He has also been critical of recent privatisations of state assets and has called for more democracy, vgl. http://translate.google.de/translate?hl=de&langpair=en|de &u=http://en.wikipeda.org/wiki/Cui_Zhiyuan (Stand 06.07.2010).

22 Leonard, Mark: »Was denkt China?«, Deutscher Taschenbuch Verlag, 2. Auflage, 2010, S. 26.

23 gemeint ist die Schaffung der Rechtsgrundlage für die Vereinten Nationen (UNO) am 26. Juni 1945.

24 Der Weltfrieden ist Ausdruck einer utopischen Vorstellung. Hierbei wird der Zustand eines weltweiten Friedens, also die Beendigung weltweiter militärischer Konflikte, angestrebt. Unterstützung findet diese Idee bei internationalen Friedensbewegungen, Einzelpersonen oder Nichtregierungsorganisationen.

25 Schüßler, Rudolf: »Humanitäre Intervention und gerechter Krieg«, in: Sicherheit und Frieden, 3/2001, S. 139.

26 Letzebuerger Journal: »Käßmann hat Einstellung zu Afghanistan nicht geändert«, 13.01.2010, vgl.http://www.journal.lu/2010/01/13/%E2%80%9Ewir-haben-die-grose-sorge-dass-das-zivile-in-den-hintergrund-tritt%E2%80%9C/, aufgerufen am 18.04.2011.

27 Carl von Clausewitz: »Vom Kriege«, Insel taschenbuch 3087, Erste Auflage, Insel Verlag Frankfurt am Main und Leipzig 2005.

28 Zitat von Mao Tse-tung (1893-1976).

29 »Bei Massendemonstrationen von Oppositionsanhängern gegen den offiziellen Wahlausgang waren allein am vergangenen Wochenende mindestens 17 Menschen getötet und mehr als Hundert teils schwer verletzt. Weitere Hunderte Menschen sollen inhaftiert worden sein. Die Konfrontation zwischen beiden Lagern hatte sich zugespitzt, als sich am Samstag der oberste Führer des Landes, Ajatollah Ali Chamenei, eindeutig hinter Ahmadinedschad gestellt und Wahlfälschung in großem Stil ausgeschlossen hatte. Der als moderat geltende Ex-Präsident Mohammed Chatami warnte am Sonntag (21.06.2009), dass Sicherheitskräfte und Militärs das Kriegsrecht verhängen und die Macht im Land übernehmen könnten«, vgl. bpb, Bundeszentrale für Politische Bildung, »Schwere Unruhen im Iran«, Hintergrund aktuell, 25.06.2009.

30 zur Person: Mike Hammer, National Security Council Spokesman, vgl. http://fpc.state.gov/123208.htm, aufgerufen am 25.05.2011.

31 »Viele Tote in Teheran befürchtet – USA protestieren«, 28.12.2009, http://www.welt.de/politik/article5650104/Viele-Tote-in-Teheran-befuerchtet-USA-protestieren.html, aufgerufen am 25.05.2011.

32 Die Lage in Ägypten hat sich durch den Sturz des Präsidenten Mohammed Hosni Mubarak (Präsident seit Okt. 1981) im Frühjahr 2011, durch das Volk von Ägypten, nur unwesentlich verbessert. Die Situation ist nach wie vor angespannt und eine ev. Regierungsbildung islamischer Fundamentalisten ist plausibel.

33 »Unruhen in England breiten sich aus«, Junge Freiheit, http://www.jungefreiheit.de/Single-News-Display-mit-Komm.154+M5fdb355a611.0.html, 09.08.2011.

34 Westlicher Teil des arabischen Nordafrikas.

35 Husni Mubarak wurde nach 18 tägigen Protesten am 11.Februar 2011 als Präsident Ägyptens gestürzt. In Folge der Entwicklungen hat die ägyptische Oberstaatsanwaltschaft bereits Anklage wegen vorsätzlichen Mord, versuchter Tötung, Machtmissbrauch, Veruntreuung von Staatsbesitz und persönliche Bereicherung erhoben, vgl. Staatsanwalt klagt Mubarak wegen Mordes an, 24.05.2011, http://www.spiegel.de/politik/ausland/0,1518,764667,00.html, aufgerufen am 25.05.2011.

36 Avenarius, Tomas: 31 »Milliarden für den Autokraten«, http://www.sueddeutsche.de/politik/aegypten-wie-der-westen-mubarak-stuetzt-milliarden-fuer-den-autokraten-1.1051614, aufgerufen am 25.05.2011.

37 Weiland, Severin: »Berlin plant für die Zeit nach Mubarak«, 31.01.2011, http://www.spiegel.de/politik/deutschland/0,1518,742654,00.html, aufgerufen am 25.05.2011.

38 Resolution 1973 (2011), Protection of civilians, S. 3, http://daccess-dds-ny.un.org/doc/UNDOC/GEN/N11/268/39/PDF/N1126839.pdf?OpenElement

39 Augustin Barruel, S. J. (1741- 1820) war Abbé und Domherr in Paris, französischer Jesuit, konservativer Publizist und Historiker.

40 Augustin Barruel: »Denkwürdigkeiten zur Geschichte des Jakobinismus«, Bd.:1, Münster, Leipzig (1800), Signatur: Gall.rev.68-1, Bayerische Staatsbibliothek, Münchner DigitalisierungsZentrum, S14f.

41 Maschke, Günter (Hrsg.): Juan Donoso Cortés, »Essay über den Katholizismus, den Liberalismus und den Sozialismus und andere Schriften aus den Jahren 1851 bis 1853«, 3. Auflage, Karolinger Verlag, Wien und Leipzig, 2007, S. XXIII.

42 Platon: Der Staat (Politeia), Reclam-Verlag GmbH, Stuttgart 1958, S. 374 f., Achtes Buch [562e-564d].

III. Globaler Gleichheitsgedanke

43 siehe in diesen Zusammenhang auch die unterschiedlichen Staatsmodelle: Nationalstaat, Kulturnation, Vielvölkerstaat, Willensnation und Verfassungsstaat.

44 Wilkinson, Toby: Aufstieg und Fall des Alten Ägypten. Die Geschichte einer geheimnisvollen Zivilisation vom 5. Jahrtausend v. Chr. bis Kleopatra, Deutsche Verlags-Anstalt, München, 2012, S. 24.

45 Die Schaffung der aufgezeigten Dimensionen des modernen Nationalstaates waren für die kontinentaleuropäischen Staaten nicht friedlich »erkauft« worden. So müssen wir (insbesondere) notwendigerweise an die Folgen des 30 jährigen Krieges und den Beschlüssen des Westfälischen Friedens vom 24. Oktober 1648 in Münster erinnern. Damaliger Friede wurde geschlossen, weil der Krieg an sich selbst zugrunde ging. » [...] Europas politische Landkarte veränderte sich durch Gebietsverschiebungen auf Kosten Deutschlands zugunsten Frankreichs und Schwedens. Habsburgs Vorherrschaft war beseitigt, neue Großmächte in Europa waren Frankreich, Schweden und die Niederlande der Oranier. In Deutschland aber löste sich das Reich in einen Staatenbund von vielen Einzelstaaten auf, in denen die Landesherren ihre uneingeschränkte Souveränität erhielten. Diese »Souveränität« war gleichbedeutend mit einer politischen Ohnmacht, ja Agonie, in Deutschland, wo ohnehin die Städte zu elenden Flecken zerfallen, die Dörfer ausgestorben waren und viele Leichen auf offenem Land von Tieren und Würmern gefressen wurden, weil niemand mehr da war, der sie beweinen, beklagen und begraben konnte. Und diese »Souveränität« der Landesherren brachte für die Untertanen durch zwei

Jahrhunderte eine totale Abhängigkeit vom fürstlichen Absolutismus in Deutschland, die Entwicklung eines oft sklavischen Untertanengeistes im Volk angesichts der lächerlichen »Hofhaltung« der Landesherren nach dem Beispiel von Versailles [...].« vgl. Dollinger, Hans: »Schwarzbuch der Weltgeschichte«, Manfred Pawlak Verlagsgesellschaft mbH, Herrsching, S. 323f.

46 »Der Wandel von Staatlichkeit – die ursprüngliche Konzeption«, Forschungsprogramm 2007-2010, Staatlichkeit im Wandel, http://www.sfb597.uni-bremen.de/pages/forForprogrammUrsprungskonzeption.php?SPRACHE=de, vgl auch Prof. Dr. Schuppert, Gunnar, Folke: »Was ist und wie misst man Wandel von Staatlichkeit?, in: Der Staat: Band 47, Heft 3«, September 2008.

47 Genschel, Philipp; Leibfried, Stephan; Zangl, Bernhard: »Der zerfasernde Staat. Vom Wandel des Subjekts moderner Politik«, in: Wolf, Dieter Klaus (Hrsg); Staat und Gesellschaft – fähig zur Reform?, Nomos, S. 40, URL: http://www.sfb597.uni-bremen.de/download/de/ueber/presse/pr_stimmen_070921_dvpw-kongress.pdf, aufgerufen am 25.11.2009.

48 Leibried, Stephan; Zürn, Michael: »Von der nationalen zur post-nationalen Konstellation«, in: Leibfried, Stephan und Zürn, Michael (Hrsg.): Transformation des Staates?, Suhrkamp, Frankfurt am Main 2006, S. 41-42.

49 »Dimensionen der Staatlichkeit, Staatlichkeit im Wandel«, sfb597, vgl. http://www.sfb597.uni-bremen.de/pages/forForprogrammDimensionen.php?SPRACHE=de, aufgerufen am 13.12.2009.

50 Vertrag von Lissabon: Protokoll (Nr. 26) über Dienste von Allgemeinem Interesse , Artikel 1, TL/P/de 20, »Zu den gemeinsamen Werten der Union in Bezug auf Dienste von allgemeinem wirtschaftlichem Interesse im Sinne des Artikels 16 des Vertrags über die Arbeitsweise der Europäischen Union zählen insbesondere: — die wichtige Rolle und der weite Ermessensspielraum der nationalen, regionalen und lokalen Behörden in der Frage, wie Dienste von Allgemeinem wirtschaftlichem Interesse auf eine den Bedürfnissen der Nutzer so gut wie möglich entsprechende Weise zur Verfügung zu stellen, in Auftrag zu geben und zu organisieren sind; […]«.

51 Prof. Dr. Schuppert, Gunnar, Folke: »Die neue Verantwortungsteilung zwischen Staat und Gesellschaft – oder: Wessen Wohl ist das Gemeinwohl?«, vhw FW 4/Aug.-Sept.2008, S.190, vgl. http://www.vhw.de/publikationen/studien/, aufgerufen am 11.04.2011.

52 Langguth, Gerd: »Rückschau auf die Zukunft. Deutschland im Zeichen der Globalisierung«, aus: Europäische Rundschau, 26. Jahrgang, Nummer 1/98, S. 49-68., http://www.gerd-langguth.de/artikel/zukunft.htm, aufgerufen am 14.12.2009.

53 Henning, Klaus: »Globalisierung und die Transformation des Staates«, vgl. http://www.copyriot.com/bewegt/transformationhtml, aufgerufen am 25.11.2009.

54 Poulantzas, Nicos: »Staatstheorie. Politischer Überbau, Ideologie, Autoritärer Etatismus«, VSA-Verlag, Hamburg, 2002, S. 24.

55 Leibfried, Stephan; Zürn, Michael: »Von der nationalen zur post-nationalen Konstellation«, in: Leibfried, Stephan und Zürn, Michael (Hrsg.): Transformation des Staates?, Suhrkamp, Frankfurt am Main 2006, S.41.

56 Der Forschungsbereich 597 »Staatlichkeit und Wandel« an der Universität Bremen beschäftigt sich mit der systematisch-empirischen Erfassung der gegenwärtigen Wandlungsprozesse moderner Staatlichkeit, vgl. http://www.sfb597.uni-bremen.de, aufgerufen am 09.12.2009.

57 Brand, Ulrich:»Die Internationalisierung des Staates«, April 2007, vgl.http://www.rainer-rilling.de/gs-villa07-Dateien/Brand.pdf (Stand 2012).

58 Ludwig, Gundula; Sauer Birgit, Sauer; Wöhl, Stefanie (Hrsg.): Staat und Geschlecht.Grundlagen und aktuelle Herausforderungen fiministischer Staatstheorie, Nomos 2009, vgl. http://birgitsauer.org/bibliografie.php

59 Bob Jessop bezeichnete die postfordistische Staatsform als >Schumpeterian Workfare<. Der Schumpeterianische Workfare-Staat »kann als ein Modus makroökonomischen Wachstums definiert werden, der auf der Dominanz eines flexiblen und ständig innovativen Musters der Akkumulation beruht«, vgl. Atzmüller, Roland: »Arbeit an der Veränderung. Überlegungen zur Staatstheorie im Postfordismus«, URL: http://www.grundrisse.net/grundrisse12/12roland_atzmueller.htm, aufgerufen am 09.12.2009, vgl. auch Jessop, Bob (1992): Regulation und Politik. in: Demirovic, Alex/Krebs, Hans-Peter/Sablowski, Thomas (Hg.): Hegemonie und Staat – Kapitalistische Regulation als Projekt und Prozeß, Münster, 232-262.

60 Hirsch, Joachim: »Materialistische Staatstheorie: Transformationsprozesse des kapitalistischen Staatensystems«, VSA-Verlag Hamburg, 2005.

61 Brand, Ulrich: »Die Internationalisierung des Staates«, April 2007.vgl. URL: http://www.rainer-rilling.de/gs-villa07-Dateien/Brand.pdf, aufgerufen am 22.11.2009, S1.

62 Woyke, Wichard: »Handwörterbuch Internationale Politik, Bundeszentrale für politische Bildung«, 6. aktualisierte Auflage, Bonn, 1995, S. X-XII.

63 Hirsch, Joachim: »Die Internationalisierung des Staates.Anmerkungen zu einigen aktuellen Fragen der Staatstheorie«,03/05, trend onlinezeitung, vgl. http://www.trend.infopartisan.net/trd0305/t330305.html, aufgerufen am 11.04.2011.

64 Brand, Ulrich ed al.: »Verdichtungen zweiter Ordnung. Die Internationalisierung Des Staates aus einer Neopoulantzianischen Perspektive«, S.221ff URL:http://prokla.de/Volltext/147BrandEtAl.pdf, aufgerufen am 09.12.2009.

65 Siehe in diesem Zusammenhang auch: Buckel, Sonja; Fischer-Lescano, Andreas (Hrsg.): »Hegemonie gepanzert mit Zwang.Zivilgesellschaft und Politik im Staatsverständnis Antonio Gramscis«, Nomos, 2007.

66 Wissel,Jens: »Die Transnationalisierung von Herrschaftsverhältnissen. Zur Aktualität von Nicos Poulantzas' Staatstheorie«, http://www.grundrisse.net/buchbesprechungen/jens_wissel.htm, aufgerufen am 12.09.2009.

67 interior: „das Innere", Psychologie/kognitive Vorgänge: verinnerlichen, aneignen, internalisieren, introduzieren; vgl. http://www.science-at-home.de/wiki/index.php/Interiorisieren (Stand Juli 2012).

68 Brand, Ulrich ed al.: »Verdichtungen zweiter Ordnung.Die Internationalisierung des Staates aus einer neo-poulantzianischen Perspektive«, S.222. vgl. URL: http://prokla.de/Volltexte/147BrandEtAl.pdf, S. 222, (Stand 2012).

69 Rudzio, Wolfgang: »Das politische System der Bundesrepublik Deutschland«, 7.Auflage 2006, S. 81.

70 Leibfried, Stephan; Zürn, Michael: »Vom Wandel des Staates zur Staatlichkeit im Wandel.Von der nationalen zur post-nationalen Konstellation«, in: Transformation des Staates?, Suhrkamp, Erste Auflage, Frankfurt am Main 2006, S.45.

71 Peters, Bernhard ed al.: »Die Transnationalisierung von Öffentlichkeiten am Beispiel der Europäischen Union«, in: Leibfried, Stephan und Zürn, Michael: Transformation des Staates?, Erste Auflage 2006, S.230-261.

72 Wimmel, Andreas: »Transnationale Diskurse in Europa.Der Streit um den Türkei-Beitritt in Deutschland, Frankreich und Großbritannien«, Staatlichkeit im Wandel, Campus 2006, S.9.

73 Genschel, Philipp; Zangl, Bernhard: Die Zerfaserung von Staatlichkeit und die Zentralität des Staates«, Aus Politik und Zeitgeschichte, 20 – 21 / 2007, S.16.

74 Peters, Bernhard ed al.: »Die Transnationalisierung von Öffentlichkeiten am Beispiel der Europäischen Union, in: Leibfried, Stephan und Zürn, Michael: Transformation des Staates?, Erste Auflage 2006, S.235-236.

75 Dollinger, Hans: »Schwarzbuch der Weltgeschichte«, Manfred Pawlak Verlagsgesellschaft mbH, Herrsching, S. 307.

76 Die Bezeichnung der Europäischen Union als: die »Vereinigten Staaten von Europa« orientiert sich am politischen Gebilde der Vereinigten Staaten von Amerika. Die Bezeichnung findet hin und wieder in der politischen Diskussion Verwendung, um die Zukunftsperspektiven der Europäischen Union aufzuzeigen.

77 Der vollständige Titel des Vertrages lautet: »Vertrag von Lissabon zur Änderung des Vertrags über die Europäische Union und des Vertrags zur Gründung der Europäischen Gemeinschaft«, bekanntgemacht im ABl. 2007/C 306/01.

78 Urteil des Zweiten Senats vom 9. November 2011, BVerfG, 2 BvC 4/10 vom 9.11.2011.

79 Jansen, Thomas; Schönlau, Justus: »Der Parteienartikel als Impulsgeber?. Die Entwicklung der Rechtsgrundlagen für die Europäischen Politischen Parteien«, in Mittag, Jürgen (Hg.): Politische Parteien und europäische Integration. Entwicklung und Perspektiven transnationaler Parteienkooperation in Europa, 1. Auflage, Klartext Verlag, Essen 2006, S.516-517.

80 Der Vertrag zur Gründung der Europäischen Gemeinschaft ist mit Inkrafttreten des Lissabon-Vertrags zum 1.12.2009 in Vertrag von Lissabon zur Änderung des Vertrags über die Europäische Union und des Vertrags zur Gründung der Europäischen Gemeinschaft umbenannt worden und hat eine neue Artikelabfolge erhalten. Art. 138a EGV hatte bis zum 30.11.2009 Bestand und gilt nun in der Fassung des Art. 191 EGV.

81 Verordnung (EG) Nr. 2004/2003 DES EUROPÄISCHEN PARLAMENTS UND DES RATES vom 4. November 2003 über die Regelungen für die politischen Parteien auf europäischer Ebene und ihre Finanzierung (ABl. L 297 vom 15.11.2003, S. 1).

82 Regelung für die politischen Parteien auf europäischer Ebene und ihre Finanzierung, Herkunft der Finanzierung, Aufteilung und Pflichten; http://europa.eu/legislation_summaries/institutional_affairs/institutions_bodies_and_agencies/l33315_de.htm (Stand: 04.03.2010)

83 Heratsch, Franziska: »Gibt es europäische Parteien?«, URL: http://www.km.bayern.de/blz/web/europa/essays/parteien.asp, (Stand: 08.03.2010).

84 Nasshoven, Yvonne: »Let´s Green Europe?. Von der Europäischen Föderation Grüner Parteien zur Europäischen Grünen Partei«, in: Mittag, Jürgen (Hg.): Politische Parteien und europäische Integration. Entwicklung und Perspektiven transnationaler Parteienkooperation in Europa, 1. Auflage, Klartext Verlag, Essen 2006, S.627.

85 Steinberg, Philipp: »Governance und Parteien – Politisierung als Möglichkeit größerer bürgerschaftlicher Identifikation. Ein Kommentar zum Weißbuch europäisches Regieren«, This paper is a part of contributions to the Jean Monnet Working Paper No.6/01, S. 3, URL: centers.law.nyu.edu/jeanmonnet/papers/01/012001.rtf, (Stand: 08.03.2010).

86 »Unsere Geschichte, Woher kommen die Newropeans?«, URL:http://www.newropeans.eu/spip.php?article=44&lang=de, (Stand: 08.03.2010).

87 Nasshoven, Yvonne: »Let´s Green Europe?. Von der Europäischen Föderation Grüner Parteien zur Europäischen Grünen Partei«, in: Mittag, Jürgen (Hg.): »Politische Parteien und europäische Integration. Entwicklung und Perspektiven transnationaler Parteienkooperation in Europa, 1. Auflage, Klartext Verlag, Essen 2006, S.619.

88 zur Hausen, Clemens: »Der Beitrag der »Europarteien« zur Demokratisierung der Europäischen Union«, Tectum-Verlag, Bonn, Univ. Diss. 2008, S.202ff.

89 Steinberg, Philipp: »Governance und Parteien – Politisierung als Möglichkeit größerer bürgerschaftlicher Identifikation. Ein Kommentar zum Weißbuch europäisches Regieren«, This paper is a part of contributions to the Jean Monnet Working Paper No.6/01, S. 4, URL: centers.law.nyu.edu/jeanmonnet/papers/01/012001.rtf, (Stand: 08.03.2010).

90 Gehlen von Andreas: »Europäische Parteiendemokratie statt Demokratiedefizit?«, in: Mittag, Jürgen (Hg.): »Politische Parteien und europäische Integration. Entwicklung und Perspektiven transnationaler Parteienkooperation in Europa, 1. Auflage, Klartext Verlag, Essen 2006, S. 162.

91 Mittag, Jürgen: »Europäische Parteien im Wandel«, in: «Aus Politik und Zeitgeschichte«, APuZ 23-24/2009, URL: http://www1.bpb.de/publikationen/V2T086,0,Europ%E4ische_Parteien_im_Wandel.html, (Stand: 08.03.2010).

92 Leonard, Mark: »Was denkt China?«, Deutscher Taschenbuch Verlag, 2. Auflage, 2010, Seite 24ff.

93 Konrad-Adenauer-Stiftung, Internationale Zusammenarbeit, »China vor Verfassungsänderung«,

http://www.kas.de/wf/de/33.3993/ (Stand: 09.06.2010), »Das Prinzip der sozialistischen Marktwirtschaft, die Aufwertung der Marktwirtschaft, den Schutz des Privateigentums, die Verankerung der Herrschaft durch das Recht und den Schutz der Menschenrechte wurden durch Verfassungsänderungen 1993, 1999 und 2004 formal bekräftigt.«

94 Domes, Jürgen: »Die politische Lage in der Volksrepublik China«, in: Aus Politik und Zeitgeschichte Bd.27. Bonn 1998. S.6.

95 The preliminary estimate for China's GDP in 2009 is CNY 33,535.3 billion at current prices (1978: 362.4 billion at current prices), 8.7% up on 2008 in real terms. Structural change in the Chinese economy during the reform period: The share of primary industry in GDP has fallen from 28% in 1978, at the beginning of the reform period, to 11% in 2008. This fall occurred because agricultural output grew more slowly than output of other economic sectors. At the same time, the share of tertiary industry grew from 24% to 40% as services sectors proliferated. The share of the secondary sector has stayed level at around 48% over the period as a whole, vgl. Chinability, Latest news and statistics on China´s economy and business climate, Source: National Bureau of Statistics, China Statistical Yearbooks; National Bureau of Statistics plan report; National Bureau of Statistics communiqués, 27. Dezember 2009, URL: http://www.chinability.com/GDP.htm

96 Der gebräuchlichste Indikator für die Bestimmung absoluter Armut ist die Verfügbarkeit von einem Dollar und weniger pro Tag für die Befriedigung der Lebensbedürfnisse.

97 Kreft, Heinrich:«China – Die soziale Kehrseite des Aufstiegs«, in: China, APuZ, 49/2006, 4. Dezember 2006, 15-19, http://www.bpb.de/files/CMX2CV.pdf, S. 16.

98 Heilig, K. Gerhard: »Chinas Aufstieg zur wirtschaftlichen und politischen Weltmacht«, ReIdee 3, verfasst für das Symposium »Made in China« – Was steckt dahinter?, AK-Bildungshaus, Jägermayrhof Linz 7. Dezember 2005, http://www.gerhard-k-heilig.com/pdf/Linz_1.pdf, S.12f.

99 Die Gini-Koeffizienten können beliebige Zahlen zwischen 0 (das Vermögen eines Staates ist auf alle Bewohner gleichmäßig verteilt) und 1 (das gesamte Vermögen eines Staates gehört einem einzigen Bewohner) annehmen. Je näher der Gini-Koeffizient an 1 ist, desto größer ist die Ungleichheit. Der Gini-Koeffizient Deutschlands betrug im Jahr 2004: 0,283, vgl. http://www.calsky.com/lexikon/de/txt/g/gi/gini_koeffizient.php und http://de.wikipedia.org/wiki/Gini-Koeffizient

100 China Human Development Report 2005, http://planipolis.iiep.unesco.org/upload/China/China%20HDR%202005.pdf, S.2.

101 Alpermann, Björn: »Dimensionen sozialer Probleme in der VR China – regionale und sektorale Facetten«, in : Kerstin, Kupfer (Hrsg.): Sprengstoff in China?. Dimensionen sozialer Herausforderungen in der Volksrepublik«, Focus Asien.Schriftreihe des Asienhauses, Nummer 17, Essen 2004, S. 11.

102 Kreft, Heinrich: »China – Die soziale Kehrseite des Aufstiegs«, in: APuZ, Aus Politik und Zeitgeschichte, bpb, China, 49/2006, S. 15.

103 Das »Barfußdoktoren-System« stellte eine präventive und alltägliche Gesundheitsversorgung für die ländliche Bevölkerung zur Verfügung.

104 Junhua, Zhang: »Der Aufbau eines sozialen Sicherungssystems in der VR China – eine kritische Betrachtung (Teil 2)«, China aktuell, August 2003, S. 990.

105 Wen, Dale: »Wie China die Globalisierung bewältigt.Ein kritischer Blick auf die Reformpolitik seit 1978«, Fokus Asien, Schriftreihe des Asienhauses, Nr. 28, Essen 2006, http://www.ifg.org/pdf/China%20in%20German.pdf, S. 19f.

106 Heberer, Thomas: »Soziale Frage und soziale Sicherung im urbanen Raum Chinas«, in: »Wie China die Globalisierung bewältigt.Ein kritischer Blick auf die Reformpolitik seit 1978«, Fokus Asien, Schriftreihe des Asienhauses, Nr. 28, Essen 2006, http://www.ifg.org/pdf/China%20in%20German.pdf, S. 79.

107 Bohnet, Armin: »In China wird die Kluft zwischen Arm und Reich immer größer«, Sektion 4, 19.Jg./Nr.1, Juli 2002, http://geb.uni-giessen.de/geb/volltexte/2004/1483/pdf/SdF-2002-1f4.pdf, S. 60ff.

108 Wen, Dale: »Wie China die Globalisierung bewältigt.Ein kritischer Blick auf die Reformpolitik seit 1978«, Fokus Asien, Schriftreihe des Asienshauses, Nr. 28, Essen 2006, S. 39.

109 Bohnet, Armin: »In China wird die Kluft zwischen Arm und Reich immer größer«, Sektion 4, 19.Jg./Nr.1, Juli 2002, http://geb.uni-giessen.de/geb/volltexte/2004/1483/pdf/SdF-2002-1f4.pdf, S. 61ff.

110 Friedrich, Stefan: »China vor Verfassungsänderung.Privateigentum und Menschenrechte sollen Verfassungsrang erhalten«, Konrad-Adenauer-Stiftung, Internationale Zusammenarbeit, Länderberichte, 02. Februar 2004, http://www.kas.de/wf/de/33.3993/

111 WTO-Mitglieder dürfen Waren und Dienstleistungen ausländischer Gesellschaften nicht schlechter behandeln als einheimische Güter und Dienste. China hat dieses Prinzip der Inländergleichbehandlung (national treatment) für Waren akzeptiert, auch wenn noch nicht alle Aspekte umgesetzt wurden. Im Dienstleistungssektor hebt China ebenfalls schrittweise bestehende Beschränkungen auf, vgl. Weidlich, Thomas; Dr. Li, Guang:»Ausländische Geschäftsaktivitäten in China", An international group of law firms, http://www.luther-lawfirm.com/download_kompetenz_de/55.pdf, S. 13.

112 Als Strukturanpassungsprogramm (Structural Adjustment Program) bezeichnete man wirtschaftliche Maßnahmen, die in Ländern der Dritten Welt vom Internationalen Währungsfonds (IWF) und der Weltbank als Bedingungen für die Vergabe von Krediten oder den Schuldenerlass verlangt wurden.1999 wurden das Structural Adjustment Program durch das Poverty Reduction and Growth Facility in veränderter Form weitergeführt, siehe dazu auch http://wirtschaftslexikon.gabler.de/Definition/strukturanpassungsprogramm-sap.html

113 Eine anglo-sächsische Wirtschaft oder ein angelsächsischer Kapitalismus ist ein makroökonomisches Modell, in dem das Ausmaß der Reglementierung niedrig ist.

114 Leonard, Mark: »Was denkt China?«, Deutscher Taschenbuch Verlag, 2. Auflage, 2010, S. 75.

115 Botschaft der Volksrepublik China in der Bundesrepublik Deutschland: »Das Weißbuch »Chinas Landesverteidigung 2000« veröffentlicht«, http://www.china-botschaft.de/det/zt/zgzfbps/t94422.htm

116 PRC Law on National Defense Law of the People's Republic of China on National Defense, adopted at the Fifth Session of the Eighth National People's Congress [[NPC]] on 14 March 1997, vgl. Nuclear Threat Initiative, http://www.nti.org/db/china/engdocs/deflaw97.htm

117 Chi Haotian (*1929) war Minister für Nationale Verteidigung von 1993-2003, vgl. http://en.wikipedia.org/wiki/Chi_Haotian (Stand 06.07.2010).

118 Schmidt, Dirk: »Die Beziehungen der Volksrepublik China zu multilateralen Gruppierungen im asiatisch-pazifischen Raum«, 1989-1999, Dissertation der Wirtschaftswissenschaft an der Universität des Saarlandes, Saarbrücken 2001, S. 125ff.

119 The new security concept is, in essence, to rise above one-sided security and seek common security through mutually beneficial cooperation. It is a concept established on the basis of common interests and is conducive to social progress, vgl. Ministry of Foreign Affairs of the People´s Republic of China: "China´s Position Paper on the New Security Concept", http://www.mfa.gov.cn/eng/wjb/zzjg/gjs/gjzzyhy/2612/2614/t15319.htm

120 Lee Teng-hui (*15. Januar 1923) ist ein Politik der Republik China. Er war von 1988 bis 2000 Präsident der Republik China und Vorsitzender der Kuomintang, vgl. http://de.wikipedia.org/wiki/Lee_Teng-hui (Stand 06.07.2010).

121 Kreft, Heinrich:«China – die kommende Großmacht.Vom Objekt zum Akteur der internationalen Politik«, in Aus Politik und Zeitgeschichte, B 51/2000, http://www.bpb.de/publikationen/JIQR7N,0,0,China_die_kommende_Gro%DFmacht.html (Stand 06.07.2010).

122 George W. Bush (*06.Juli 1946 in New Haven, Connecticut), war US-amerikanischer Präsident von 2001 bis 2009, vgl. http://de.wikipedia.org/wiki/George_W._Bush (Stand 06.07.2010).

123 Umbach, Frank:»Chinas Aufrüstung – ein Alarmzeichen«, in: Internationale Politik, Juli 2000, URL: http://www.dgap.org/publikationen/view/b5701120cb0611da96bf6ba28e3f88078807.html

124 Die Spratly- und Paracel-Inseln sind Inselgruppen im Südchinesischen Meer.

125 Die militärische Modernisierung ist im Bereich der strategischen Kräfte und der Marine am weitesten vorangeschritten, vgl.Brune, Sophie-Charlotte; Lange, Sascha; Oertel, Janka:«Chinas militärische Entwicklung.Modernisierung und Internationalisierung der Streitkräfte«, SWP-Studie, Oktober 2009 Berlin, http://www.swp-berlin.org/common/get_document.php?asset_id=6459, S. 6.

126 Die Guomindang (Kuomintang) war eine Partei der Republik China, die sich im Jahr 2005 auflöste. Sie hatte 1927 die Herrschaft über das chinesische Festland errungen, musste sich allerdings nach dem verlorenen Bürgerkrieg 1946 nach Taiwan zurückziehen.

127 Politische Kampagne zwischen 1966 und 1976, um die Macht der KPCh unter Mao Zedong zu festigen.

128 Filipiak Kai: »Das Militär der Volksrepublik China«, Dossier China, http://www.bpb.de/popup/popup_druckversion.html?guid=828VZK (Stand 10.06.2010)

129 Lin Biao (*05. Dezember 1907, † 13. September 1971), war Marschall und chinesischer Politiker an der Seite Mao Zedong, vgl. http://de.wikipedia.org/wiki/Lin_Biao (Stand 06.07.2010).

130 Die Roten Garden waren die Träger der von Mao Zedong initiierten Kulturrevolution (1966-1976) in der VRC.

131 Jiang Zemin (*17.August 1926 in Yangzhou, Jiangsu), war Generalsekretär des Zentralkomitees (ZK) der Kommunistischen Partei Chinas (KPCh) (1989-2002), Staatspräsident der Volksrepublik China (VRCh) (27. März 1993 - 15. März 2003) und Vorsitzender der Zentralen Militärkommission der Chinesischen Volksbefreiungsarmee (VBA) (1990-2004). Als Inhaber dieser drei Ämter folgte Jiang Deng Xiaoping in der Rolle des Paramount Leader der VRCh (1989-2002). Ab 2002 gab er seine Ämter und somit diese Rolle schrittweise an Hu Jintao ab. Seine Idee des »Dreifachen Vertretens« wurde auf dem XVI. Parteitag der KPCh zur Staatsdoktrin erhoben, vgl. http://de.wikipedia.org/wiki/Jiang_Zemin (06.07.2010).

132 Schmidt Dirk: »Die Beziehungen der Volksrepublik China zu multilateralen Gruppierungen im asiatisch-pazifischen Raum, 1989-1999, Dissertation der Wirtschaftswissenschaft an der Universität des Saarlandes, Saarbrücken 2001, S. 126.

133 Umbach, Frank: »Chinas Aufrüstung – ein Alarmzeichen«, in: Internationale Politik, Juli 2000,http://www.dgap.org/publikationen/view/b5701120cb0611da96bf6ba28e3f88078807.html, S. 30.

134 Schmidt Dirk: »Die Beziehungen der Volksrepublik China zu multilateralen Gruppierungen im asiatisch-pazifischen Raum«, 1989-1999, Dissertation der Wirtschaftswissenschaft an der Universität des Saarlandes, Saarbrücken 2001, S. 126.

135 Ebenda S. 124.

136 Brown, Harold et.al.: »Chinese Military Power«, REPORT OF AN INDEPENDENT TASK FORCE SPONSORED BY THE COUNCIL ON FOREIGN RELATIONS, MAURICE R. GREENBERG CENTER FOR GEOECONOMIC STUDIES, May 2003, URL: http://www.cfr.org/publication/5985/chinese_military_power.html, S. 5.

137 Umbach, Frank: »Die chinesischen Streitkräfte auf dem Weg zu einer militärischen Supermacht? Sicherheits-, rüstungs- und militärpolitische Strategien und ihre Auswirkungen mauf die regionale Stabilität«, in: Susanne Luther/Peter J. Opitz (Hrsg.), Chinas Rolle in der Weltpolitik an der Schwelle.

138 Die »Pax Americana« ist ein Schlagwort, mit dem plakativ auf eine Weltanschauung und ein Konzept der weltpolitischen Dominanz in der heutigen Zeit angespielt werden soll, vgl. Fort Liberty, »Das Ende der Pax Americana«,http://translate.googleusercontent.com/translate_c?hl=de&langpair=en|de&u=http://www.fortliberty.org/the-end-of-pax-americana.html&rurl=translate.google.de&usg=ALkJrhglYYVlO4Zv5XLAoeSCnGqG8Scklg

139 Möller, Kay: »Pacific Sunset.Vom vorzeitigen Ende des ostasiatischen Jahrhunderts«, SWP-Studie, Stiftung Wissenschaft und Politik , Deutsches Institut für Internationale Politik und Sicherheit, S9, Berlin 2002, S.11.

140 The RP-US Military Assistance Agreement (1947) was the sister agreement to the RP-US Military Bases Agreement (1947). It created the Joint U.S. Military Advisory Group (JUSMAG), a contingent of US military advisers permanently deployed in the Philippines and whose work is focused facilitating the logistical & training requirements of the Armed Forces of the Philippines for counter-insurgency/internal warfare. JUSMAG and this Military Assistance Agreement are jointly responsible as to why after more than 40 years of special relations, the Philippines does not yet have an external defense capability. It may be now considered as the sister agreement to the 1999 Visiting Forces Agreement since the RP-US Military Bases Agreement is now defunct, yonip – the Philippine Peace%Souvereignty websit, vgl. http://www.yonip.com/main/articles/1947.html

141 Opitz, Peter J.: »Die asiatisch-pazifische Region: Ordnungs- und Sicherheitsstrukturen«, vgl. http://www.km.bayern.de/blz/web/100111/357_388_opitz2_IP.pdf, S. 374.

142 Möller, Kay; Schütt, Niels (Hrsg.) : »Südostasien 2001: Transformation, Kräftevergleich und Kooperation«, SWP-Studie, Stiftung Wissenschaft und Politik, Deutsches Institut für Internationale Politik und Sicherheit, Berlin 2001, http://www.swp-berlin.org/common/get_document.php?asset_id=214, S. 27.

143 Ebenda S. 27.

144 Soft Power ist ein von Joseph Nye geprägter politikwissenschaftlicher Begriff, der die politische Machtausübung auf Grundlage kultureller Attraktivität, der Ideologie und auch mit Hilfe Internationaler Institutionen beschreibt, vgl.: Sloan, Stanly R.; Borchert, Heiko: »Hard Power und Soft Power: Plädoyer für einen neuen Transatlantischen Vertrag«, in Jäger,Thomas; Höse, Alexander; Oppermann, Kai (Hrsg): »Transatlantische Beziehungen: Sicherheit – Wirtschaft – Öffentlichkeit«, VS Verlag, 2005, S. 523f.

145 Joseph S. Nye jr. (* 19. Januar 1937 in South Orange, New Jersey) ist US-amerikanischer Politologe, Politiker und Autor, vgl. http://de.wikipedia.org/wiki/Joseph_Nye (Stand 06.07.2010).

146 Kai Möller nach Nye, Joseph S. Jr.: »Conflicts After the Cold War«, in: The Washington Quarterly, 19 (1996) 1, S. 5-24.

147 Rudolf Peter nach Khalilzad, Zalmay; Shulsky N, Abram; Byman, Daniel; Orletsky T. David; Shlapak A. David; Tellis, Ashley J.: »The United States and a Rising China: Strategic and Military implications, Santa Monica, Cal.: RAND, 1999, S. 63-69 und Shambaugh, David: »Containment or Engagement? Calculating Beijing´s Responses«, in: International Security, 21 (Herbst 1996) 2, S. 180-209 (184f).

148 William Jefferson »Bill« Clinton (* 19. August 1946 in Hope, Arkansas als William Jefferson Blythe III.) war US-Präsident von 1993 bis 2001, vgl. http://de.wikipedia.org/wiki/William_Clinton (06.07.2010).

149 Peter Rudolf: »Die USA und der Aufstieg Chinas. Die Strategie der Bush-Administration«, in SWP-Studie, Stiftung Wissenschaft und Politik, Deutsches Institut für Internationale Politik und Sicherheit, S 9, Berlin April 2006, S. 10f.

150 Ebenda, S. 12.

151 Barack Hussein Obama II (* 4. August 1961 in Honolulu, Hawaii) ist seit dem 20. Januar 2009 der 44. Präsident der Vereinigten Staaten.

152 Chan, John: »US-chinesische Gespräche zeigen eine fragile Beziehung«, 7. August 2009, http://www.wsws.org/de/2009/aug2009/chin-a07.shtml.

153 Ebenda S. 2.

154 Symonds, Peter: »Spannungen zwischen USA und China überschatten Obamas Asienreise«, http://www.wsws.org/de/2009/nov2009/obam-n14.shtml, 14.November 2009, aufgerufen am 21.06.2010.

155 Informationsplattform humanrights.ch, Text von Tarek Naguib / 2004, vgl. URL: http://www.humanrights.ch/home/upload/pdf/050603_somalia_lang.pdf, S. 6, aufgerufen am 01.09.2009.

156 Ebenda, S.6.

157 Art. 2 Abs. 7 der UN-Charta: »Aus dieser Charta kann eine Befugnis der Vereinten Nationen zum Eingreifen in Angelegenheiten, die ihrem Wesen nach zur inneren Zuständigkeit eines Staates gehören, oder eine Verpflichtung der Mitglieder, solche Angelegenheiten einer Regelung auf Grund dieser Charta zu unterwerfen, nicht abgeleitet werden; die Anwendung von Zwangsmaßnahmen nach Kapitel VII wird durch diesen Grundsatz nicht berührt«.

158 Schlacht von Mogadischu am 3. und 4. Oktober 1993.

159 Annan Kofi: Die Vereinten Nationen im 21. Jahrhundert.Reden und Beiträge 1997-2003, Hrsg. von Manuel Fröhlich, 1. Aufl., 2004.

160 »Eine Gelegenheit für die ganze Menschheit«, URL: http://www.sueddeutsche.de/ausland/special/482/60422/

161 Dokumentation des SEF-Symposiums 2007, Die »Schutzverantwortung« (R2P).Fortschritt, leeres Versprechen oder Freibrief für »humanitäre« Intervention?, Bonn International Center For Conversion, Januar 2008, URL: http://www.konfliktbearbeitung.net/downloads/file1017.pdf?PHPSESSID=9c279c0a956ec8657d062b66...

162 Lange, Dirk und Himmelmann, Gerhard (Hrsg.): Demokratiebewußtsein. interdisziplinäre Annäherungen an ein zentrales Thema der politischen Bildung, 1. Auflage, Mai 2007, S. 81.

163 Schramme, Thomas: Humanitäre Intervention.eine contradictio in adjecto?, URL:http://www.eurozine.com/articles/2001-04-01-schramme-de.html, aufgerufen am 20.09.2009.

164 Holzgrefe, J. L. »The Humanitarian intervention debate«, in: Holzgrefe, J. L./ Keohane, Robert O. (Hrsg.), Humanitarian Intervention. Ethical, Legal, and Political Dilemmas, Cambridge 2003, S.44.

165 An Introduction to the Responsibility to Protect, URl: http://www.responsibilitytoprotect.org/index.php/about-rtop?format=pdf, aufgerufen am 15.09.2009.

166 URL: http://www.un.org/secureworld/report2.pdf, aufgerufen am 18.09.2009.

167 URL: http://www.un.org/largerfreedom/contents.htm, aufgerufen am 18.09.2009.

168 RR Matthias Köngeter: »Responsibility to Protect« (Schutzverantwortung), Aktueller Begriff, Deutscher Bundestag – Wissenschaftliche Dienste, Nr.28/08, 29. Mai 2008.

169 »Responsibility to Protect.Vom Konzept zur angewandten friedens- und sicherheitspolitischen Doktrin?«, Gruppe Friedensentwicklung (FriEnt), Briefing Nr.6, 08/2007, S.2.

170 Der Begriff »Transitional Justice« orientiert sich an Elementen wie z.B. der Wiederherstellung von Gerechtigkeit und Rechtssicherheit, insbesondere für Opfer von Gewalt und der Wahrheitsfindung bzw. die Aufarbeitung und öffentliche Anerkennung des Geschehenen und setzt diese in konkrete Handlungsoptionen um (z.B. Strafverfolgung, Reparation, Lustration, Wahrheitskommissionen).

171 »Responsibility to Protect.Vom Konzept zur angewandten friedens- und sicherheitspolitischen Doktrin?«, Gruppe Friedensentwicklung (FriEnt), Briefing Nr.6, 08/2007, S.2.

172 »Änderungen dieser Charta treten für alle Mitglieder der Vereinten Nationen in Kraft, wenn sie mit Zweidrittelmehrheit der Mitglieder der Generalversammlung angenommen und von zwei Dritteln der Mitglieder der Vereinten Nationen einschließlich aller ständigen Mitglieder des Sicherheitsrats nach Maßgabe ihres Verfassungsrechts ratifiziert worden sind.«, vgl. http://www.un.org/Depts/german/un_charta/charta.pdf.

173 Verlage, Christopher: Responsibility to Protect.Ein neuer Ansatz im Völkerrecht zur Verhinderung von Völkermord, Kriegsverbrechen und Verbrechen gegen die Menschlichkeit, Jus Internationale et Europaeum 29, Mohr Siebeck, Tübingen 2009, S. 15.

IV. Irrungen des liberalen Prinzips

174 Maschke Günther (Hrsg.): Juan Donoso Cortés, »Essay über den Katholizismus, den Liberalismus und den Sozialismus«, Karolinger Verlag Wien 2007, S. XIV.

175 Sichelschmidt, Gustav: »Wie im alten Rom.Dekadenzerscheinungen damals und heute«, Arndt-Verlag, 9. Auflage 2006, Klappentext.

176 Dawkins, Richard: »Der Gotteswahn«, Ullstein, 5.Auflage 2007, S. 377.

177 vgl. http://en.wikipedia.org/wiki/Actroid (Stand Juli 2012), vgl. auch http://www.futuremanagementgroup.com/zukunftsmaerkte/futuremarket-news.html (Stand Juli 2012).

178 Niedrige Geburtenzahlen, die Zunahme der Partnerschaften mit separater Haushaltsführung sowie die hohe berufliche Mobilität sprechen für kleinere Haushalte auch bei der Bevölkerung im jüngeren und mittleren Alter. vgl. »Veränderte Haushaltsstrukturen«, Statistisches Bundesamt.

179 Leitfaden zum geschlechtergerechten Formulieren, Schweizerische Bundeskanzlei,vgl.http://www.bk.admin.ch/dokumentation/sprachen/04915/05313/index.html?lang=de (Stand Juli 2012).

180 Medrum, Christliches Informationsforum, »Mutter wird amtlich durch das Elter ersetzt«, vom 04.06.2010, vgl. http://www.medrum.de/?q=content/mutter-wird-amtlich-durch-das-elter-ersetzt (Stand Juli 2012).

181 Leitfaden zum geschlechtergerechten Formulieren, SchweizerischeBundeskanzlei,vgl.http://www.bk.admin.ch/dokumentation/sprachen/04915/05313/index.html?lang=de (Stand Juli 2012).

182 In Deutschland gibt es etwa 400.000 berufsmäßige Prostituierte. Dazu kommt noch eine Reihe von Gelegenheitsprostituierten, deren Zahl je nach Definition unterschiedlich angegeben wird. Davon sind geschätzt 95 % weiblich und 5 % männlich. Nach Schätzungen von Hydra und anderen Hilfsorganisationen arbeiten in Deutschland 100 000 bis 200 000 Ausländerinnen als Prostituierte, davon ein erheblicher und zunehmender Teil Osteuropäerinnen; Kolumbien, Thailand und Schwarzafrika sind weitere bedeutende Herkunftsgebiete. Viele dieser Frauen werden von kriminellen Banden eingeschleust und dann zur Prostitution gezwungen. Oft greifen die Frauen aus psychischen Gründen auf Drogen zurück, die ihnen oft von denselben Banden verkauft werden. Schätzungen zufolge sind etwa 90% aller ausländischen Prostituierten drogenabhängig. In den 1990er Jahren machten in Deutschland gewerkschaftsähnliche Selbsthilfegruppen Prostituierter auf die rechtlose Situation von Prostituierten aufmerksam und forderten die Anerkennung von Prostitution als Beruf. Mit dem Prostitutionsgesetz (Gesetz zur Regelung der Rechtsverhältnisse der Prostitution – ProstG vom 20. Dezember 2001; BGBl. I S. 3983) wurde die Prostitution in Deutschland gesetzlich geregelt. Vereinbarungen über sexuelle Handlungen gegen Entgelt begründen eine rechtswirksame Forderung der Prostituierten, sie gelten nicht mehr als rechtswidrig. Da die Menschenwürde nicht zur Disposition des Staates steht, auch nicht durch Gesetz, ist die Prostitution nach Auffassung von manchen Juristen auch weiterhin sittenwidrig (vgl. Palandt-Heinrichs § 138 BGB Rn. 52), durch das ProstG entstehe aber nach Vornahme der sexuellen Handlungen ein gesetzliches

Schuldverhältnis. Nach Ansicht des Verwaltungsgerichtes Berlin war jedoch die Prostitution bereits vor dem Prostitutionsgesetz nicht mehr sittenwidrig: »...die staatliche Verpflichtung zum Schutz der Menschenwürde (Art. 1 Abs. 1 Satz 2 GG) darf nicht dazu missbraucht werden, den einzelnen durch einen Eingriff in die individuelle Selbstbestimmung gleichsam vor sich selbst zu schützen...« (VG Berlin, Urteil vom 01.12.2000, VG 35 A 570.99). Der Europäische Gerichtshof hat klargestellt, dass Prostitution zu den Erwerbstätigkeiten gehört, die »Teil des gemeinschaftlichen Wirtschaftslebens »im Sinne von Art. 2 EG sind (EuGH v. 20.11.2001 – Rs. C-268/99).
Seit 2002 nehmen als Folge des Prostitutionsgesetzes auch gesetzliche Krankenversicherungen Prostituierte auf, da sie als Mitarbeiterinnen ihres Arbeitgebers entweder als Arbeitnehmerinnen oder als Scheinselbstständige gelten. Grundsätzlich könnten sich Prostituierte auch privat krankenversichern; allerdings werden sie von privaten Krankenversicherungen in der Regel wegen zu hoher Risiken abgelehnt. Prostituierte unterliegen paradoxerweise auch nach der Einführung des Prostituierten-Gesetzes weiterhin dem Werbeverbot, d.h. es darf (§119, §120 OWiG) nicht für die Ausübung sexueller Dienstleistungen geworben werben. Das ist der Grund, warum es in einschlägigen Zeitungen derart viele Anzeigen für »Massage-Salons« gibt und sich das mannigfaltig auslegbare Wort »Modell« für die Prostituierte etabliert hat. Eine Existenzgründung in Rahmen einer Ich-AG ist möglich (Stand 2005) und wird beim Vorliegen der festgelegten Voraussetzungen von den ortszuständigen Arbeitsagenturen unterstützt. vgl. Wikipedia, Die freie Enzyklopädie, http://de.wikipedia.org/wiki/Prostitution, aufgerufen am 20.12.2005.

183 Hamburger Abendblatt, »Syphilis auf dem Vormarsch - 500 000 Deutsche sexsüchtig«, 4. Juli 2005, http://www.abendblatt.de/daten/2005/07/04/455195.html?prx=1, aufgerufen am 20.12.2005.

184 Eheschließungen, Scheidungen, Ehescheidungen und betroffene minderjähre Kinder, Statistisches Bundesamt Deutschland, http://www.destatis.de/jetspeed/portal/cms/Sites/destatis/Internet/DE/Content/Statistiken/Bevoelkerung/EheschliessungenScheidungen/Tabellen/Content75/EhescheidungenKinder,templateId=renderPrint.psml

185 »[...] Nachdem Europa nach dem Ende des Zweiten Weltkrieges einen Baby-Boom erlebte, setzte Mitte der 1960er Jahre in vielen Ländern ein starker Rückgang der Kinderzahl ein. Deutschland gehörte bei dieser Entwicklung zu den Vorreitern und weist heute eine zusammengefasste Geburtenziffer von lediglich 1,35 Kindern je Frau auf. Später folgten die südeuropäischen Länder dieser Entwicklung und nach der Wende auch die Transformationsstaaten Osteuropas. In beiden Regionen liegt die Fertilität heute noch niedriger als in Deutschland [...].«, Fertilität der EU, Bundesinstitut für Bevölkerungsforschung, http://www.bib-demografie.de/nn_750722/DE/DatenundBefunde/Ueberblick/d__in__europa.html

186 Anerkennung der Mutter und Hausfrau als Sozialversicherungspflichtiger Beruf sowie die Vergabe von Familiengründungsdarlehen.

187 Das Internet ist ein weltweites Netzwerk und besteht aus vielen Rechnernetzwerken. Es ermöglicht die Nutzung von Internetdiensten wie E-Mail, Telnet, Usenet, Dateiübertragung, WWW und in letzter Zeit zunehmend auch Telephonie, Radio und Fernsehen. Umgangssprachlich wird vom Internet gesprochen und in diesem Zusammenhang vom World Wide Web (www.) ausgegangen, URL: http://de.wikipedia.org/wiki/Internet, (Stand: 25.02.2010).

188 Jochen, Uwe: »Das Ende der Geschichte im Internet«, in: Haber, Peter; Koller, Christophe; Ritter, Gerold (Hrsg.): »Geschichte und Informatik.Raumlose Orte – Geschichtslose Zeit«, Vol.12.2001, S. 20.

189 Ebenda.

190 Erinnerung im Internet, URL: http://www.goethe.de/ins/us/lp/ges/pok/de4190554.htm (Stand 25.02.2010).

191 Benaderingen Letterkunde – Literatuurwetenschap, »Gedächtnistheorien«, URL: http://cf.hum.uva.nl/benaderingenlk/dui/ca/dui-ca-midden-4.htm, (Stand: 25.02.2010).

192 Ebenda.

193 Schworm, Silke; Heckner, Markus: »Tagblog – Kollaboratives Lernen mit Weblogs" URL: http://www.e20cases.org/files/fallstudien-extern/e20buch-Case_uniregensburg.pdf, (Stand: 26.02.2010).

194 Jochen, Uwe: »Das Ende der Geschichte im Internet«, in: Haber, Peter; Koller, Christophe; Ritter, Gerold (Hrsg.): »Geschichte und Informatik.Raumlose Orte – Geschichtslose Zeit«, Vol.12.2001, S. 12.

195 Maurice, Halbwachs: »Das Gedächtnis und seine sozialen Bedingungen«, Suhrkamp taschenbuch wissenschaft 538, Erste Auflage 1985, S.68.

196 Ebenda, S.23.

197 Jochen, Uwe: »Das Ende der Geschichte im Internet«, in: Haber, Peter; Koller, Christophe; Ritter, Gerold (Hrsg.): »Geschichte und Informatik.Raumlose Orte – Geschichtslose Zeit«, Vol.12.2001, S. 18.

198 Marsiske, Hans-Arthur: »Telepolis. Das Internet als kollektives Gedächtnis«, 29.05.2001, URL: http://www.heise.de/tp/r4/artikel/7/7633/1.html, (Stand: 18.02.2010).

199 »[…] Im Aurora-Programm sind […] eine Roboter-Außenstelle auf dem Mars, eventuell eine bemannte Mission zum Mond in den Jahren 2020 bis 2025 sowie eine bemannte Mission zum Mars bis 2030 vorgesehen […]«, vgl. Deiters, Stefan: Europas Marspläne, http://nachrichten.freenet.de/wissenschaft/technik/europas-marsplaene_719962_533380.html (Stand Juni 2012).

200 1999 wurde der Bologna-Prozess gestartet und hat bisher wesentlich dazu beigetragen, dass sich die deutschen Hochschulen veränderten. Deutschland hatte sich mit den europäischen Mitgliedstaaten die Aufgabe gestellt, bis zum Jahr 2010 einen gemeinsamen europäischen Hochschulraum zu schaffen.

201 »240.000 Menschen im Bildungsstreik: Republik in Bewegung«; URL: http://www.radio-utopie.de/2009/06/17/240-000-menschen-im-bildungstreik-republik-in-bewegung/

202 »Wie hoch sind die volkswirtschaftlichen Verluste, die durch die Krise verursacht wurden?«, URL: http://www.kas.de/wf/de/71.7075/

203 Müller, Albrecht: 198 »Machtwahn. Wie eine mittelmäßige Führungselite uns zugrunde richtet«, Droemer Verlag 2006.

204 »Eliten in Deutschland«, ein Diskussionsbeitrag der FES-Vorsitzenden Anke Fuchs, S.20. URL: http://www.fes.de/inhalt/Dokumente/FES-INFO/INFO_04-3.pdf.

205 Dr. Dreitzel, P.Hans: Elitebegriff und Sozialstruktur. Eine soziologische Begriffsanalyse, Ferdinand Enke Verlag Stuttgart, 1962, S.71.

206 Beaufaÿs, Sandra: Aus Leistung folgt Elite? Nachwuchsförderung und Exzellenz-Konzept, Oktober 2005, S.2.

207 Dr. Dreitzel, P.Hans: Elitebegriff und Sozialstruktur. Eine soziologische Begriffsanalyse, Ferdinand Enke Verlag Stuttgart, 1962, S.143.

208 Ebenda, S. 69.

209 Ralf Dahrendorf, Eine neue deutsche Oberschicht. Notizen über die Eliten der Bundesrepublik, in: Die neue Gesellschaft, 9 (1962), S. 21.

210 Beaufaÿs, Sandra: Aus Leistung folgt Elite? Nachwuchsförderung und Exzellenz-Konzept, Oktober 2005, S.4.

211 Hartmann, Michael: Elitesoziologie. Eine Einführung, Campus Verlag Frankfurt/New York, 2002, S.25, siehe auch Pareto 1916/1955:224, §2042.

212 Fenske, Hans: Politisches Denken von der Französischen Revolution bis zur Gegenwart, in: Geschichte der politischen Ideen. Von der Antike bis zur Gegenwart, Fischer Taschenbuch Verlag, Frankfurt am Main, Juli 1996, 487.

213 Hartmann, Michael: Elitesoziologie. Eine Einführung, Campus Verlag Frankfurt/New York, 2002, S.26.

214 Ebenda, S. 29.

215 Aussprache des Reichstags über das »Ermächtigungsgesetz«,. 23. März 1933. http://www.mahnung-gegen-rechts.de/pages/staedte/Zittau/pages/ehrenbuerger.htm, aufgerufen am 21.05.2009.

216 Nietzsche, Friedrich: »Gesammelte Werke.Jenseits von Gut und Böse«, Gondrom Verlag GmbH, Bindlach 2005, S.881.

217 Katechismus der Katholischen Kirche.Kompendium, Pattloch Verlag, 2005, S.49.

218 Schopenhauer, Arthur: Die Welt als Wille und Vorstellung, 2. Band, Insel Verlag, Erste Auflage 1996, S. 180.

219 Ebenda, S. 174.

220 Ebenda, S. 176.

221 Norbert Bolz: Diskurs über die Ungleichheit, 2009, S. 166; vgl. auch »Krisenzeit – ‚Wer jammert, hat schon verloren‘«,http://www.welt.de/politik/Krise/article4203792/Krisenzeit-Wer-jammert-hat-schon-verloren.html, (Stand Sept.2012).

222 Intelmann, Peter (Hrsg.): Franz L. Neumann: Chancen und Dilemma des politischen Reformismus, Nomos Verlagsgesellschaft, Band 66, Baden-Baden 1996, S. 286.

223 Rousseau, Jean-Jacques: Gesellschaftsvertrag, Reclam Verlag, 2008, S. 40f.

224 Schopenhauer, Arthur: Die Welt als Wille und Vorstellung, 2. Band, Insel Verlag, Erste Auflage 1996, S. 180.

225 Dawkins, Richard: »Der Gotteswahn«, Ullstein, 5. Auflage 2007, S.375.

226 Fernau, Joachim: »Halleluja, Die Geschichte der USA«, 9. Auflage, Ullstein Taschenbuchverlag, 2001, S.316f.

227 politische Bande der Konservativen Union: bäuerliche/ländliche Bevölkerung, überzeugte Christen, Handwerker und Arbeiter, Mittelständler die in der Liberalisierung der Ökonomie keine Vorteile sehen.

228 Diwald, Hellmut: »Geschichte macht Mut«, Straube Verlag, Erlangen-Bonn-Wien, 1989, S. 132.

229 Ebenda, S. 140.
230 Süddeutsche Zeitung, Montag, 12. August 2013, Nr. 185, Panorama, Rubrik LEUTE, S. 8.
231 Brief an Montalembert vom 26.05.1849, den Donoso als spanischer Gesandter in Berlin verfasste.
232 Die philosophische Zivilisation ist, im heutigen 21. Jahrhundert, nichts anderes als die »Diktatur des Relativismus« (Beliebigkeitsdenken eines zügellosen Individualismus ohne Bindung zu Gott) einer »liberal-demokratischen Weltanschauung , die sich im Zuge der politischen Aufklärung herausbildete.
233 Maschke Günther (Hrsg.): Juan Donoso Cortés, Essay über den Katholizismus, den Liberalismus und den Sozialismus, Karolinger Verlag Wien 2007, S. XXI., siehe auch Juan Donoso Cortés, »Cartas al conde de Montalembert«, in Obras completas, II, Madrid 1970, S. 325f.
234 Die Natürlichkeit des menschlichen Lebens steht im Vordergrund. Genetische und/oder technische Veränderungen am Menschen oder am Tier sind nur aufgrund medizinischer Notwendigkeit gestattet. Sie dienen nicht der persönlichen und kommerziellen Bedürfnisbefriedigung! Der Mensch soll das Idealbild sein in einer sich stetig ändernden Welt, daher soll der Mensch und das Tier als Schöpfung Gottes und als Teil der gottgegebenen Natur angesehen werden!
235 Wehler, Hans-Ulrich (Hrsg.): Ludwig August von Rochau, Gründsätze der Realpolitik.Angewendet auf die staatlichen Zustände Deutschlands, Ullstein Buch Nr00. 2915, im Verlag Ullstein GmbH, Frankfurt/M-Berlin-Wien, 1972, S. 28.
236 Bodin, Jean: Über den Staat, Reclam, Stuttgart 1976, S.13.

237 Kardinal Joseph Ratzinger, Predigt am Montag vormittag in der Petersbasilika, 19. April 2005 »[...] Es bildet sich eine Diktatur des Relativismus heraus, die nichts als definitiv anerkennt und die als letztes Maß nur das eigene Ich und seine Wünsche gelten lässt [...]«.

238 In diesem Sinne ist die hier genannte Doktrin als decretum (Grundentscheidung) zu verstehen. Die Grundentscheidungen dienen der Denkstruktur: Als integraler und notwendiger Bestandteil des rationalen Denkens. Es ist nicht auf weltanschaulich-religiöse Bereiche eingeschränkt.

239 Maschke, Günter (Hrsg.): Juan Donoso Cortés, Essay über den Katholizismus, den Liberalismus und den Sozialismus und andere Schriften aus den Jahren 1851 bis 1853, 3. Auflage, Karolinger Verlag, Wien und Leipzig, 2007, XVIII.

240 »Weihbischof Jaschke: Öffentliche Muezzin-Rufe vorstellbar«, KNA 25.06.2011, mhttp://www.cibedo.de/vatikan_trkei0030000002011109.html (Stand September 2012);
vgl. auch: Stammer, Silvia; Mikuteit, Hanna-Lotte: »Bischöfin Fehrs: ‚Muezzin-Rufe sind vorstellbar'«, Hamburger Abendblatt vom 21.06.2011; http://www.abendblatt.de/hamburg/kommunales/article1931574/Bischoefin-Fehrs-Muezzin-Rufe-sind-vorstellbar.html (Stand September 2012).

241 Netzeitung.de (Hrsg.), editiert von Dietmar Neuerer: »Williams-Hinrichtung Mord aus Rechthaberei«, vgl. URL: http://www.netzeitung.de/deutschland/372572.html (Stand: 2012).

242 »Schwarzenegger streitet sich mit Graz«, vgl. URL: http://www.mopo.de/news/oesterreich-schwarzenegger-streitet-sich-mit-graz,5066732,5922708.html (Stand Juli 2012).

243 Eckehart, Meister: »Deutsche Predigten und Traktate«, 7. Auflage, Carl Hanser Verlag München Wien, 1963, S. 64f.

244 »Das Böse lebt in der Tat«, Interview mit Gerichtsmediziner Hans-Ludwig Kröber, URL: http://www.zeit.de/2009/44/Interview-Das-Boese (Stand August 2012).

245 Klas, Gerhard: »Wettlauf um die ersten Plätze«, http://www.kpoe.at/bund/archiv/WEF/2198.html [aufgerufen am 20.12.2005]. Transnationale Konzerne (TNCs): während des Kalten Krieges oftmals noch Trittbrettfahrer der Politik, sind heute zu wesentlichen Akteuren der weltweiten Deregulierung avanciert. Mittels intensiver Lobbypolitik ihrer Interessenverbände und wirtschaftlichen Drucks auf Nationalökonomien bestimmen sie die Entscheidungen von Regierungen und supranationalen Wirtschaftszusammenschlüssen. TNCs sind »in mehreren Geschäftsbereichen — eingeschlossen Handel, Vertrieb, Herstellung, Forschung und Entwicklung — außerhalb ihres Heimatlandes involviert und stützen sich finanziell auf Unternehmen in zwei oder mehr Ländern; Entscheidungen des Managements basieren auf regionalen und globalen Alternativen«. Dieser Definition entsprechen gemäß des »World Investment Reports 1997« der UNO-Konferenz für Handel und Entwicklung (UNCTAD) über 45.000 Konzerne mit 280.000 ausländischen Tochterunternehmen. 1970 betrug die Zahl der TNCs gerade einmal 7.000. Die Mehrzahl der Unternehmen hat ihren Sitz in den USA, der EU oder in Japan — den Triademächten. Mittlerweile stammen 7.900 TNCs aus den Ländern des Südens. Zu den führenden hundert TNCs hat es jedoch nur einer außerhalb der Triade geschafft: der südkoreanische Konzern Daewoo. Die finanzielle Potenz der TNCs übertrifft jene vieler Nationalstaaten. Bei einem Vergleich der hundert stärksten

ökonomischen Strukturen fällt auf, dass 51 TNCs und nur 49 Nationalstaaten das Rennen machen. Laut Entwicklungsprogramm der Vereinten Nationen übertrifft der Konzernumsatz von General Motors das Bruttoinlandsprodukt von Dänemark, Ford führt vor Südafrika; Toyota, Exxon und Shell teilen sich die Ränge vor Norwegen und Portugal. Das Universum der TNCs ist nicht nur groß, sondern auch hochgradig konzentriert. Über die Hälfte der Umsätze der Top 200 stammen aus nur fünf wirtschaftlichen Bereichen: Handel, Automobile, Bankwesen, Einzelhandel und Elektronik. Bei Autos kommt auf die fünf größten Firmen fast 60 Prozent des weltweiten Umsatzes. Ebenfalls fünf Firmen teilen sich über die Hälfte des Weltumsatzes bei der Elektronik. So liegt es z.B. bei einem von der UNCTAD geschätzten Auslandsvermögen der Siemens AG von knapp 50 Milliarden US-Dollar auf der Hand, dass Investitionsentscheidungen des Konzerns weitreichende Folgen für die Volkswirtschaft eines Gastlandes und ihre Bevölkerung haben können.

246 »EU-Vergleich der Arbeits-kosten und Lohnneben-kosten für das Jahr 2011«, Pressemitteilung Nr. 144 vom 24.04.2012, vgl. https://www.destatis.de/DE/PresseService/Presse/Pressemitteilungen/2012/04/PD12_144_624.html (Stand Juli 2012).

247 Bundesministerium für Wirtschaft und Technologie: Der Bergbau in der Bundesrepublik Deutschland 2004.Bergwirtschaft und Statistik – 56. Jahrgang 2005, Dokumentation Nr. 553, vgl. http://www.bmwi.de/BMWi/Redaktion/PDF/Publikationen/Studien/bergbau-in-der-brd-2004-doku-553,property=pdf,bereich=bmwi,sprache=de,rwb=true.pdf (Stand Juni 2012).

248 »Brutto-Stromerzeugung 2011 (614,5 Mrd. kWh) in Prozent«, BDEW; Stand: März 2012, in: DAtF, Kernenergie im Dialog, Mai 2012, http://www.kernergie.de, S.6.

249 Sommer-Guis, Christine: »Die Sonne über Deutschland – der nachhaltige Boom der Solarindustrie«, http://www.goethe.de/ges/umw/dos/ene/sol/de1628382.htm (Stand Juni 2012).

250 Guardini, Romano: »Die Macht.Versuch einer Wegweisung«, Werkbund-Verlag Würzburg, Fünfte unveränderte Auflage 1960, S. 205.

251 Sichelschmidt, Gustav: »Wie im alten Rom.Dekadenzerscheinungen damals und heute«, Arndt-Verlag, 9. Auflage 2006, S. 64.

252 Am 10. Februar 2013 verkündete Papst Benedikt XVI. in Rom seinen Rücktritt, das ihm am 19. April 2005 durch die Kardinäle anvertraut wurde. Dies ist ein kirchenhistorisches Ereignis, denn seit 719 Jahren trat bis dato kein Papst zu Lebzeiten freiwillig ab.

253 P. Lic. Sven Conrad FSSP: »Glaube, der das Leben ergreift«, Informationsblatt der Priesterbruderschaft St. Petrus, 23. Jg. Nr. 238/2 B6568, Feb. 2013, S. 2.

254 Apostat [gr.], der vom Glauben Abgefallene; Meyers Grosses Handlexikon.

255 Nietzsche, Friedrich: »Gesammelte Werke.Jenseits von Gut und Böse«, Gondrom Verlag GmbH, Bindlach 2005, S.880.

256 Werner Sombart, „Deutscher Sozialismus“ (1934), vgl. Rhenanus, „Werner Sombart über den Turmbau von Babel des ökonomischen Zeitalters“, in „Schönere Zukunft“, 24. III. 1935, pg. 673-676. Ferner: Silesius, „Werner Sombart

über die geistige Gestalt des kapitalistischen Zeitalters“, in „Schönere Zukunft“, 13. XII. 1936, Seite 290-291 und 20. XII. 1936, pg. 317-319, in: Egon von Petersdorf, Daemonolgie, zweiter Band: Daemonen am Werk, zweite Auflage 1982, Christiana Verlag, S.312f.

257 »Chronik 1910.Tag für Tag in Wort und Bild«, Chronik-Verlag, Dortmund 1990, S. 112.

Abbildungsnachweis

Abbildung 1: eigene Zusammenstellung, nach Hans-Joachim Lieber (1993).
Abbildung 2: Bedeutende Operationen der CIA von 1948 bis 2004, URL: http://www.americanet.de/html/cia_operationen.html, Stand Oktober 2011.
Abbildung 3:
Durchschnittliches Heiratsalter nach dem bisherigen Familienstand der Ehepartner in Deutschland, 1971 und 2008, Bundesinstitut für Bevölkerungsforschung, URL:http://www.bib-demografie.de/cln_099/nn_1759862/SharedDocs/Publikationen/DE/Download/Abbildungen/04/a__04__14__durchschnittl__heiratsalter__familienstand__d__1971__2009.html, Stand Oktober 2011.
Abbildung 4:
Primärenergieverbrauch in Deutschland 2009und 2010, Quelle: Arbeitsgemeinschaft Energiebilanzen e.V., URL:http://www.ag-energiebilanzen.de/viewpage.php?idpage=62, Stand Oktober 2011.
Abbildung 5:
Quelle: AG Energiebilanzen; Stand: 15.02.2012.
In: DAtF, Kernenergie im Dialog, Mai 2012, URL:http://www.kernenergie.de
Abbildung 6:
Salzburger Dom, Fest der Jugend, Pfingsten 2014.

Lust auf mehr?

Neuerscheinung Herbst 2018

Herwig Kerscher
Freiheitswahn – Irrweg des Zeitgeistes

Wo dem menschlichen Sinn nach Wille und Ästhetik fehlt, entsteht geistige Armut. Ist dies das Endziel der Menschheit oder ein Zustand von heute oder morgen?
Unmissverständlich bekenne ich, dass wir nicht Kritiker der Werke sein dürfen, sondern Schöpfer! Welche Konsequenzen ergeben sich aus diesen Themen? Stehen wir zu Beginn des 21. Jahrhunderts vor einer Zeitenwende? Wer oder Was steckt dahinter? Lesen Sie selbst. Ich sage: Kritik ist heilsam und heilsam ist die Veränderung, die aus ihr entwächst.